O D U C E

S!

デュース

MIYACHI KATSUMASA

宮地克昌

増補改訂版

FUJI ROCK FESTHIVAL '16
写真提供:スマッシュ/©Tsuyoshi Ikegami

戎光祥出版

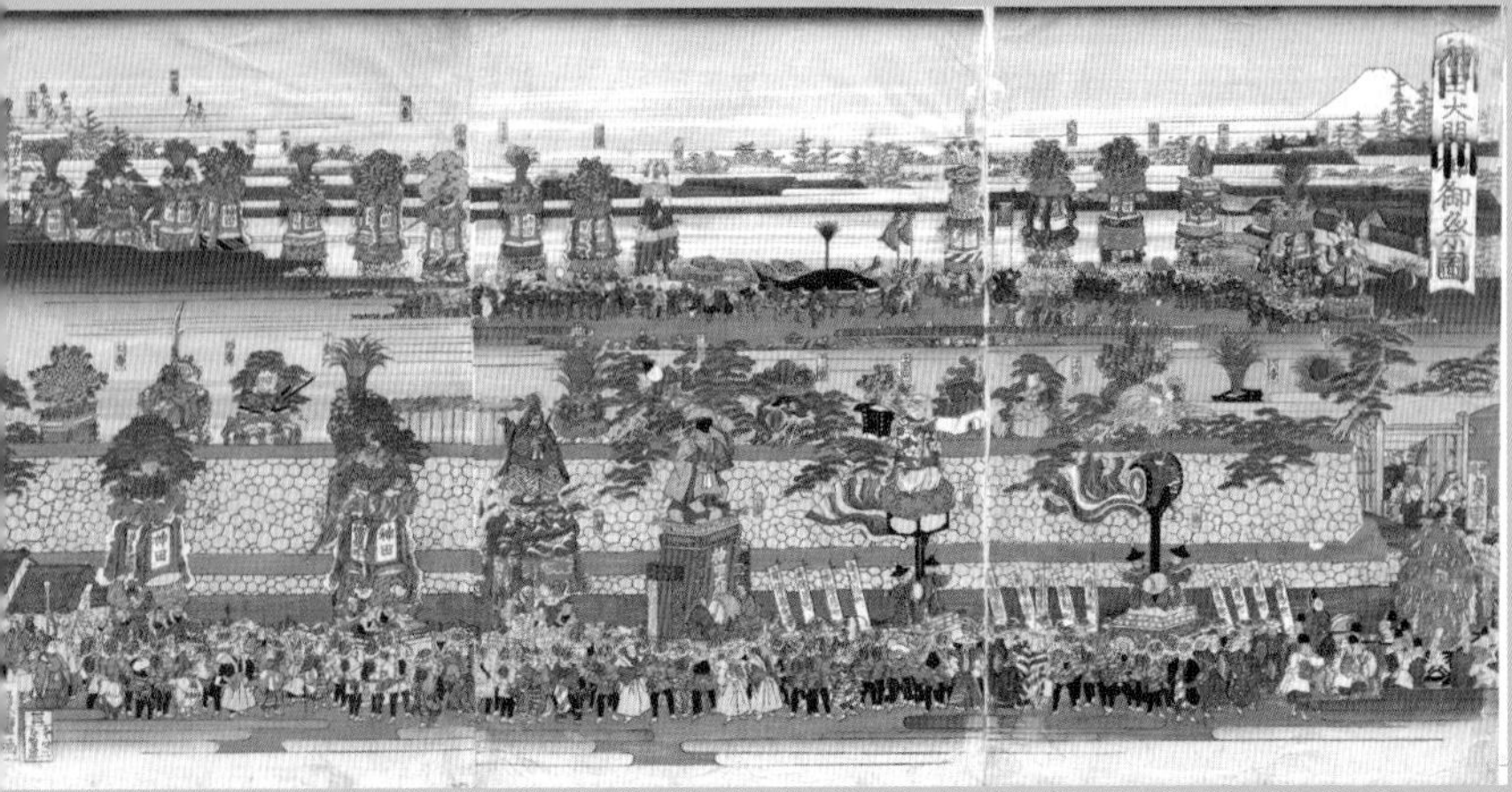

▲江戸時代の「神田祭」の様子を伝える錦絵。神田祭は古くから江戸の住民の楽しみであり一大イベントであった　資料提供：神田明神

▼ 1853（嘉永 6）年、浦賀（現・神奈川県横須賀市）にアメリカから黒船が来航し、国内政治は大いに動揺。浦賀界隈には見物客が多く訪れ、お祭り (イベント) の様相を呈した。画像は 1854 年のペリー横浜来航の様子　横浜開港資料館所蔵

▶フランス、ドイツ、イタリア、ソビエト連邦、スペイン、アメリカに加え、日本も参加した 1937（昭和 12）年のパリ万博のポスター。19 世紀も後半になると欧米を中心に展示系イベントの花形・万国博覧会が盛り上がりを見せていく　資料提供：アド・ミュージアム東京

◀ 1928（昭和 3）年に名古屋市の鶴舞公園で開催された「御大典奉祝名古屋博覧会」のポスター（国鉄名古屋鉄道局が制作）。日本国内でも博覧会は展示系イベントの花形として人気を集めている　資料提供:アド･ミュージアム東京

▶筆者も大きな影響を受けた 1970（昭和 45）年の「日本万国博覧会」（大阪万博）。写真は「富士グループパビリオン」のポスター　資料提供：アド・ミュージアム東京

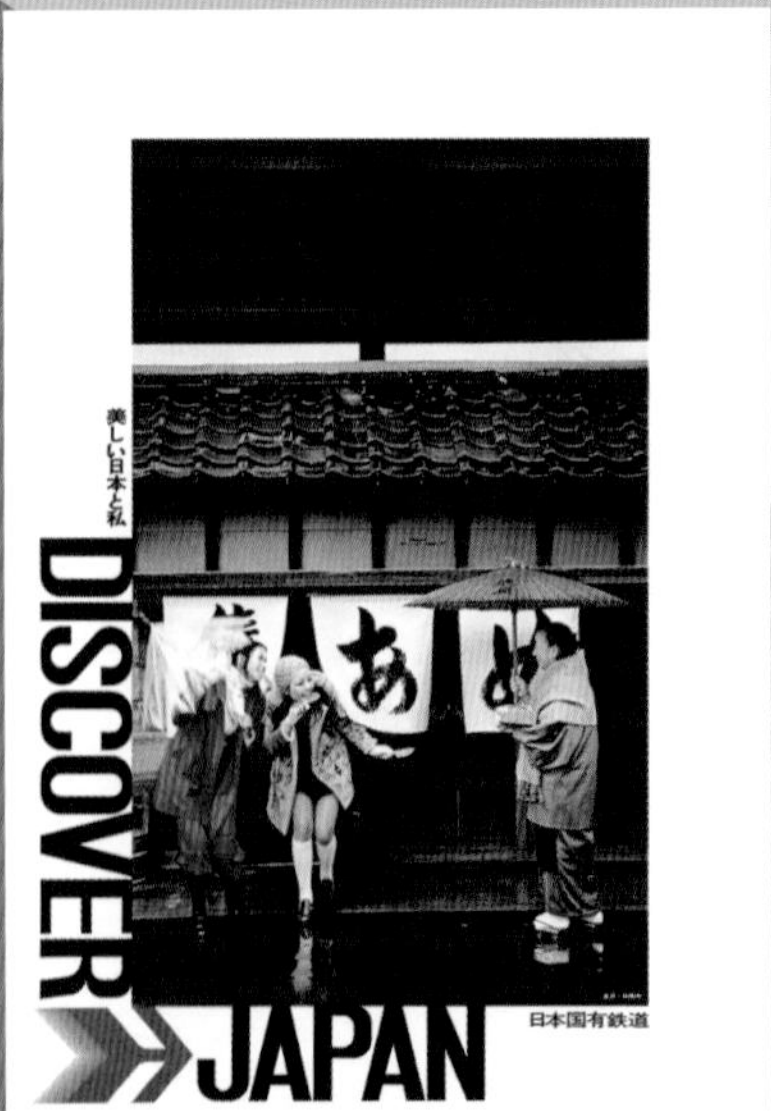

▲大阪万博終了後、鉄道の利用が急速に冷え込むことが予想されるなか、国内の旅行需要を喚起するため、国鉄は旅行キャンペーン「ディスカバー・ジャパン」を実施。その斬新な広告手法も注目を集めた　資料提供：アド・ミュージアム東京（2 点とも）

▲昭和末期から全国各地でイルミネーションによる装飾を基軸としたイベントが増加。写真の「KOBEルミナリエ」は1995年から毎年年末に開催されており、日本を代表するイベントに成長した　写真提供：神戸ルミナリエ組織委員会

▼毎年5月3～5日に広島市の平和大通りと平和記念公園周辺をメイン会場として開催される「ひろしまフラワーフェスティバル」。ゴールデンウィークのイベントでもトップクラスの集客力を誇る　写真提供：フラワーフェスティバル企画実施本部

▲ 1971（昭和 46）年に誕生した「スポーツチャンバラ」は海外にも広がり、世界大会（写真）では各国から競技者が集まり白熱した闘いを繰り広げる　写真提供：公益社団法人日本スポーツチャンバラ協会

▼近年盛んになっている「スポーツ GOMI 拾い」は、ごみ拾いと「スポーツ」を融合して、奉仕活動を競技に発展させたイベント。近年、各地で広がりを見せている　写真提供：一般社団法人ソーシャルスポーツイニシアチブ

▲街路に水をかけて温度を下げようという試み「打ち水」も近年イベント化の動きがある。写真は銀座で行われた「打ち水大作戦」の様子　写真提供：打ち水大作戦本部事務局

▼近年は「雪合戦」のイベント化も進んでいる。北海道では毎年雪合戦の国際大会が実施されるようになった　写真提供：昭和新山国際雪合戦実行委員会

▲近年のイベントではコンピュータも不可欠。写真はコンサート会場に設置されたコンソール（デジタルミキサー）　写真提供：セカンドステージ

近年、イベントの演出技術も格段に進化している。写真のような炎（フレイムマシン）を使用した演出を行うイベントも多い　写真提供：酸京クラウド

EVENT PRODUCE

わかる!
イベント・プロデュース

MIYACHI KATSUMASA
宮地克昌

増補改訂版

戎光祥出版

はじめに

社会人に求められるイベントの知識やノウハウ

私たちには音楽イベントやスポーツイベント、展覧会、花火大会など、様々なイベントを見たり参加したりする機会がある。また、学校の学園祭や体育祭、修学旅行などに参加するだけでなく、実行委員会のメンバーとして企画や制作に携わる学生がいる。さらに、イベント関連企業でのインターンシップやアルバイトも可能である。

そして、学校を卒業して社会人になると、企業や地域社会のマーケティング活動でイベントが重要な役割を担っていることを知る。企業はイベントを開催することで、生活者や顧客のニーズを直に把握したり個人情報を入手したりする。そして、新しい商品やサービスを開発し、それらをイベントでPRしたり販売促進をしたりする。さらに、組織力を強化するためにもイベントを活用する。

したがって、アマチュアとしてイベントに関わってきた知識やノウハウを、プロとして成果に結びつけられるように昇華させることが社会人に求められるのである。

ビジネスや地方創生にイベントを賢く活かす

広告会社は１９７０（昭和45）年に開催された大阪万博で、イベントがマスメディアと同じように広告メディアとして重要な役割を果たすことに着目した。また、外国人ミュージシャンのコンサートや国際展示会、国際会議などの開催で、主催する会社やサポートする会社が、イベントに関する知識やノウハウを欧米から学び、日本流にアレンジしてきた。そして、イベントは様々なメディアを利用して社会全体に話題を提供するようになった。

現在、生活者の意識がモノを中心とする考えから離れて、体験やコト、心の交流などを求める方向へ変化している。モノを所有するのではなく、モノを活用して楽しむことを望んでいる。人々がコトに求めるのは非日常性であり、まさにイベントの世界である。かつて年中行事として季節に合わせて行われてきた祭りが、イベントに変質して日々の生活の中に流れ込んでいる。

このような状況の中で、イベントを実際に担当する本書の読者は常にイベントが様々なリスクを内在している「両刃の剣」であることを忘れてはならない。リスクマネジメントをしっかりと身につけ、社会の潮流を把握し、生活者や顧客に満足や感動を与えることで、利益を創出しつつより良い社会を創造するためにイベントを賢く活かしてほしい。

宮地克昌

目次

はじめに 10

総論 イベントプロデュースのノウハウを身につけるには 14

第1章 イベントとはどのようなものか 27

1 イベントの起源 28
2 近代が生み出したイベント 33
3 マーケティングとイベント 40
4 様々なイベントの形態 43

第2章 企画構想の流れを理解しよう 49

1 生活者目線および顧客目線 50
2 発想力 54
3 MTPCマーケティング戦略 60
4 企画スタッフ体制 69

第3章 事業はどのように推進するか 73

1 組織運営 74
2 スケジュール管理 84
3 財務 92
4 法務 100
5 広報コミュニケーション 116
6 会場運営 130
7 会場設営 149
8 リスクマネジメント 160

第4章 コンテンツにはどのようなものがあるか 181

1 スポーツイベント 182
2 音楽イベント 199
3 食のイベント 208
4 展示系イベント 215
5 パレード系イベント 226

第5章 最新の演出技術を活用しよう 237

1 音響 238
2 照明 247
3 映像 254
4 特殊効果 261

第6章 コンペでイベント業務を獲得する 267

1 コンペティション 268
2 情報収集 272
3 企画 276
4 プレゼンテーション 278

資料編 291

イベント周年未来カレンダー 292
イベント用語事典 302
イベント歴史年表 316
宮地克昌回想録 イベントに魅せられた人生 327
INDEX 348
あとがき 350
参考文献 352

総論　イベントプロデュースのノウハウを身につけるには

そもそもイベントはどんなものなのか？　——イベントの概念と分類

火山の噴火や突発的な事故などの偶然の出来事（イベント）に対して受け身であった人々は、自ら疑似的に出来事を創り出すことができることを学んだ。そして、人々の情念から表出されたパフォーマンスは、やがて政《まつりごと》へと発展した。

遊牧や農耕生活の中で節目となる重要な時期に季節祭が営まれた。そして、その季節祭に英雄伝説が付け加えられることで記念祭へ変化して行った。さらに近代になると産業革命によって生み出された様々な工業製品を販売するため、記念祭を商業祭として利用するようになった。

明治の日本では、既に近代化が進んでいる欧米社会に追いつくため内国勧業博覧会をはじめとするイベントが開催された。また、鉄道をはじめとする交通の発達は、地域の祭りを観光イベントへと変貌させた。そして今日、人々の欲求を満足させることによって利益を創出するエンターテインメント産業としても定着してきた。さらに、企業はマーケティング活動の一環としてイベントを活用している。

現代社会には誕生パーティからオリンピックまで様々なイベントがあるが、マスメディアやインターネットの普及によって、リアルとバーチャルが融合した新しいイベントも登場し、コンテンツ産業と連携した新しいビジネスの可能性も広がっている。

企画立案こそがイベント成否のカギをにぎる ――イベントの企画構想

イベントの企画構想にあたっては、参加者や来場者、観客などになる生活者の目線で考える。そして、生活者のニーズを満足させるマーケティング発想で企画〝What to do〟の骨子をまとめる。この時、計画〝How to do〟の要素を分離することが大切である。

イベントの企画には「発想力」が欠かせない。イベントの品質を高めるため「改善（マネジメント）型PDCAサイクル」を回すだけでなく、企画のマンネリ化を防ぐ「改革（イノベーション）型PDCAサイクル」を回すことも求められる。

普段から創造心を持って様々な情報をインプットするとともに、ベストプラクティス（成功事例）を研究することを心掛けたい。「偶然の閃《ひらめ》き」を生むブレインストーミング（ブレスト）を活用したアウトプットも有効である。

地方創生やビジネスに関する様々な企画を整理するために「MTPCマーケティング戦略」を利用する。市場（Market）における課題である「M」、生活者の潜在的なニーズを絞り込んだターゲット（Target）の「T」、競合との違いを明確にするポジショニング（Positioning）の「P」、そして、ベネフィットを表現して新しい価値を生み出すコンセプト（Concept）の「C」の4つを整理する。

どのようにイベントを組み立てていけばよいのか？ ――イベントの事業推進

イベントの事業推進では組織運営を中心に、スケジュール管理、財務、法務、広報コミュニケーション、会場運営、会場設営、リスクマネジメントまで様々な作業を着実に推進していくことが求められる。

組織運営ではコンテンツを創出する個人や組織を中心に、イベントの知識と経験、ノウハウなどをもった人材を集める。また、実施・運営を支える様々な業種の協力会社と連携して、しっかりとした体制を築くことが求められる。さらに、ボランティアの存在も欠かせない。

スケジュール管理は、制作決定前と制作決定後に大きく分かれる。制作決定後の軌道修正は困難であるため、決定前に漏れや検討不足が無いようにする。制作決定後は業務全体を統合して、相互に連動する業務をネットワーク式スケジュール表で効果的に管理する。

財務では、民間企業にもアカウンタビリティ（説明責任）が求められる。損益分岐点を見極め、収入と支出をコントロールすることが大切である。

法務では、関連する様々な法令を順守すると共に、道義的な責任を果たすことを心掛けたい。開催場所関連の法令や、会場設営・撤去関連の法令、コンテンツおよび会場運営関連の法令などの知識を習得し、必要な届出を出して事業を推進する。協力会社との公平な関係を築き、個人情報をしっかりと管理することも大切である。

広報コミュニケーションでは、ブランド戦略を核に生活者とのタッチポイント（接点）を総合的にデザインする。生活者の心理の変化を捉え、マスメディアやインターネット、紙媒体など、それぞれのメディアの特性を活かし、効果的に情報を発信する。パブリシティとクチコミ戦略を有効に利用することも大切である。

会場運営では、相手の状況や気持ちを察してもてなすホスピタリティや、高いコミュニケーション能力をスタッフが身に着け、期待を超えるパフォーマンスで感動体験を提供する。そのために、会場運営マニュアルをテキストとしてしっかりとスタッフを教育することが大切である。

会場設営では、特にイベント専用施設ではなく、道路や公園などを利用する場合はゾーニングおよび動線（導線）計画が重要である。そして、バリアフリーとユニバーサルデザインにも十分に配慮する。

リスクマネジメントでは、イベントは〝両刃の剣〟であることを認識し、リスクの抽出と排除を常に心掛ける。マンネリ化や正常性バイアスを避け、また、小さなミスを事故へつなげない配慮が求められる。悪天候対策、犯罪・事故対策、感染症対策なども十分に検討したい。

イベントの目玉となるコンテンツの数々

イベントのコンテンツはスポーツや歌舞音曲、痛飲飽食、展示、パレードなど様々である。特にスポーツは最も重要なコンテンツの一つである。日本の祭りでも相撲や流鏑馬《やぶさめ》、綱引きなどが神事として執り行われてきた。

古代エジプトの壁画には様々な競技が描かれている。また、古代ギリシャでは4つの祭典競技が開催されていた。そして、古代ローマの「パンとサーカス」という言葉が残されているようにコロッセウムで開催されるイベントをローマ市民は楽しみにしていた。イギリスでアマチュア規定が誕生し、近代オリンピックはアマチュアの祭典として生まれた。その後、ビジネスとしてのイベントが力を持つようになり、プロを容認する流れが生まれた。

イベントのコンテンツとしてライブエンターテインメントをけん引するのが音楽コンサートと

ミュージカルである。ルネサンス末期、音楽的な演劇の研究からオペラが生まれ、やがて歌や踊り、セリフを組み合わせたミュージカルが生まれた。日本では明治から大正にかけて「宝塚の少女歌劇」が鉄道事業を成功へ導くためのアトラクションとして誕生した。そして、1983（昭和58）年には劇団四季がロングラン方式を日本で成功させた。

1966（昭和41）年に開催された「ザ・ビートルズ日本公演」は、グループサウンズのブームを引き起こした。そして、全国を巡るコンサートツアーが誕生し、今日、自然の中や大型の施設でコンサートを楽しむ「夏フェス」が人気になっている。

イベントのコンテンツとして重要な要素の一つである「食」は人々のコミュニケーションを活性化させる。今日、生活者は「食」がリードするコトや体験を消費する傾向が強まっている。

人々の視覚に訴える展示もイベントのコンテンツとして重要である。近代は人々にモノによって構成される未来を、博覧会や見本市・展示会などで提示してきた。特に発明品が人々の関心を集めた。戦後、フランスは高度成長期に入った日本への国家的なブランド戦略の一環としてミロのビーナスやモナリザを貸与し、人々を魅了した。

パレードは前近代から伝承され、守護する地域を巡る祭礼行列の山車《だし》や神輿《みこし》、神馬《しんめ》など、イベントの重要なコンテンツである。また、江戸時代に定着した参勤交代などがある。戦後、親善大使として活躍した象のインディラをはじめ、報道合戦が過熱した「ご成婚パレード」や「野球の優勝パレード」「オリンピック・パラリンピックの凱旋パレード」「ハロウィーンパレード」など、様々な形態や内容で実施されている。

音響や照明、映像などを効果的に活用しよう

音響は、電気による声の拡声から発展し、オペラからミュージカルを生み出す上でも重要な役割を果たした。そして今日、音響に様々な効果を加える技術や会場のエリア毎《ごと》に音を届ける技術などの開発が進んでいる。また、ワイヤレスシステムが新しい可能性を広げている。

様々な灯体が開発され、ムービングライトやレーザーなどを利用した演出照明は観客をイマジネーションの世界へ誘う。また、ステージの後方にあるホリゾントが無限に広がる空間を創出する。無線制御型ＬＥＤライトは、観客もコンテンツの一部として取り込み、会場全体を一体化する。

３Ｄ映像や大型映像、様々な被写体を利用できるプロジェクションマッピング、高精細画像、リアルを凌駕するＣＧ映像など、映像技術が進化し続けている。そして、映像への感情移入による疑似体験は、人々に新しい記憶を提供する。また、スモークやキャノン砲、煙火、香りなど様々な特殊効果や舞台装置、ワイヤーアクションなどによってコンテンツが更に魅力的になっている。

イベントが交流人口を増加させ人口減少社会を克服する

人口減少によって地域社会が消滅していくことが、シミュレーションによって明らかになった。これまで人口減少が社会全体に及ぼす影響を過小評価してきたことを反省し、真剣に取り組みたい。行政だけでなく、市民や企業にも社会的責任として「地域のために何ができるか」ということが問われている。人口減少を克服する一つの方法が「交流人口の増加」である。特に異文化体験を求めてやってくる訪日外国人に注目が集まっている。

地方都市が交流人口を増やすためには、国内外の観光客を引きつけるブランド戦略が求められる。地域の景観や自然、文化、歴史などの資源に磨きをかけ、地域ブランドの価値を高めたい。まず、地域資源を掘り起し、その資源を活用して地域独自の自然や文化、歴史などを体験できるイベントを創出する。そして、観光客に感動体験を提供することで、その観光客が地域のファンとなり、SNSサポーターとして地域の話題をインターネットで国内外へ伝えてくれる。

観光客が集まれば、交通や宿泊に加え、飲食や土産品などの販売による経済効果が生まれて地域経済が活性化し、若者が仕事を持つ機会も増加する。また、観光客との直接的なコミュニケーションによって、地域の人々の精神も活性化される。これによって、さらに地域を魅力的にするアイデアも生まれる。

イベントで自然との共生を実現させる

日本列島には豊かな自然があり、日本人は海や山の幸に恵まれた生活を営んできた。また、火山の噴火や地震、津波、台風など、様々な自然災害も経験してきた。そして、自然の恵みに感謝し、また、畏敬の念を持ち、自然のリズムと生活のリズムを合わせる祭りを開催してきた。祭りは地球上の森羅万象を大切にする気持ちを育み、自然と人間との間にある絆を感じることを大切にする文化的なシステムでもある。

「地球上に生命が誕生したのが約40億年前。そしてホモサピエンスになった約20万年前から10万年前までに獲得したDNAに私たちの行動が規定されている」と言われる。地球環境の変化の中で、様々な生物との関係によって編み上げられたDNAは「自分の命を維持する」「子孫を残す」という目的を達成するためのプログラムである。

私たちは環境の変化に自分を適合させ、また、住みやすい環境をつくっていく。しかし今日、人類の活動によるエネルギー消費によって地球温暖化が進み、異常気象が多発するようになった。自然を破壊し続けて人類だけが生き残ることは不可能である。過剰な欲望に歯止めをかけるために何ができるかを考え、自然との共生を生み出す文化として新しいイベントを創出することが求められる。

イベントでノーマライゼーション社会を推進する

イベントは単なる刺激だけを提供するエンターテインメントではなく、人間同士が相互に理解し合い、想像力を刺激し合うことを可能にする。そして、多くの人々が時間と空間を共有し、体験や交流をすることで、個人と個人、個人と社会との絆を再確認できる。

「みんなが利用する公共施設の入口に階段をデザインして脇にスロープを設けるのは差別である」と、アメリカを訪れた時に話を聞いた。みんなで楽しむイベントも、みんなで一緒に入場できるようにするのが、ノーマライゼーションの考え方である。

聴覚に障がいがある人に対して、骨伝導装置を利用する音楽イベントや、手話ダンスを取り入れたステージイベントなども開催されている。新しく開発した技術やサービスを利用して、障がいがある人がごく普通に参加したり、観戦したり、鑑賞したりする社会実験に取り組み、改善しながら日常の社会に取り入れていくことが望まれる。

祭りにおける反秩序の演出は、男女や年齢、社会的な地位、お金の有無、障がいの有無などの差を無くした社会の創造にもつながっている。何らかの障がいがあって、会場へ行くことができない人が、バーチャルの空間でイベントに参加し、様々な人と交流することが可能になった。障がいの有無に関わらず、子供から高齢者まで参加できるユートピアの創造がイベントに期待されている。

「グリーンフェスタひろしま '97」。クロマキー合成を利用した演出が実施された

デジタル社会のイベントを担う人材を育成する

１９６４（昭和39）年に開催された東京オリンピックの時代、会場へ行けない人の多くが白黒テレビで開・閉会式や競技の映像を見た。それから半世紀以上が経過し、世の中はデジタル社会へと移行した。そして今、人々は様々な場所で音楽やゲーム、映画、マンガ、アニメなどのエンターテインメントを楽しんでいる。

かつて生活者はマスメディアが発信する情報に対して受け身であったが、情報インフラやアプリの発達によって、自ら情報を集める「狩人」になった。イベントに対しても、出場者や出演者が感動を与えてくれるのを待っている受け身の姿勢ではなく、自らがイベントを支える構成員となり、五感を駆使して達成感を味わっている。

今日、バーチャルの世界ではコミュニケーションだけでなく、買い物や学習から犯罪まで、現実の世界にあるすべてのことが繰り広げられている。生活者は、ＣＧによってつくられた映像を「リアル」と感じ、バーチャルの世界に感情移入するようになった。幼児の時からキャラクターが登場するＤＶＤやテレビを見て育ち、イマジネーションから生まれたキャラクターにも人格を感じてテーマパークへ足を運ぶ。生活者はモノ中心の考え方から離れ、モノを所有するための消費ではなくコトや体験を消費するようになった。

デジタル社会が進展するなかで、バーチャル空間が新しいイベント空間としても着目されている。バーチャル空間の中であたかも会場で観戦しているような状況を生み出す。2000（平成12）年の大晦日から1年間開催されたインターネット博覧会から四半世紀が過ぎる2025年の大阪万博では、バーチャル・リアリティによる参加も可能になるであろう。

例えば、入院しているために大阪万博へ行けない人が、自分のアバターを使って大阪の夢洲にある会場へ行き、各国のパビリオンを訪れて実際の展示物を見学したり、アテンダントや来場者と交流したりすることができる。そこで繰り広げられるイベントの演出は、人間の心理と照明や音響などの演出技術を学んだAIによって創造され、人々に感動を与えてくれる。

リスクマネジメントの重要性が高まっている

イベントでは毎年のように、参加者や観客、関係者などの生命を脅かす事件や事故が発生している。2013（平成25）年4月15日（日本時間16日）にボストンマラソンで爆弾によるテロがあり、沿道で声援を送っていた3人が死亡し、多くの負傷者がでた。2016（平成28）年7月

14日（日本時間15日）、フランス南部にあるリゾート地のニースでフランス革命記念日を祝う花火の見物に集まっていた群衆にトラック1台が突っ込んだ。子どもを含む84人（3カ月後に86人に増加）が死亡し18人が重傷を負った。今後、イベントの機会に一般市民や観光客を狙ったテロも増加することが予測される。

このようなテロや犯罪以外にも、イベントの実施・運営では、群衆事故や荒天候による事故、遊具による事故、労働災害、火災、爆発など、人命に関わる事件や事故が発生している。イベントの主催者は、参加者や来場者、観客、スタッフなどの安全や防犯について十分に検討し、適切な対策を実施することが求められる。

大勢の人を集め、何かを見せる行為は、見られているという意識によって徐々にエスカレートし、事故が発生する危険性が高まる。人を喜ばせようと企画したイベントの過剰な演出で死亡事故につながったケースもある。

イベントは人々の出会いと交流を生み出し、歴史や文化を継承し、人々を精神的に活性化し、地域を経済的に活性化する。このような効果がある一方で、事件や事故が発生したり、感染症を広げたりするリスクを内在していることを理解し、しっかりとリスクと向き合い、様々な視点から想定されるリスクを抽出して、そのリスクを排除したい。

第1章　イベントとはどのようなものか

1　イベントの起源

情念の表出から政《まつりごと》へ

原始時代から私たちは自らが生き残り、そして子孫を残すために「敵に勝ちたい」「食料を獲得したい」「子供を産んで育てたい」といった強い欲求があった。そのため飢餓に苦しむ冬期の食べ物に対する欲求は、植物や動物、太陽の復活を願う強い情念となった。さらにこの情念は、集団で呼吸のリズムと合わせて声を出したり、身体を動かしたり、音を立てたりする行為へと発展していった。

また、人々は時として人間の生命を奪う自然に対して畏敬《いけい》の念を持った。そして、食料となって私たちに命を与えてくれる動植物や、人間を遥かに超える能力を持った動物たち、大きな樹木や岩などに感謝や憧れの感情を抱いた。

狩猟や戦闘の前に成功や勝利を願う行為である「前表現」と、狩猟での成功や戦闘での勝利を部族のみんなで喜び合う行為である「再表現」が生まれた。農耕によって定住が可能になると、人々は食料を手に入れるための労働の日々の中で、種を植えて豊作を願い、また、収穫に感謝して集団で喜び合うことが定着した。

さらに、復活する存在としての植物や動物、再生のリズムをつくり出す太陽や月、星座などは神聖な霊としてシンボル化され、やがて、その土地や部族独自の神を創出した。神を祭る集団的な行為は、人々の感情に作用して興奮状態や集団的な没我《ぼつが》（エクスタシー）状態をつくり出す。それらは、精神的な浄化作用（カタルシス）を生み出し、人々の活力を復活させた。集団のリーダーが集団を統合して維持していく行為として祭りを仕切ることが正に政となった。

偶然の出来事から疑似的に創り出した出来事へ

本来の「イベント（event）」という言葉は、事故や事件を含んだ出来事を意味している。医学の分野では「血管が詰まった」ということもイベントとして捉えるそうである。古代から人々は自然災害や不慮の事故、恐ろしい動物の襲撃など、さまざまなイベントに遭遇してきた。出来事に対して人々は常に受身の状態であった。

しかし、高度に思考能力が発達した私たちの祖先は、自らイベントを疑似的につくり出すことを学んだ。集団のリーダーは様々なパフォーマンスで人々を魅了したり、逆に恐怖を与えたり、

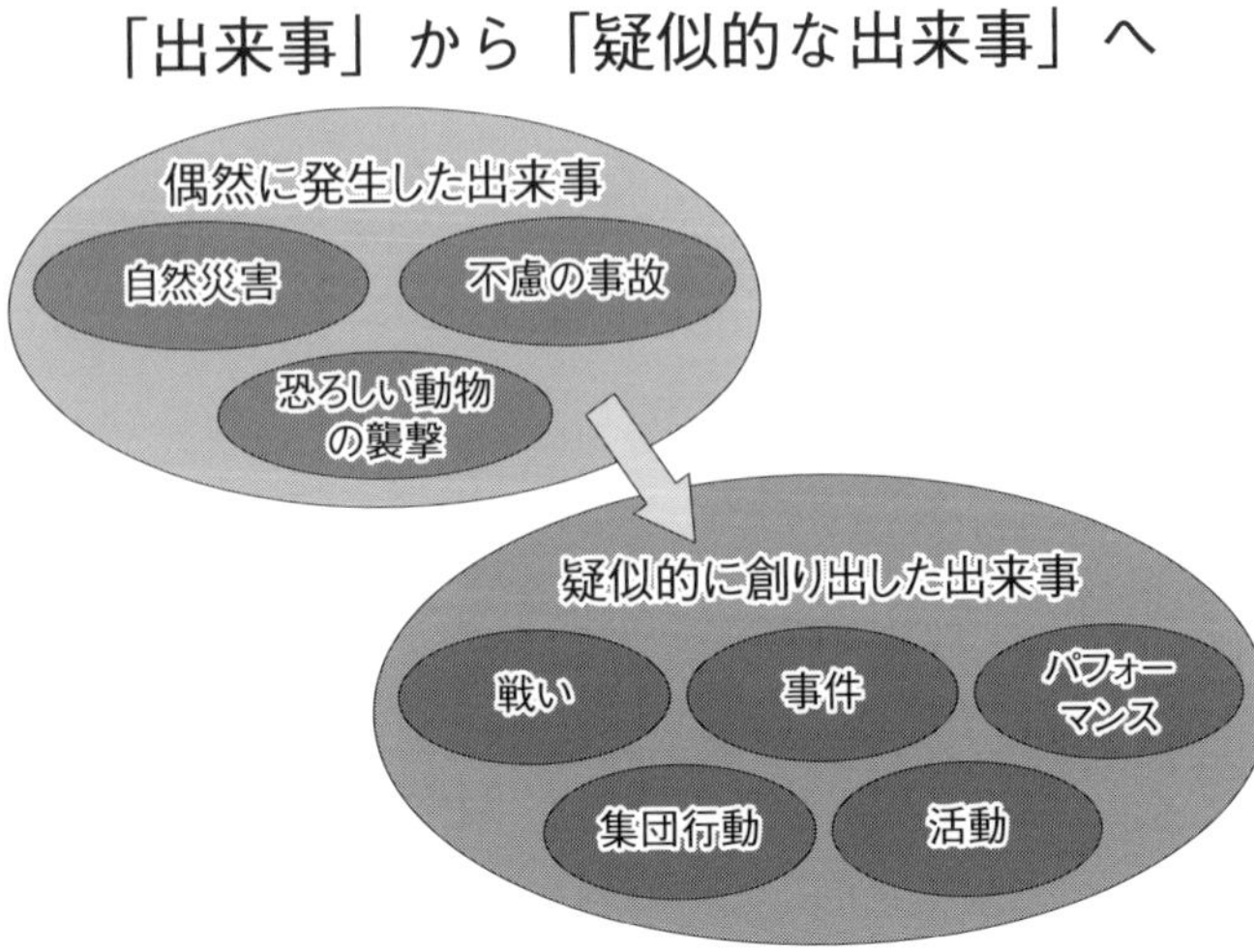

出来事に巻き込んだりすることで民衆をマインドコントロールして集団として統合した。

複数の部族を統合することを目的に一緒に食事をしたり、一緒に踊ったり、力や速さを競い合ったり、共通の敵と戦ったりする行為としての出来事を疑似的につくり出した。そしてイベントは、何らかの目的を持って疑似的に創り出した出来事も包含する概念となった。今日、偶然に発生した出来事ではなく、疑似的に創り出した出来事を私たちは「イベント」と呼んでいる。

古代からの祭りとイベント

古代から継承されている祭りは儀礼（ritual）とフェスティバル（festival）を組み合わせて集団や社会の秩序を維持するための役割を担ってきた。

祭りとイベントの分類

分類		役割／イメージ	参加者	備考
祭り	神事	神話の再生	特定集団	儀礼（ritual）
	神賑わい	風流	特定集団＋不特定多数	フェスティバル（festival）
イベント		新奇	特定多数／不特定多数	

日常の秩序を徹底的に尊重するのが儀礼である。特定の人々が正装で伝承によって神話を再生する神事が執り行なわれる。

これに対して、フェスティバルは不特定多数の人が参加し、日常の約束事が破棄されて反秩序の世界が創出され、痛飲飽食や蕩尽《とうじん》、浪費、破壊などが許される。神賑わいとして人目を驚かすような仮装や模擬、華美な趣向のデザインや演出が風流として取り入れられる。そして、貧富や男女、大人と子供、強者と弱者などの差異が排除され、人々が融合して平等や平和、博愛、共有などを具現化したユートピアが創出される。

祭りの運営・進行は長い歴史の中で文化として継承され、地域の中で構成員の役割分担ややり方が決められている。近代のイベントの運営・進行に必要な運営マニュアルや進行台本が必要無い。新しい要素を加える場合は、夜な夜な会合で話し合いを重ねることで決定される。

祭りが盛大に執り行われる都市型の祭礼の運営・進行は、神社を中心に組織された地区の代表者の集まりによって統率されている。そして、各地区の自主的な活動が有機的に結びついて支えられている。

国営昭和記念公園（東京都立川市）で開催された「クリスマスイルミネーション」

季節祭から記念祭へ

自然を相手に食料を得ていた時代は、収穫を祈ったり、収穫に感謝したりするため、季節に合わせて催される収穫祭に代表される季節祭が開催されていた。やがて、この季節祭で演じられる競技や歌舞音曲、演劇などのパフォーマンスに英雄伝説や神話などが組み込まれることで象徴性を帯びていった。

ヨーロッパでは様々な神を祭る古代宗教の季節祭が、キリスト教におけるキリストの生と死、そして復活の神話を再現する記念祭としてのクリスマスへと変質した。そして、社会を維持し、宗教を広げていく文化的なシステムとして祭りが利用されるようになった。カーニヴァルも農耕神の祭りがルーツであるとも考えられ、ヨーロッパで肉食が禁じられる「四旬節《しじゅんせつ》」に入る時期の謝肉祭として定着し、キリスト教に組み込まれていった。18世紀末から19世紀初頭、伝統的な演劇性に新しい娯楽性、政治・宗教的なプロパガンダ、産業革命によって厳しい労働を強いられる民衆の不満解消などを加味した祭りとなった。その後、キリスト教の布教と共に世界中に広がった。

2 近代が生み出したイベント

工業製品の販売を目的としたイベント

18世紀、フランスの財政悪化にも関わらず僧侶や貴族などの特権階級が、一般国民の納める税によって贅沢な暮らしをしていた。王権批判を強めた国民は1789年7月14日早朝、パリのバスティーユ監獄を襲撃して多数の政治犯を釈放、これがフランス革命のきっかけとなった。そして、前近代的な社会体制を変革して近代ブルジョア社会を樹立した市民革命の流れが欧米に広がった。

また、1760年代から1830年代にかけてイギリスで起こった産業革命の流れも欧米に広がり、中世から開催されてきた特産物や美術・工芸品の展覧会が工業製品にも拡大していった。フランスは1798年に世界初の内国勧業博覧会を開催した。博覧会は政府が主催者となり、産業を振興する目的で開催される。大きな会場に実用的な商品が展示され、コンテストが行われる。さらに、アトラクションやスペクタクルによって祝祭化される。

そして、工業製品を国内だけでなく外国にも売るために自由貿易を広げることが重要になり、１８５１年にロンドンで世界初となる万国博覧会（ロンドン万博）が開催された。製品や技術だけでなく、アフリカやアジアから持ちかえった文化財などの展示やエンターテインメントも提供され、数年毎に大規模に万国博覧会が開催される時代が到来した。

20世紀に入ると博覧会事業のために各国の国内委員会が、相互の連絡と利益のため、国際的な連合組織をつくる動きが出てきた。１９２８（昭和３）年に調印された「国際博覧会に関する条約」が１９３１（昭和６）年に発効し、国際博覧会事務局（ＢＩＥ）がパリに設置された。

日本は、１９６５（昭和40）年に国際博覧会の条約加盟国になり、パリの国際博覧会事務局で１９７０（昭和45）年万国博覧会の大阪開催が決定された。そして、「東京オリンピック」が開催された１９６４（昭和39）年以降、カラーテレビ・カー・クーラーの３Ｃ時代が到来し、日本万国博覧会（大阪万博）は企業が大量に生産するモノによって豊かになる消費社会を民衆に伝えた。ファミリーレストランやファーストフードも紹介され、急速に都市生活を変えていった。

現代では、クリスマスやバレンタインデー、ハロウィーンなどの祝祭日には、痛飲飽食や浪費などの祭りの特性を活かして多くの企業が販売促進に力を入れている。季節祭から発展した記念祭を商業祭として利用する時代になった。

日本を開国から文明開化へ誘ったイベント

1853（嘉永6）年7月8日、マシュー・ペリーが司令長官を務めるアメリカ東インド艦隊が浦賀沖に来航した。当時、オランダからアヘン戦争をはじめとする国際情勢や、「ペリー来航」が伝えられていたが、幕府から十分な情報を得ることができなかった民衆にとっては衝撃的な出来事であった。1854（嘉永7）年2月11日、ペリーが軍艦7隻（最終的に9隻）を率いて再び来航した。そして、幕府が急きょ建設した横浜応接所で4回の会談を重ね、3月31日の5回目（最後）の会談で日米和親条約（神奈川条約）が締結された。

横浜応接所での会談の間に、贈り物の交換や、日本側から江戸の力士による稽古相撲の披露などが行われた。アメリカ側からは、蒸気機関車の模型の運転、有線電信機による通信などが行われた。これによって日本に近代的なイベントの概念が持ち込まれ、文明開化がスタートする。江戸では瓦版が多数発行され、危機感と共に真偽が入り乱れた情報が流され、人々の強い関心を呼んだ。

『ペリー提督日本遠征記』に掲載された「横浜蒸気車の図」
横浜開港資料館所蔵

テレビが変えたイベントの概念

１９５３（昭和28）年に日本でテレビ放送が始まり、映像でイベントを見ることができるようになった。テレビの普及とスポンサー獲得のため、繁華街や主要鉄道駅、百貨店、公園など人の集まる場所に街頭テレビが設置された。これによって、大勢の人々が一緒にプロレスやボクシング、大相撲などを中継で見るイベントが誕生した。

さらに、１９５９（昭和34）年の皇太子（今上天皇）ご成婚パレードの中継を一つのきっかけとしてテレビが一般の家庭に普及していった。

１９６３（昭和38）年11月23日、アメリカ合衆国大統領ジョン・Ｆ・ケネディ暗殺の日に日米間の衛星中継実験が初めて行われ、事件さえもテレビによってイベント化されていく時代が始まった。そして、１９６４（昭和39）年の「東京オリンピック」では、開会式の模様がＮＨＫとアメリカの通信衛星会社とが契約して打ち上げた通信衛星「シンコム３号」による実況テレビの国際中継によって世界中で放映された。それによって、必ずしも競技が開催されている会場にいなくても国際的なイベントをリアルタイムで楽しむことができるようになった。

20世紀後半のアメリカと旧ソ連による宇宙開発競争は、１９６１（昭和36）年、世界初の有人宇宙飛行者としてボストーク１号に単身搭乗したユーリイ・ガガーリンの功績によって旧ソ連が一歩リードした。この年、アメリカ合衆国大統領ジョン・F・ケネディは、1960年代中に人類を月に到達させる「アポロ計画」を発表した。

そして、1969（昭和44）年にアポロ11号が月面に着陸し、宇宙飛行士ニール・アームストロングおよびバズ・オルドリンが月面を歩行した映像が世界に配信された。これによって、世界の人々は宇宙開発競争における勝者がアメリカであることを実感した。

今日、人間が創り出す様々な事件やイベントは、高度に進歩した通信やインターネットで世界中の人々へ伝わる。そして、世界各国で開催されるスポーツイベントを、大型スクリーンを利用して不特定多数の人々が集まって見る「パブリックビューイング」も人気のイベントになった。

また、テレビ番組のコンテンツとして制作されるイベントが「メディアイベント」として人気を集めている。「鳥人間コンテスト」「24時間テレビ」「SASUKE」「歌謡祭」など様々なイベントが生み出されている。

テレビ放送が開始された当時、庶民にとってテレビを見ることも大きなイベントだった　写真提供：毎日新聞社

地域の祭りから観光イベントへ

かつて、同じ地域で暮らす人々が全員参加して、音楽や舞踏、演劇、競技などのパフォーマンスを神に捧げた。やがて、演じる者と見る者に分かれた。地域の人々だけが参加する祭りは、地域外の人にも見せる大掛かりな祭りへと発展する。地域の外の人間に見られるという意識によって祭りのパフォーマンスは徐々に大掛かりなものとなり、多くの観衆を集めるようになった。

今日、地域の外から参加者や観光客を呼び込んで経済的な波及効果を創出する観光イベントも数多く開催されている。「さっぽろ雪まつり」「仙台七夕まつり」「隅田川花火大会」「河津桜まつり」「神戸ルミナリエ」（口絵）「ひろしまフラワーフェスティバル」（口絵）「よさこい祭り」「阿波踊り」「長崎ランタンフェスティバル」など様々である。

移動や宿泊、お土産品の購入などでお金を使うことによって地域経済が活性化する。また、経済効果と連動した地域ブランドの創出や、地域文化の振興、グローバル化への対応力の向上などの効果もある。さらに、新たな雇用を創出し、若い世代の移住にも期待が寄せられている。

伊勢神宮の「式年遷宮」、信州諏訪大社の「御柱祭」、「神田祭」「青森ねぶた祭」「おわら風の盆」「高山祭」「葵祭」「三社祭」「博多祇園山笠」など古くからの伝統を継承し、盛大に執り行われる祭礼も観光イベントとして国内外から多くの観光客を集めている。

観光イベントによる経済効果

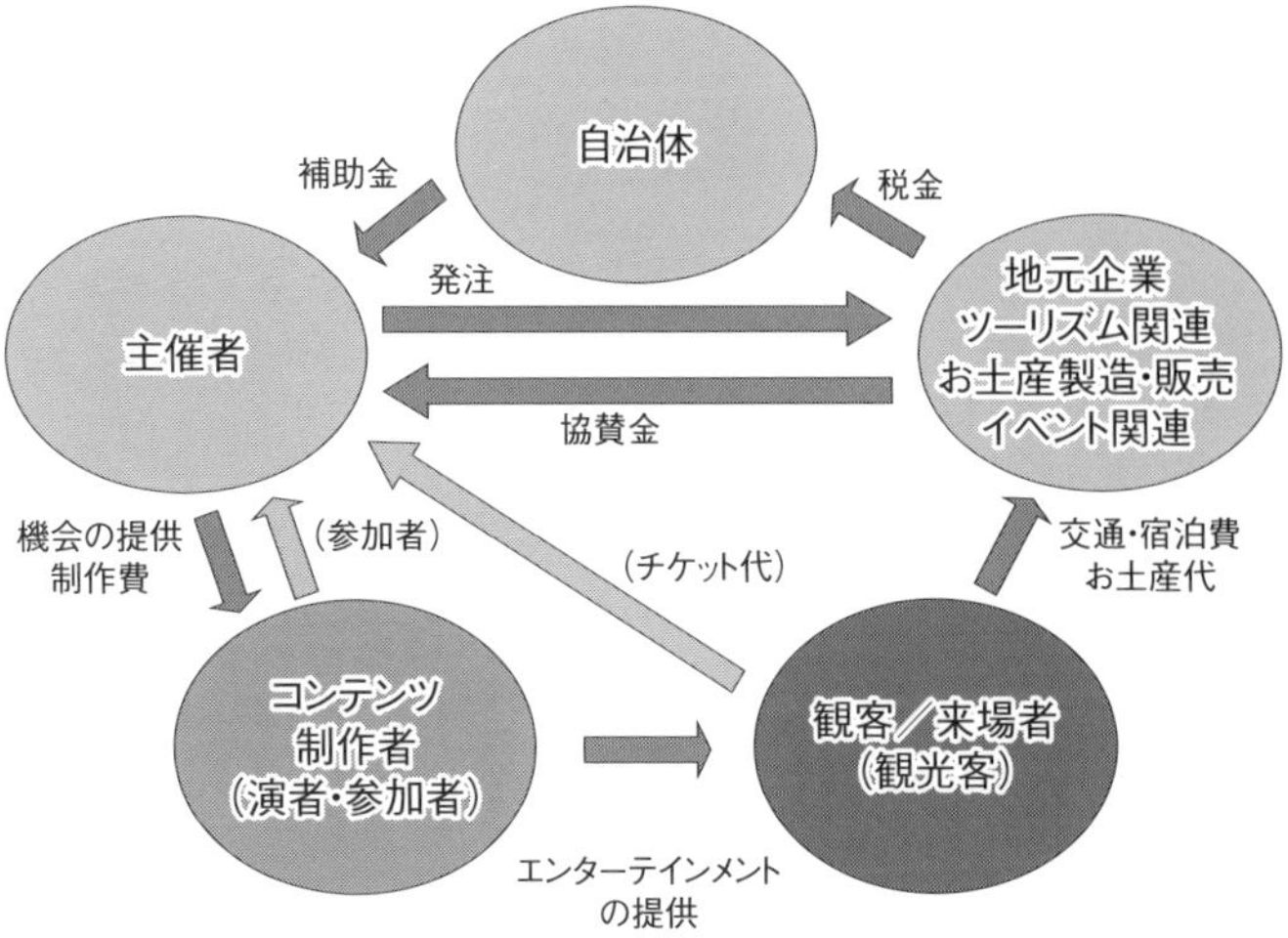

観光客の消費によって地域が経済的に活性化することを期待する観光イベント

北海道経済に大きな波及効果を与えている「さっぽろ雪まつり」 写真提供：札幌市観光協会

3 マーケティングとイベント

イベント開催や展示会出展の目的

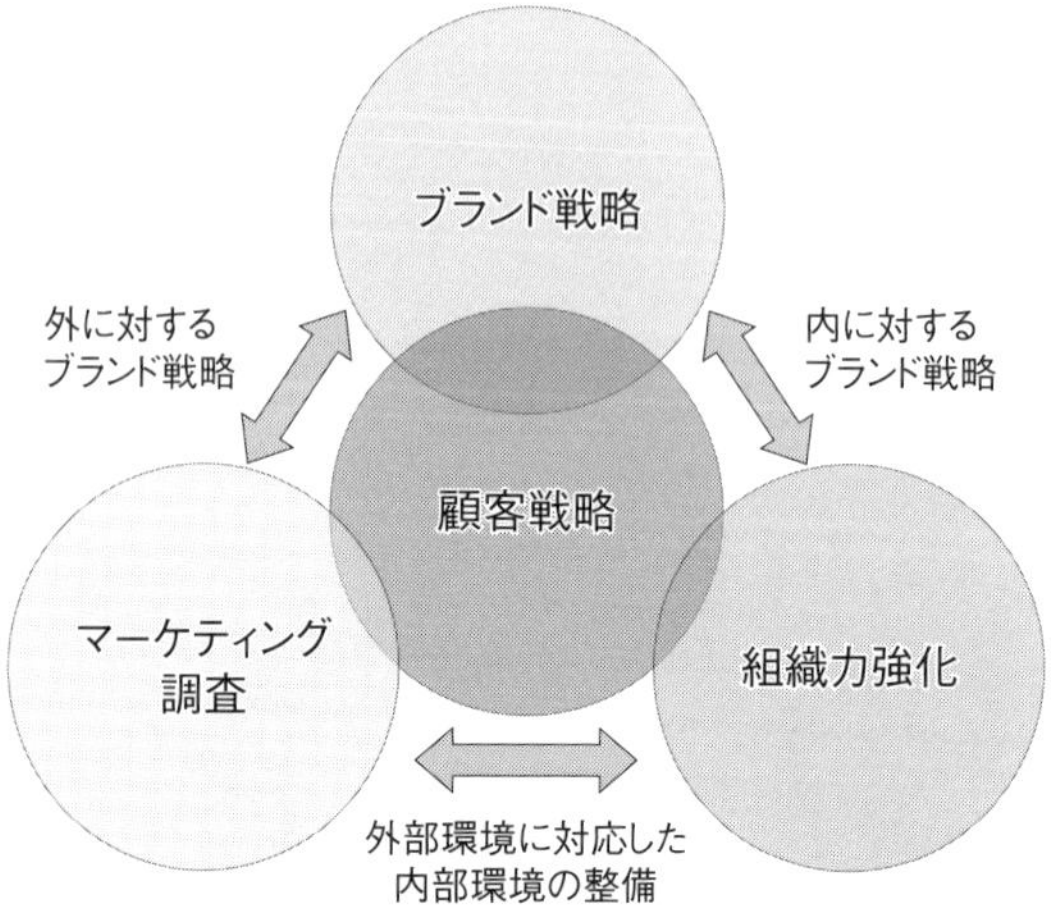

市場を創造するための企業活動

企業や組織が自らイベントを開催したり、展示会や博覧会に出展したりする目的は、大きく分けて①**顧客戦略**を中心に②**マーケティング調査**と③**ブランド戦略**、そして、④**組織力強化**の４つに分けることができる。

マーケティング調査では、企業は来場者との直接的なコミュニケーションによって生活者や顧客のニーズを把握する。また、展示会への出展では、時代の潮流を把握したり、地域や業界における競合他社の動向を把握したりすることもできる。

多くの企業はブランド戦略の一環としてCSR活動や、メセナ活動としてイベントを開催することで、生活者や地域社会との絆を深めている。生活者や顧客を含むステークホルダー（利害関係者）とのコミュニケーション手段としてイベントは重要な役割を担っている。文化イベントを開催したり、スポンサーになったりすることでブランド価値を高めることができる。また、メディア価値の高いスポーツイベントに多くの企業が販売促進の一環として関わっている。展示会への出展やセミナーの講師を務めることもブランド戦略上の重要な活動である。

また、企業は社内における様々な部署の連携を確認したり、メーカーと販売代理店の絆を強めたりするなど、組織力強化の機会としてイベントを利用する。全国に分散している社員を集め、トップと交流できる機会を設けたり、インセンティブツアーを実施したりすることで業績向上のためのモチベーションを高めることができる。

顧客戦略として企業は、まず、データが無い顧客の情報をイベントにおける参加申し込みやアンケート、名刺交換、直接的なコミュニケーションなどによって集める。入手したデータから見込顧客を絞り込み、初めての取引に向けて営業活動をする。また、展示会に出展して提案の機会を得る努力をする。既に取引がある一般顧客に対しては、優良顧客になってもらうためにプライベートショーを開催したり、ショールームや工場に招待して提案の機会を狙う。

マーケティング活動とイベント

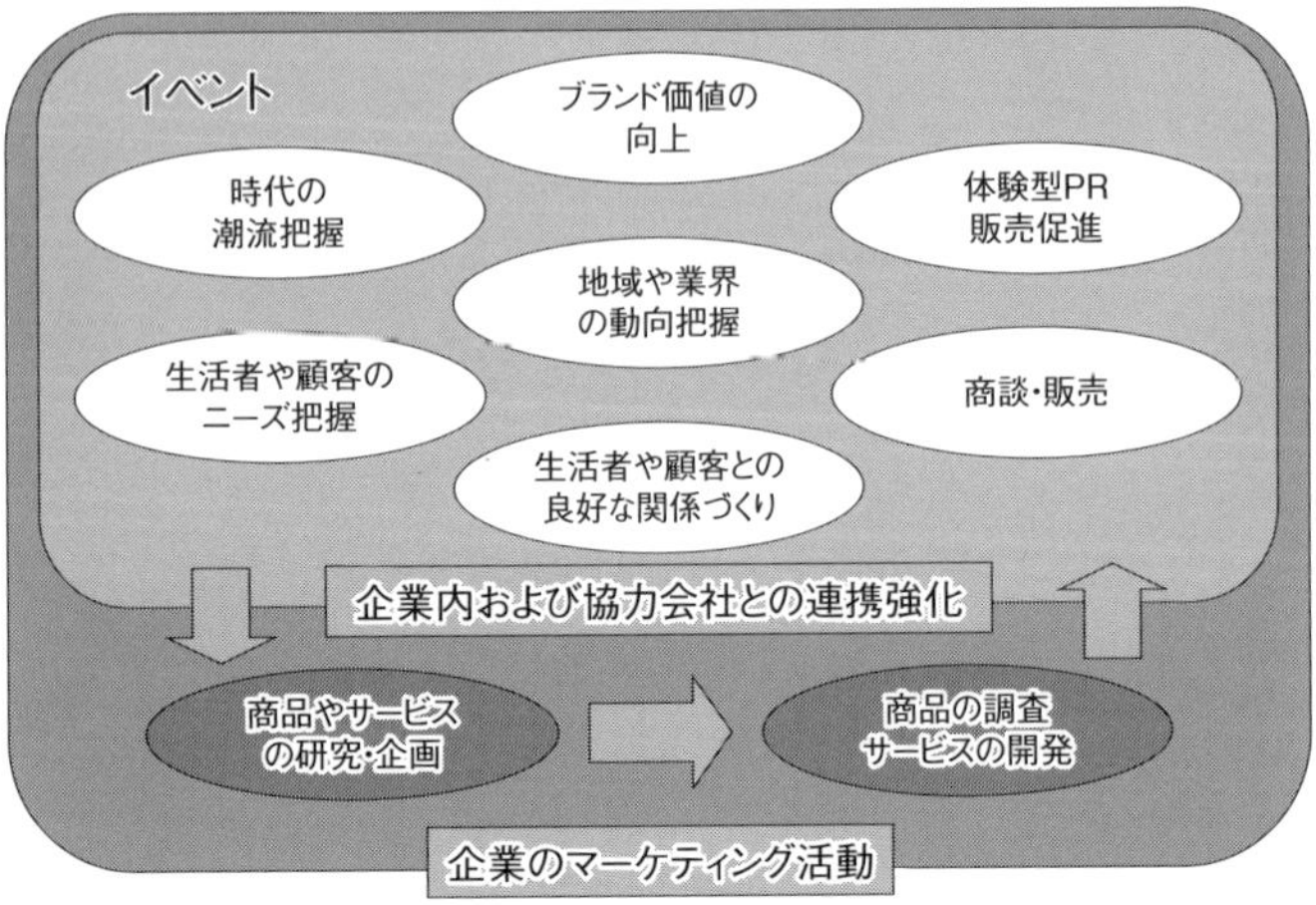

マーケティング活動の入口と出口を担うイベント

イベントで把握した生活者や顧客のニーズからマーケティング活動をスタートさせる。そして、直接的なコミュニケーションによって把握したニーズを満足させる商品やサービスの研究・企画を社内で行う。さらに、新しい商品を製造したり、新しいサービスを開発する。

また、イベントの機会に生活者や顧客との良好な関係を築きながら、ブランド価値を高め、新しい商品やサービスの商談や販売、体験型のＰＲや販売促進をする。このようにイベントはマーケティング活動のスタートとゴールにおける重要な役割を担っている。

さらに、イベントを開催したり、展示会に出展したりすることで、企業や組織内および協力会社との連携を強化することができるのである。

4 様々なイベントの形態

イベント曼茶羅《まんだら》――誕生パーティからオリンピックまで

今日、様々な企業や組織、学校、行政、自治体、家族などが、それぞれの目的を達成するための手段としてイベントを開催している。だが、主催者や目的によってイベントの形態は大きく異なる。

チケットを販売して直接的な利益を創出するために開催されるライブエンターテインメントやスポーツイベント、産業団体が業界の発展のために開催する展示会・見本市、学術団体が開催する学会、マスメディアが番組や記事のために制作するメディアイベント、地域の祭りや都市型の祭礼、観光イベント、社会実験、防災訓練など、様々な形態のイベントがある。また、イベントの参加者や来場者、観客などに満足感や感動を提供する様々なコンテンツが工夫されている。

イベントの全体像を概観するため、様々なイベントを一目で見えるように並べたのが「イベント曼茶羅」である。

イベント曼荼羅

公開処刑　集団暴走行為　ツーリング　修学旅行　ミステリーツアー　遠足　移動遊園地　マジックショー　サーカス　トークショー　懇親会

軍事パレード　大規模オフ会　ええじゃないか　テーマ観光　ピクニック　移動動物園　結団式　展覧会　見せ物　開帳　人文字　地上絵

平和祈念式典　三島事件　ヘイトスピーチ　メーデー　巡礼　インセンティブツアー　フォーラム　芋煮会　学術会議　総合アートフェスティバル

戦勝記念式典　参勤交代　エレクトリックパレード　ご成婚パレード　デモ　歩行者天国　シンポジウム　パフォーマンス　美術展　アースワース

マスゲーム　凱旋パレード　運動会　球技大会　公営ギャンブル　フラッシュモブ　集会　有名人来日　ビートルズ日本公演　フラワーショー

優勝パレード　ウォーキング大会　国民体育大会　リアル脱出ゲーム　コンベンション　株主総会　夏フェス　ミュージカル　音楽ライブ　コンサート

自転車レース　ロボ・コン　マラソン大会　宝探しゲーム大会　政治パーティー　ドラフト会議　ニコニコ超会議　PTA総会　音楽コンクール　TGC

自動車レース　eスポーツ大会　ねんりんピック　技能五輪全国大会　国際雪合戦　格闘技大会　国際会議　美人コンテスト　ファッションショー

F1　東京マラソン　国際競技大会　FIFAワールドカップ　オリンピック　パラリンピック　サミット　祝賀会　同窓会　表彰式　映画祭　学園祭

大相撲　天覧試合　ワールドゲームズ　アカデミー賞　グラミー賞　ノーベル賞

甲子園　インターハイ　紅白歌合戦　紅白歌合戦　文化系甲子園　国民文化祭

箱根駅伝　囲碁大会　鳥人間コンテスト　アジア大会　高校生クイズ　アポロ計画　テーマ博覧会　インターネット博覧会　記者発表　襲名披露

パブリックビューイング　TVチャンピオン　24時間テレビ　天体観測会　ロケット打上げ　万国博覧会　植樹祭　映画鑑賞会　品評会　交通安全運動

ドミノ大会　スポGOMI　打ち水大作戦　お台場合衆国　解散総選挙　ハロウィーン　母の日　父の日　バレンタイン　除幕式　展示会・見本市　ゲームショー

キャンドルナイト　防災訓練　カウントダウン　仮装大会　人気投票　コスプレ大会　クリスマス　進水式　コミケ　PRイベント　モーターショー

ライトアップ　イルミネーション　花見　花火大会　復興記念イベント　カーニバル　ゆるキャラグランプリ　今年の漢字　総合火力演習　販促イベント

成人式　披露宴　葬式　誕生パーティー　七夕　初詣　鉄道のラストラン　ファン感謝デー　プライベートショー　サラリーマン川柳　店頭イベント

結婚式　謝恩会　国葬　海開き　潮干狩り　梅まつり　納涼船　サイン会　握手会　写真撮影会　感謝祭　収穫祭　展示即売会

歌垣　入学式　卒業式　盆踊り　豆まき　祭り　御柱祭　阿波踊り　フードイベント　セリ　物産展　骨董市　フリーマーケット

婚活パーティー　歓送迎会　式年遷宮　よさこい祭　ねぶた祭　さっぽろ雪まつり　チャリティイベント　オークション　バザー　街頭イベント

様々なメディアを利用したイベントの創出

デジタル社会が進展するなかで、スマートフォンやタブレット、携帯ゲーム機などによって、誰もがいつでもどこでもゲームやマンガ、映画などのエンターテインメントを楽しむことができるようになった。バーチャル空間も新しいイベント空間として着目されている。コンサート会場と映画館を結び、リアルとバーチャルの両方の空間が会場となるようなイベントも開催されている。デジタル技術によってリアルな空間におけるイベントも、より高度な楽しみが提供されるようになった。

日常生活の中に様々なエンターテインメントが浸透し、従来のように生活をつらい日常である「ケ」と非日常の「ハレ」とに分けて考えることが困難になった。仕事と遊びの境目もはっきりしなくなっている。「仕事を楽しく、遊びを真面目に」や「仕事を楽しく、遊びはもっと楽しく」という考え方も支持されるようになった。

日常生活を楽しみながら、更なる満足や感動、達成感などを味わうことで確かな価値を感じられるイベントへの期待が高まっている。リアルな空間と時間を共有して感動体験が創出された時代から、デジタル化されたコンテンツが様々なメディアを行き交うことで感動体験が創出される時代へ変化している。

形態別イベントの分類

分類	事例	備考
年中行事／季節イベント／地域イベント	初詣、節分（豆まき）、桃の節句（ひな祭り）、花見、端午の節句、潮干狩り、海開き、七夕、盆踊り、納涼船、祭り、月見、収穫祭、カウントダウンイベントなど。	
祝祭日／記念日	バレンタインデー、母の日、ハロウィーン、クリスマスなど。	季節祭から記念祭、そして商業祭へ変遷。
ライフイベント	お宮参り、七五三、成人式、結婚式、葬式、誕生パーティ、古希、米寿、白寿など。	冠婚葬祭、通過儀礼。
学校行事	入学式、文化祭（学園祭）、運動会（体育祭）、球技大会、遠足、修学旅行、卒業式、ＰＴＡ総会、謝恩会など。	
祭礼	伊勢神宮「式年遷宮」、信州諏訪大社「御柱祭」、神田祭、青森ねぶた祭、おわら風の盆、高山祭、葵祭、三社祭、博多祇園山笠など。	伝統を継承し、盛大に執り行う祭り。観光イベントとしても重要。
観光イベント	さっぽろ雪まつり、仙台七夕まつり、隅田川花火大会、信玄公まつり、河津桜まつり、神戸ルミナリエ、ひろしまフラワーフェスティバル、よさこい祭り、阿波踊り、長崎ランタンフェスティバル、港祭りなど。	観光客を集め、交通･宿泊、飲食･物販などによる経済的な波及効果を期待する。
パレード	優勝パレード、凱旋パレード、ご成婚パレード、軍事パレードなど。	テーマパークや大型イベントのアトラクションとしても重要。
ライブエンターテインメント	コンサート、夏フェス、ミュージカル、オペラ、演劇、歌舞伎／能・狂言、お笑い／寄席・演芸、バレエ／ダンス、サーカス、パフォーマンス、トークショー、人形劇、マジックショーなど。	映画会、バーチャルエンターテインメントを含む。
展覧会	美術展、書道展、写真展、工芸展、総合アートフェスティバルなど。フラワーショー、開帳など。	コンテストの要素もある。

様々なイベントの形態

コンテスト／コンクール	美人コンテスト、文科系甲子園、ゆるキャラグランプリ、映画祭、演劇祭、品評会、音楽コンクールなど。	
表彰イベント	ノーベル賞、アカデミー賞、グラミー賞、イグノーベル賞など。	
全国巡回イベント	国民文化祭、全国生涯学習フェスティバル、植樹祭、インターハイ、国民体育大会、全国スポーツ・レクリエーション祭、全国健康福祉祭（ねんりんピック）、技能五輪全国大会など。	
スポーツイベント（観戦型）	オリンピック、パラリンピック、FIFAワールドカップ、ワールドゲームズ、マラソン、駅伝、甲子園、自動車レース、自転車レース、国際競技大会、大相撲、プロ野球、Ｊリーグ、プロレス、格闘技、e スポーツなど。	パブリックビューイングやスポーツ・バーでの観戦も含む。
公営ギャンブル	競馬、競輪、競艇、オートレース。	
スポーツイベント（参加型）	企業運動会、マラソン大会、ウオーキング大会、スリーデーマーチ、つり大会、ボウリング大会、囲碁大会、フラッシュモブなど。	一般人が参加。
ゲームイベント	リアル脱出ゲーム、ドミノ大会、宝探しゲーム大会など。	
メディアイベント	紅白歌合戦、日本レコード大賞、箱根駅伝、24 時間テレビ、鳥人間コンテスト、ＴＶチャンピオン、ラジオ体操、高校生クイズ、ロボットコンテストなど。	番組制作や記事と連動。オリンピックや FIFA ワールドカップも含む。
展示会・見本市	モーターショー、ゲームショー、おもちゃショー、ギフトショーなど。	会場での即売を禁止。
博覧会	万国博覧会、内国勧業博覧会、国内（地方）博覧会、テーマ博覧会など。	
コンベンション／カンファレンス	サミット、外交会議、学術会議、大会、学会、シンポジウム、フォーラムなど。	国際会議に限定する場合もある。

ミーティング	販売店会議、研修、セミナー、株主総会、ドラフト会議など。	
式典	平和記念（祈念）式典、表彰式、周年式典、開業式典、開通式典、結団式、進水式、除幕式など。大型イベントの開会式、閉会式。	アトラクションも含む。
集会イベント	集会、演説会、メーデー、デモ、団体交渉、大規模オフなど。	集団暴走行為。
パーティ	同窓会、披露宴、懇親会、祝賀会、政治パーティ、婚活パーティ、ダンスパーティ、芋煮会、歓送迎会、仮装大会、コスプレイベントなど。	
PR イベント	記者発表、新商品発表会、ファッションショー、メセナイベント、CSR 活動、プライベートショー、ファン感謝デー、富士総合火力演習、サラリーマン川柳、今年の漢字など。	
販促イベント	サイン会、試乗会、握手会、写真撮影会、人気投票、店頭イベント、街頭イベントなど。	BtoB のプライベートショーを含む。
販売イベント	フリーマーケット、オークション、バザー、物産展、展示即売会、フードイベント、コミックマーケット、感謝祭、チャリティー、セリ、骨董市など。	その場で販売が行われる。
ツアーイベント	ミステリーツアー、ハイキング、ピクニック、インセンティブツアー、ツーリング、巡礼など。	
景観イベント	アースワーク、地上絵、人文字、イルミネーション、ライトアップなど。	
社会実験、訓練	キャンドルナイト、打ち水大作戦、スポーツ GOMI 拾い、スポーツ防災、環境アート、インターネット博覧会、防災訓練など	社会の未来を創造するための実験的な活動。
事件、その他	アポロ計画、ロケット打上げ、天体観測会、解散総選挙、鉄道のラストラン、公開処刑、三島事件、有名人来日、移動遊園地、移動動物園、国葬、歩行者天国、復興祈念イベントなど。	

第2章　企画構想の流れを理解しよう

1 生活者目線および顧客目線

生活者や顧客のニーズを満足させるマーケティング発想

イベントのマーケティングは、企業や組織、自治体などが、イベントの対象者となる生活者やビジネスパーソン、専門家などとの相互理解の中で、エンターテインメントやレクリエーション、コミュニケーションなどのニーズを満足させるコンテンツによって市場を創造するイベントプロデュースに関わる総合的な活動である。

イベントの企画構想で最も重要なことは、対象者のニーズに着目することである。このニーズを把握することからスタートするのがマーケティング発想である。既に顕在化したニーズではなく、潜在的なニーズを把握したい。

これに対して、主催者側の都合によってつくられたイベントに「いかに集客するか」「いかにチケットを売るか」ということに力を入れるのがプロモーション発想である。極端な言い方をすると、プロモーションが不要になることがマーケティングの最終的な目標である。

「企画」と「計画」との分離

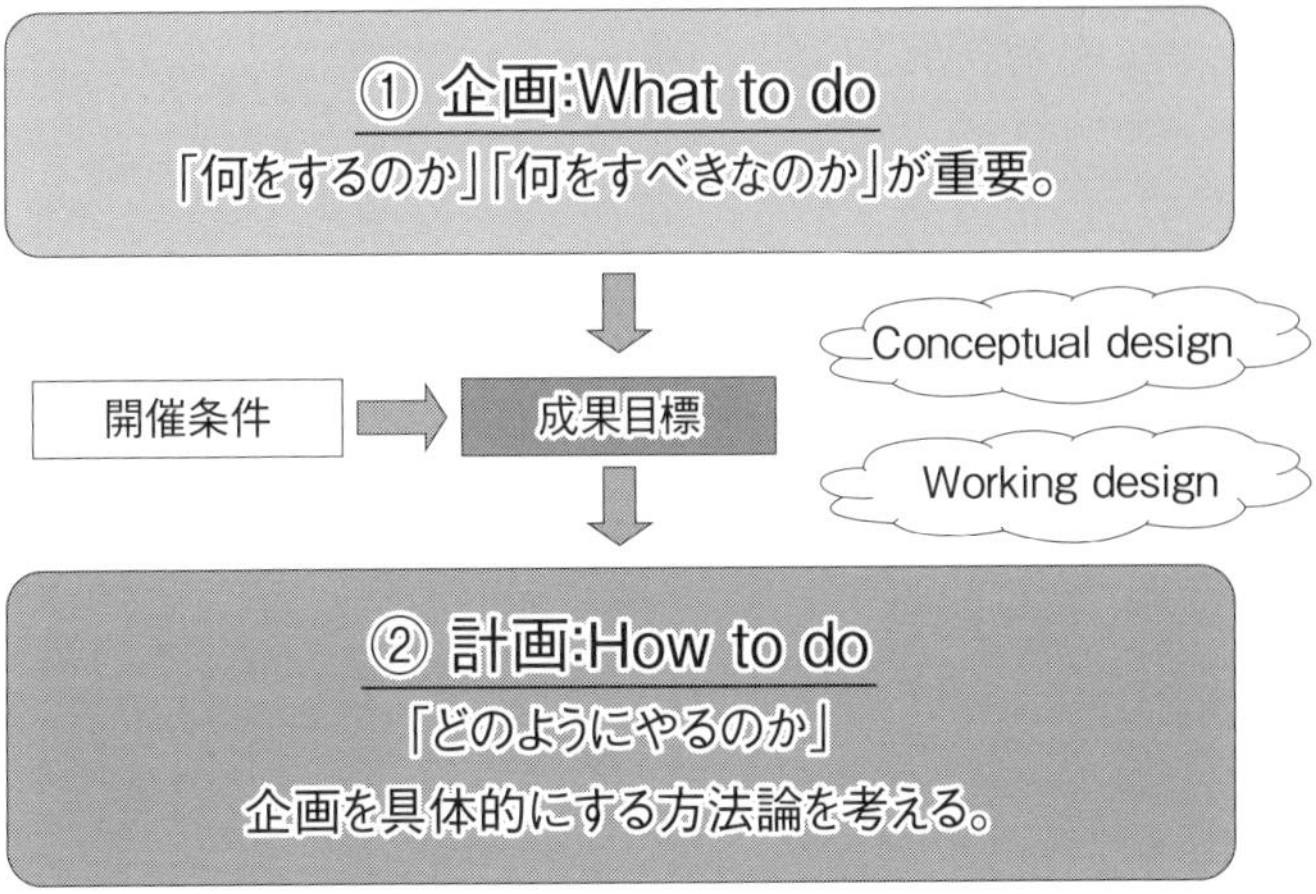
① 企画:What to do
「何をするのか」「何をすべきなのか」が重要。
Conceptual design
開催条件
成果目標
Working design
② 計画:How to do
「どのようにやるのか」
企画を具体的にする方法論を考える。

企画〝What to do〟と計画〝How to do〟の分離

イベントは、地域や社会、企業などの課題を解決したり、利益を創出したりするなどの目的を達成する手段として利用されている。地域の中で継承されてきた祭りとは異なり、イベントを開催することが目的ではなく、あくまで手段であることを念頭に置きたい。目的を達成する手段としてイベントが本当に有効であるか、どのようなコンテンツが効果的であるか、十分に検討することが大切である。

企画構想（Conceptual design）の段階では、目的を達成するために「何をするのか」「何をするべきなのか」といった企画〝What to do〟を検討する。参加者や来場者、観客などの対象者がイベントによって得られる価値や意味、ベネフィットが、出費や労力などよりも大きくなることが大切である。

対象者目線と主催者目線

	企画：対象者目線 What to do	計画：主催者目線 How to do
コンテンツ	パフォーマンス、飲食・物販 Contents/Performance/Product	制作、演出・進行、運営 Produce/Direction/Operation
価格 / 出費	料金、交通費、関連出費 Price/Expense	予算（収入および支出）、収益 Budget/Income/Cost/Profit
期日	開催日・期間、時期、曜日、時間 Date/Time/Season	全体工程、現場スケジュール Schedule/Process
主催者	主催、共催、協賛、後援 Organizer/Co-Organizer/ Sponsor/Support	組織体制、役割分担 Organization/Part
情報	ネット、クチコミ Internet/Personal Communication	販売促進、広報・宣伝 Promotion/PR/Advertisement
会場 / メディア	開催地、会場、アクセス、中継 Place/Access/Media/Site	会場、交通輸送、配信 Site Planning/Transportation/ Communication/Broadcast
目的	ベネフィット、満足、価値、意味 Benefit/Satisfaction/Worth/Need	課題解決、ビジネス Purpose/Goal/Challenge

価値や意味、ベネフィットを創出するために最も重要になるのがイベントのコンテンツである。そして、開催地や会場、アクセス、開催時期・季節や期間・時間、曜日、入場料および来場者の出費、インターネットやクチコミ戦略による広報コミュニケーションなどを、対象者の目線で検討する。

企画を考える時に実施予算や実施スケジュールなどの計画〝How to do〟の要素を意識し過ぎると魅力的でユニークなアイデアが出て来ない。企画と計画を分離して考えるように心掛けてほしい。特にリピーターを感動させるための企画では、高まる期待を超えるコンテンツやサービスを創出するため、コンセプトが明快になってから計画要素の検討に入る。

企画〝What to do〟を実現する計画〝How to do〟

企画〝What to do〟が明確になったら、次にイベントの実施で期待される成果目標や効果とその測定方法も決定しておく。期待される効果は、PRイベントや販売促進イベント、収益を目的にしたイベント、観光イベント、社会実験など、イベントを開催する目的や、イベントの種類、形態、規模などによって異なる。

直接的な利益以外にも経済的波及効果や来場者数、来場者の満足度、パブリシティ（報道されるように働きかける広報活動）の結果、企業やブランド、商品などの知名度や好感度の向上などが期待される。知名度や好感度などのデータは、効果が得られたかどうか、イベントの開催前と開催後にしっかりと調査して分析することが大切である。

次に、企画を具体的に実施するためには「どのようにやるか」という計画〝How to do〟を検討する。コンテンツ制作、組織運営、全体および現場のスケジュール管理、コストおよび収益の管理、法令チェックと各種届出、広報コミュニケーションおよびプロモーション、交通誘導と会場運営、会場設営・装飾、メディア配信、リスクマネジメントなど計画（Working design）を検討する。計画は主催者の目線で、企業や組織、地域などの資源を有効に利用して事業を具体的にすることを考える。

2 発想力

企画のマンネリ化を防ぐ改革型ＰＤＣＡ

毎年継続して開催するイベントでは、常に質を高めていくため、「改善型ＰＤＣＡ」である計画（プラン/Plan）、実施（ドゥ/Do）、評価（チェック/Check）、そして改善（アクション/Action）の基本的なマネジメントサークル（Management circle）を回していく。

イベントを継続して開催する際には、リピーターの存在が重要である。そして、リピーターの期待値は常に上がっていく傾向にあるため、そのリピーターを満足させるための努力をしたい。企画のマンネリ化を避けなければリピーターをがっかりさせることになる。リピーターの期待を上回るコンテンツやサービスを提供することで、満足を超えた感動を味わってもらう。

デジタル化社会が進展し、様々なエンターテインメントがあふれている中で、新たな創造性と付加価値を加えながら継続し、時代の変化から取り残されない努力が必要である。したがって、社会や生活者の変化を的確に捉えながらコンテンツを根本的に見直すことが大切である。改革（イ

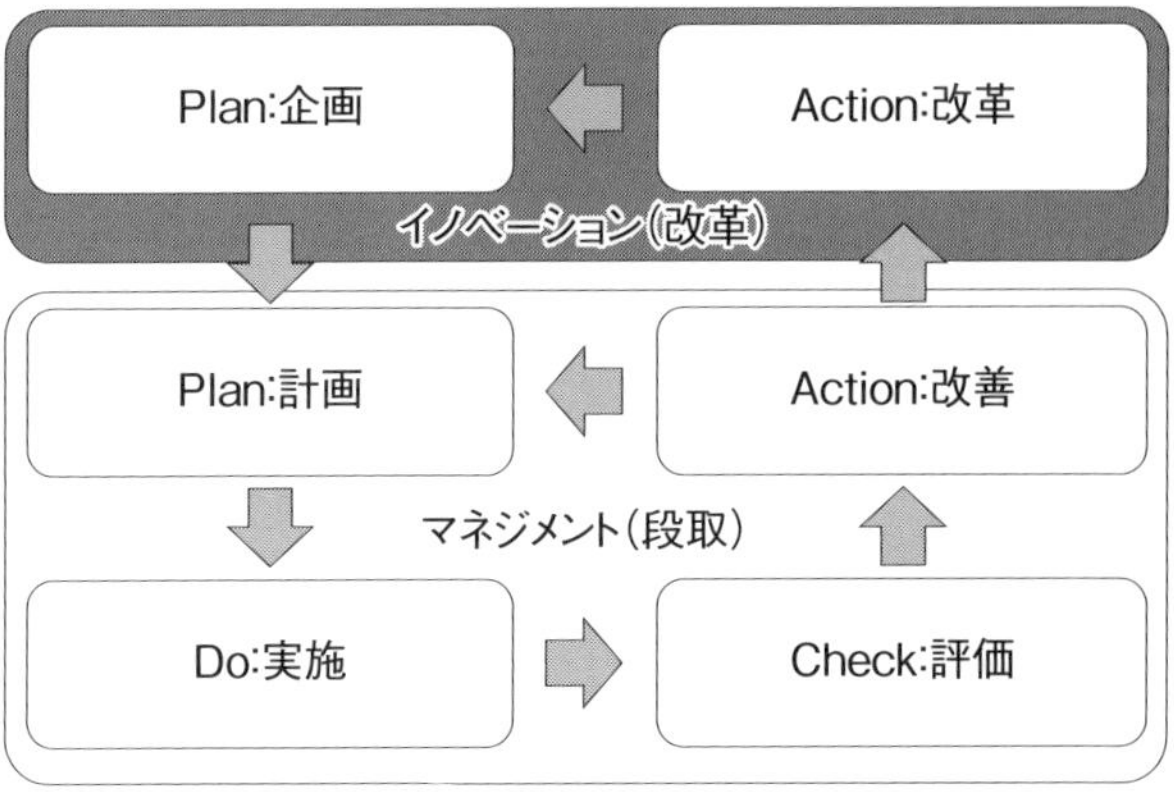

ノベーション（innovation）的な発想で「改革型ＰＤＣＡ」を回すことも求められる。

リピーターを感動させることによって、そのリピーターがオピニオンリーダーとしてＳＮＳや直接的なクチコミによって情報を拡散し、より多くの参加者や来場者、観客などが集まるようにしていきたい。

「偶然の閃き」を生むブレインストーミング

「ブレインストーミング（Brainstorming）／ブレスト」は、アイデア出しの段階で行われる会議の手法である。１９４０年代にアメリカで広告代理業を営んでいたアレックス・Ｆ・オズボーンによって整理された。

５人から７人の参加者が、事前に与えられたテーマに対して、各自のアイデアを他の参加者全員が理解できるように20字程度の短い文章にまとめておく。様々な経験

ブレストのイメージ

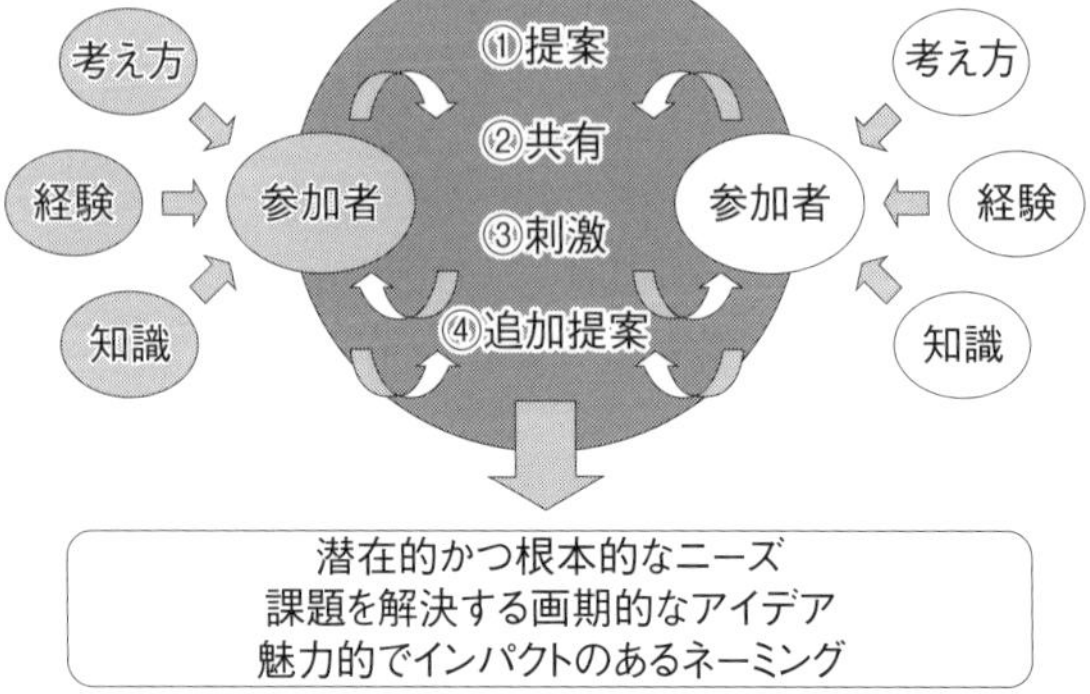

や知識、考え方の参加者が自由に提案し、アイデアを全員で共有する。

他の参加者のアイデアによって、脳が刺激されることで頭の中が嵐のような状態になる。そして、発想の幅が広がり、その中から生まれた新しいアイデアを追加で提案する。これによって、「偶然の閃き」や「名案」が生まれることが期待される。

ブレストを成功させるためには、4つのルールがある。1つ目は**「出された意見を批判してはいけない」**。判断を言下にくださない。2つ目は**「アイデアを実行する手段までは、責任を持つ必要は無い」**。無責任は大歓迎である。3つ目は**「発展的にたくさんのアイデアを出す」**。とにかく量が必要であり、連想によってアイデアを追加する。4つ目は**「アイデアを出し尽くしてから最後に整理する」**。アイデアを出し切る前にアイデアの整理を始めない。

創造心で情報のインプットとアウトプット

今日のデジタル化社会では、非日常のコンテンツが日常の世界に次から次へ流れ込んでいる。そして、レクリエーションやエンターテインメントなどに対する生活者の欲求にも影響を与えている。イベントを企画する担当者は、生活者の欲求やイベントに関連する様々なことにアンテナを向けて情報を集めるように心掛けてほしい。固定観念を捨て、判断基準も固定化しないで、いろいろなものに好奇心を持つことが大切である。

そして、「企業の課題を解決したい」「地域を活性化させたい」などの思い（創造心）を常に持って情報を脳裏にインプットする。創造心を持ってインプットした情報は、頭の中で熟成され、斬新なアイデアとしてアウトプットの時を待っている。

アイデア出しの段階では、まず、たくさんのアイデアを出すことが大切である。良さそうなアイデアが出た途端に、そのアイデアに固執すると思考の広がりにブレーキをかけてしまう。自由連想法や強制連想法などによって、様々な発想を生み出してほしい。

たくさんのアイデアを出すための強制連想法の一つにオズボーンのチェックリストがある。それは、他に使い途はないか？（Put to other uses?）、転用できないか？（Develop other uses?）、応用できないか？（Adapt?）、改変したら？（Modify?）、拡大したら？（Magnify?）、縮小したら？

東日本大震災復興支援メッセージ〝花譜〟。空き缶で描いた地上絵が話題を集めた　写真提供：東京観光専門学校／撮影：賀地まこと

(Minify?)、置換したら？(Substitute?)、アレンジしなおしたら？(Rearrange?)、逆にしたら？(Reverse?)、組み合わせたら？(Combine?)である。

思いついたアイデアが次のアイデアに発展するように知識や経験を豊かに蓄積しておくことも大切である。そして、これらの知識や経験を言葉として引き出すことができるように心掛ける。新聞のクリッピングと整理、雑誌の流し読み、情報カードの作成などは、情報のインプットだけでなく、記憶の中に眠っている情報やアイデアを引き出しやすくする。

アイデアを生かす整理と評価

ブレストはイベントの対象者のニーズを満足させるアイデアを導きだすだけでなく、イベントの対象者の潜在的かつ根本的なニーズを抽出したり、ネーミングを考えたりする時などにも利用できる。アイデアを出し尽くしたら、参加者全員が共有できるように大き目の付箋やカードに書き出し、それを壁やホワイトボード、テーブルなどに広げて全体を俯瞰してアイデアとアイデアとの関係について思いを巡らせる。

大切なことは、「私たちの頭の中にあるアイデアを目に見える物理的な空間に出す」ということである。時間的な関係、空間的な関係、因果関係などを探りながらテーブルやホワイトボードの上で動かしていると、やがて、いくつかのグループや、これまで気づいていなかったつながり（リンク）が見えてくる。

アイデアとアイデアとの関係性をしっかりと把握して、グルーピングする。一緒になった複数のアイデアを包括できるふさわしい言葉を見つけてグループのタイトルとする。みんなが納得できる言葉で表現することによって、アイデアがより抽象化され、コンセプトへと昇華して行いく。

この時、アイデアを特定の型に入れて整理するような手法は避けたい。また、アイデアを複数の評価基準で総合評価すると、ユニークなアイデアの評価が低くなってしまう。無難なアイデアでは、競合するイベントやエンターテインメント、レクリエーションなどを凌ぎ、対象者を感動させるようなコンテンツを創造することができない。

3 MTPCマーケティング戦略

〝あるべき姿〟と〝現在の姿〟とのギャップに着目

今日、デジタル化や少子高齢化、人口減少、女性の社会進出、グローバル化など、時代が目まぐるしく変化している。これら外部環境の変化をしっかりと捉え、企業や組織、地域などの内部環境を革新してその変化に対応する。

外部環境は生活者領域や社会経済領域、競合領域などに区分することができる。また、内部環境は評判や認知度、ロイヤリティなどの市場関係、商品関係、人材および組織、財務などである。企業や組織、地域などは、イベントを通して生活者に感動体験を提供することでブランド価値を高め、経済的な利益を創出するマーケティング戦略を組み立てることが重要である。

未来の外部環境に対する〝あるべき姿（理想像）〟と〝現在の姿〟とを比較することでギャップが見えてくる。そのギャップを解決することが未来の市場に対する課題であり、この課題を「市場（Market/M）」として整理する。

議題解決型提案

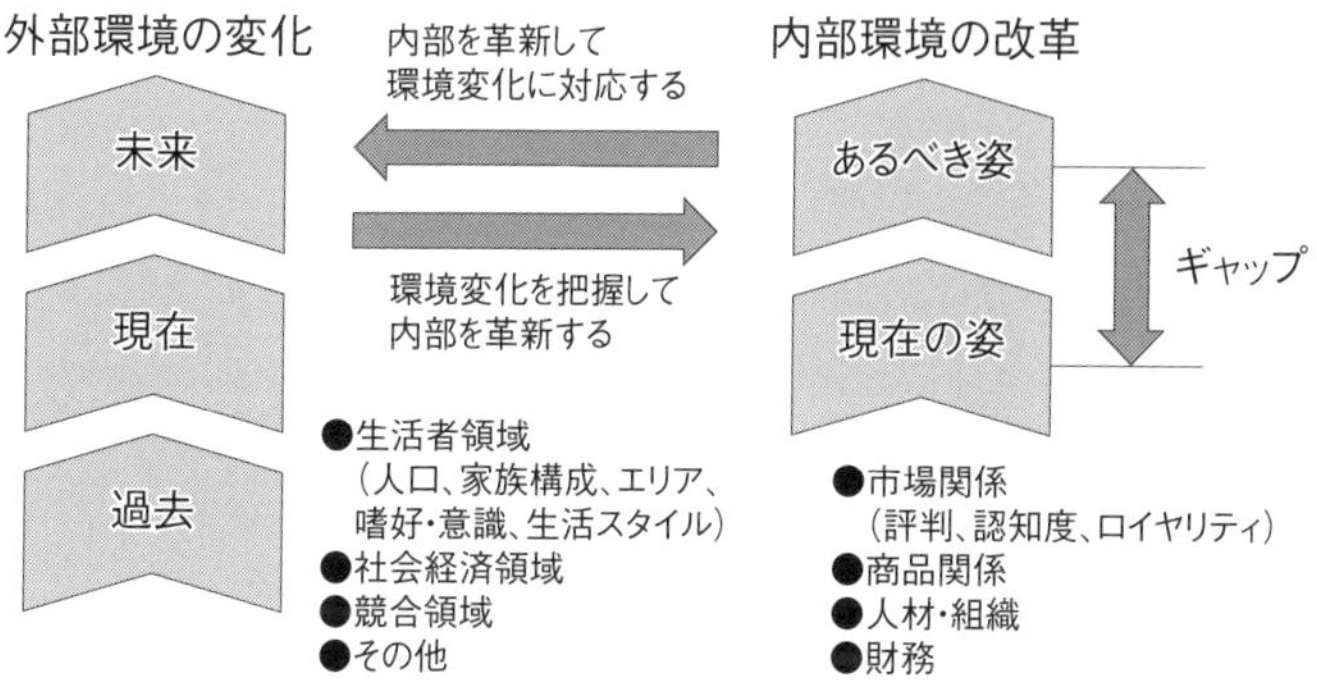

外部環境は変化し続けるため「課題」は常に未来から突き付けられる

外部環境の変化は常に競合との競争要因を生み出すが、課題を早く発見して解決することで、チャンスを獲得することができる。未来を予測してその未来にチャレンジする精神が大切である。ポジティブな発想で、夢をカタチにする努力を続けてほしい。

また、外部環境は常に変化し続けるため、「課題は常に未来から突き付けられる」ということを忘れないでほしい。

“MTPCマーケティング戦略”による課題解決

次に「市場（Market/M）」として整理した課題を解決するため、イベントの対象者となる参加者や来場者、観客などが共通に持っているニーズに着目する。このニーズを「ターゲット（Target/T）」として絞り込み、満足させることで課題を解決していく。

MTPC マーケティング戦略

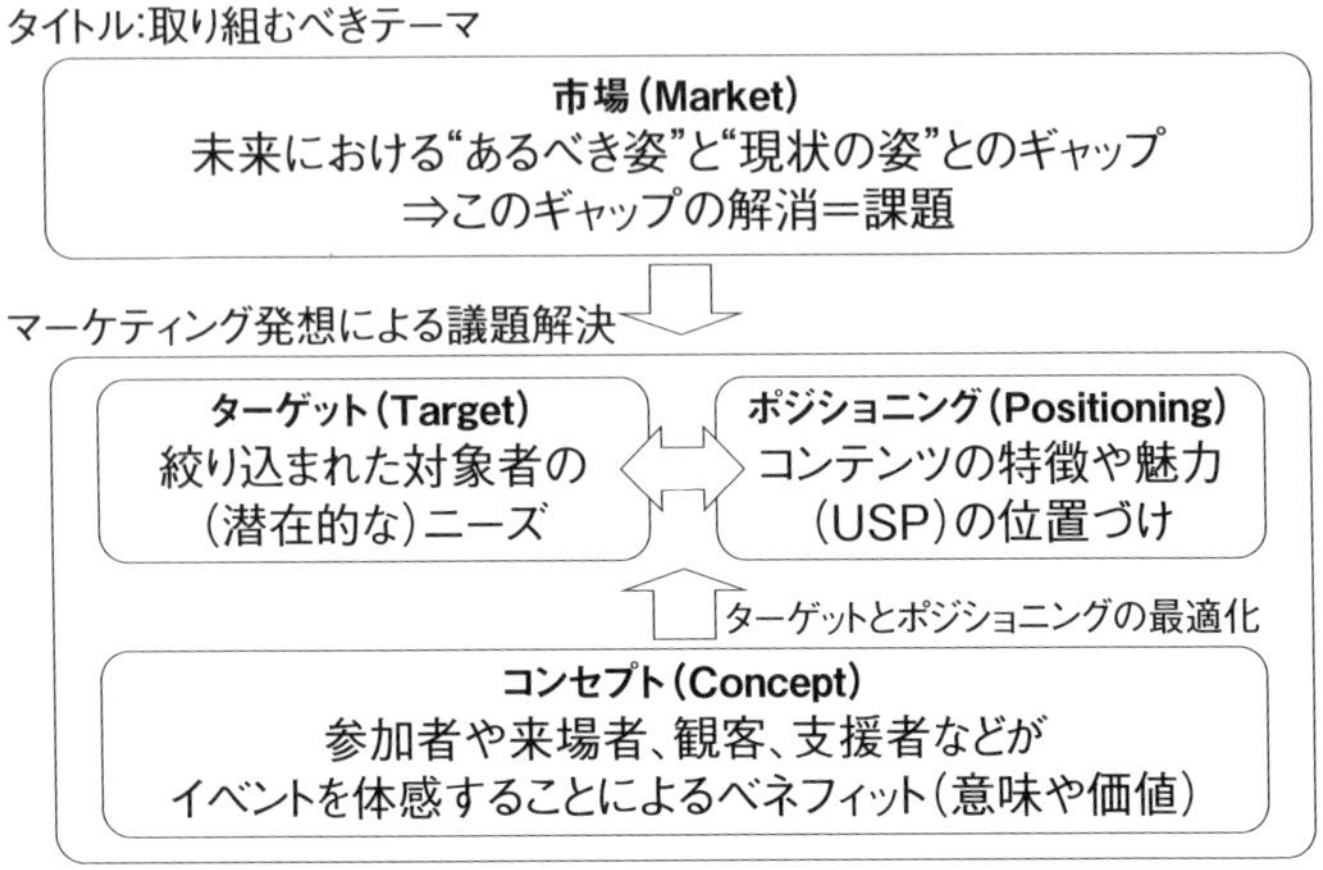

「ターゲット」を「〇〇したい」と表現し、このニーズをコンテンツを中心に構成されたイベントで満足させる。企画しているイベントやコンテンツと競合するイベントやエンターテインメント、レクリエーションとの違いを「ポジショニング（Positioning/P）」として明快に位置づける。

「ターゲット」と「ポジショニング」を最適化する考え方が「コンセプト（Concept/C）」である。イベントの参加者や来場者、観客などになる生活者やビジネスパーソンが感じるベネフィットや意味、価値などを明快に言葉で表現する。

課題として捉えた「マーケット」「ターゲット」「ポジショニング」および「コンセプト」の4つの要素を整理したものが、MTPCマーケティング戦略である。

潜在的なニーズを絞り込んだターゲット（Target/T）

イベントの対象者のニーズについて考えるとき、既に顕在化している欲求だけでなく、生活者自身もはっきりと意識していないが、心の底にある潜在的な欲求にも着目したい。グループインタビューで生活者の心を解きほぐし、刺激し合うことで潜在的な欲求を表現する言葉を発見することも大切である。また、すでに顕在化した欲求があるにもかかわらず、それを満たしてくれるイベントがなかったり、存在を知らなかったり、また、何らかの障がいがあって参加したり、来場したり、観覧したりすることができない場合にも着目したい。

生活者の欲求を「携帯して持ち歩きたい」「自分で育てたい」「戦うのを見たい」「コレクションしたい」「自分の存在価値を確認したい」など、「〇〇したい」と表現して「ターゲット」を絞り込む。「〇〇したい」に対して、「なぜ〇〇したいのか」を考えて根元的なニーズを追求する。人の関心を集める〝集人力〟があるキーワードを予め整理しておくと、ニーズを把握しやすい。

イベントは、生活者が望むエンターテインメントや体験を提供するだけでなく、生活者のニーズをリードし、新しい価値や意味を創造することが望まれる。たとえ会場が遠かったり、出費が多かったりしても、体験や、〝自分磨き〟に価値を見出せば、生活者は時間や費用を捻出するために努力する。

ビールのポジショニング 概念図

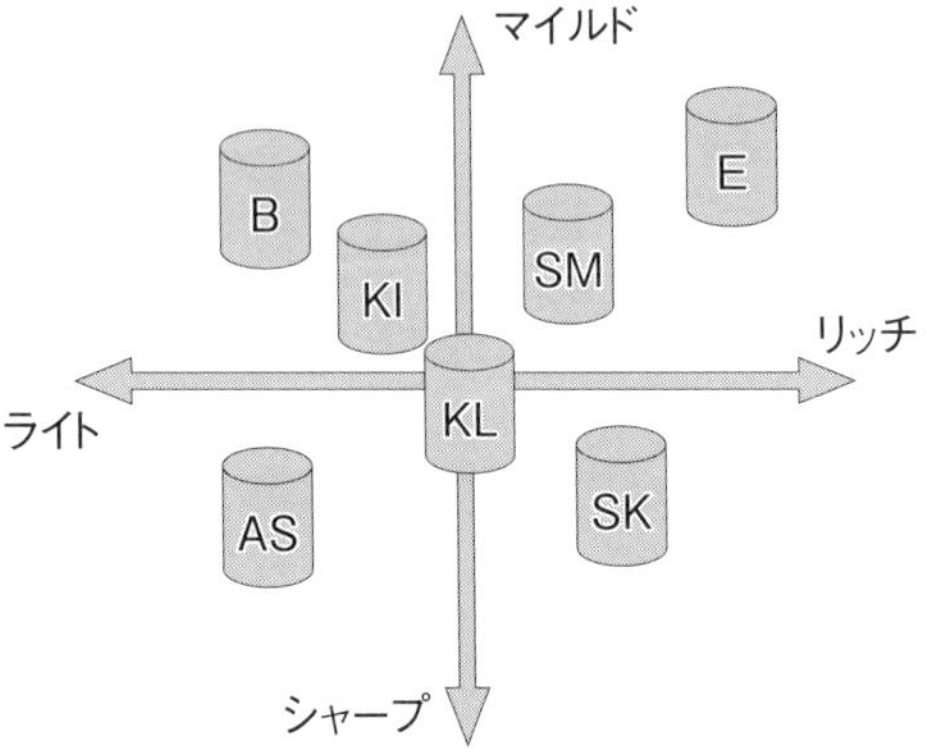

ビールに対する女性のニーズ：一日の仕事を頑張った自分を誉めてあげたい時のビール

【コラム】ビールのポジショニング

1987（昭和62）年当時、会社に勤める女性が自分を誉めてあげたい時に選択するビールがヱビスビールだった。「マイルド」と「リッチ」というテイストを選ぶと「ヱビスビール」が右上になる。

一方、食事の味に影響を与えず、飲み飽きない「ライト」で「シャープ」なテイストを求める人が多いにも関わらず、そんなテイストのビールが無かった。そこへ新しいビールとして市場に投入されたのが「スーパードライ」である。多くの人の欲求を満足させるビールとして「キリンラガー」の牙城を切り崩していった。

競合との違いを明確にするポジショニング（Positioning/P）

イベントの対象者は、行動を決定する前に必ず他のイベントやエンターテインメント、レクリエーションなどについて、インターネットを利用したり、友人に聞いたりして比較検討する。したがって他との違いを明確に位置づける「ポジショニング」はとても重要である。そのため、競合との違いを明快に訴えることができるＵＳＰ（Unique selling Point/Unique selling Proposition）を抽出したい。

コンテンツのこだわりや魅力、イベントの対象者から誉められた言葉などをできるだけたくさん抽出する。そして、競合するイベントやエンターテインメント、レクリエーションなどを確認する。競合には映画やテーマパーク、旅行なども含まれる。競合する他のコンテンツでは代替できないＵＳＰを２つ選ぶ。このとき、規模や価額の競争に陥らないＵＳＰを選ぶことも大切である。

上下左右の軸を設定し、上と右に２つのＵＳＰを書

コンテンツのポジショニング

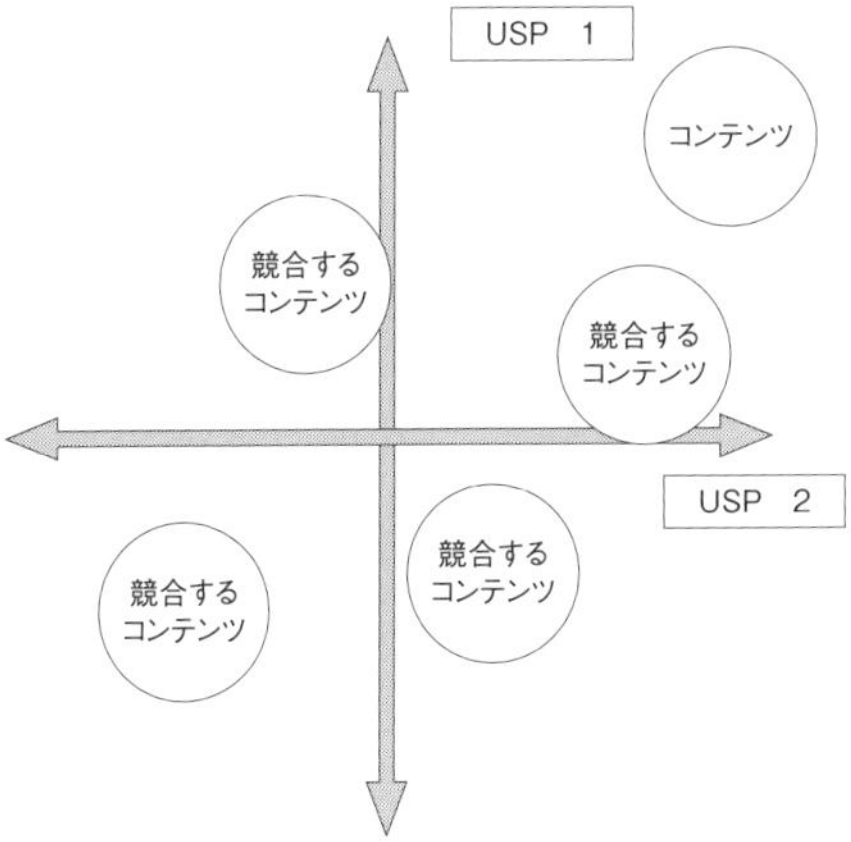

コンセプトの導入

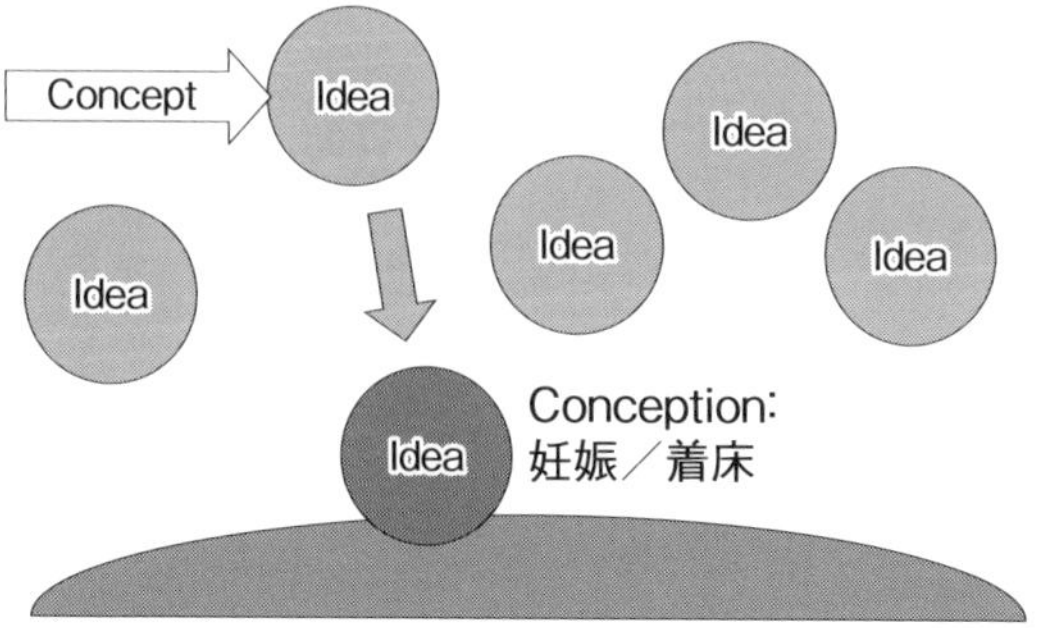

アイデアを実現させるため、コンセプトを導入し、しっかりと着床させ、新しい「価値」を生み出す。

くと、右上に自分たちのコンテンツが位置づけられる。そして、競合するイベントやエンターテインメント、レクリエーションなどを配置する。これによって、２つのＵＳＰで魅力を表現できるとともに、ポジショニングを明快に〝見える化〟できる。なお、軸の下と左にＵＳＰと反対の言葉を入れると、分かりやすい。

新しい価値を生み出すコンセプト（Concept/C）

コンセプトは、哲学用語で「概念」を意味するが、妊娠する（Conceive）や妊娠（Conception）と同じ語源から派生した言葉である。イベントの対象者が得られる意味や価値、ベネフィットもコンセプトとして言葉に置き換えて表現する。これによって、対象者の絞り込まれたニーズである「ターゲット」と、そのニーズを満足させるコンテンツの位置づけである「ポジショニング」を最適化する。

コンセプトは単なるアイデアではなく、アイデアにコンセプトを注入することで創出される価値を把握できるようにする考え方である。妊娠することによって生まれてくる子供がイメージできるようになるのと同じである。

また、コンセプトはイベントの対象者の無意識の領域にある「暗黙知」を、明快な言葉である「形式知」として表現することで、対象者の心を捉える。対象者がイベントに興味や関心を持ち、それまで生活者自身も気がついていなかった潜在的な欲求に気づくことで行動を促すことができる。

ベストプラクティス（成功事例）の研究

イベントの企画を成功へ導くため、ヒットした商品やサービスなどのベストプラクティスについて、その成功要因を分析することが大切である。この時、「なぜ」「なぜ」「なぜ」と疑問を抱くことで根本的な成功要因を発見できる。

１９７０（昭和45）年に旧国鉄が展開した「ディスカバー・ジャパン」のプロモーションは、当時創刊された女性雑誌『アンアン』（an.an）および『ノンノ』（non-no）と連携。萩・津和野や京都・奈良などの観光地に女性雑誌を携帯した若い女性が押し掛ける社会現象を生み出した。

大阪万博終了後に国鉄の利用客が激減すると、開催のために増強した施設や車両、そしてダイヤが余剰となって赤字がさらに増える。したがって、万博終了後、すぐに利用促進策を実施しな

MTPC マーケティング戦略
ディスカバー・ジャパン

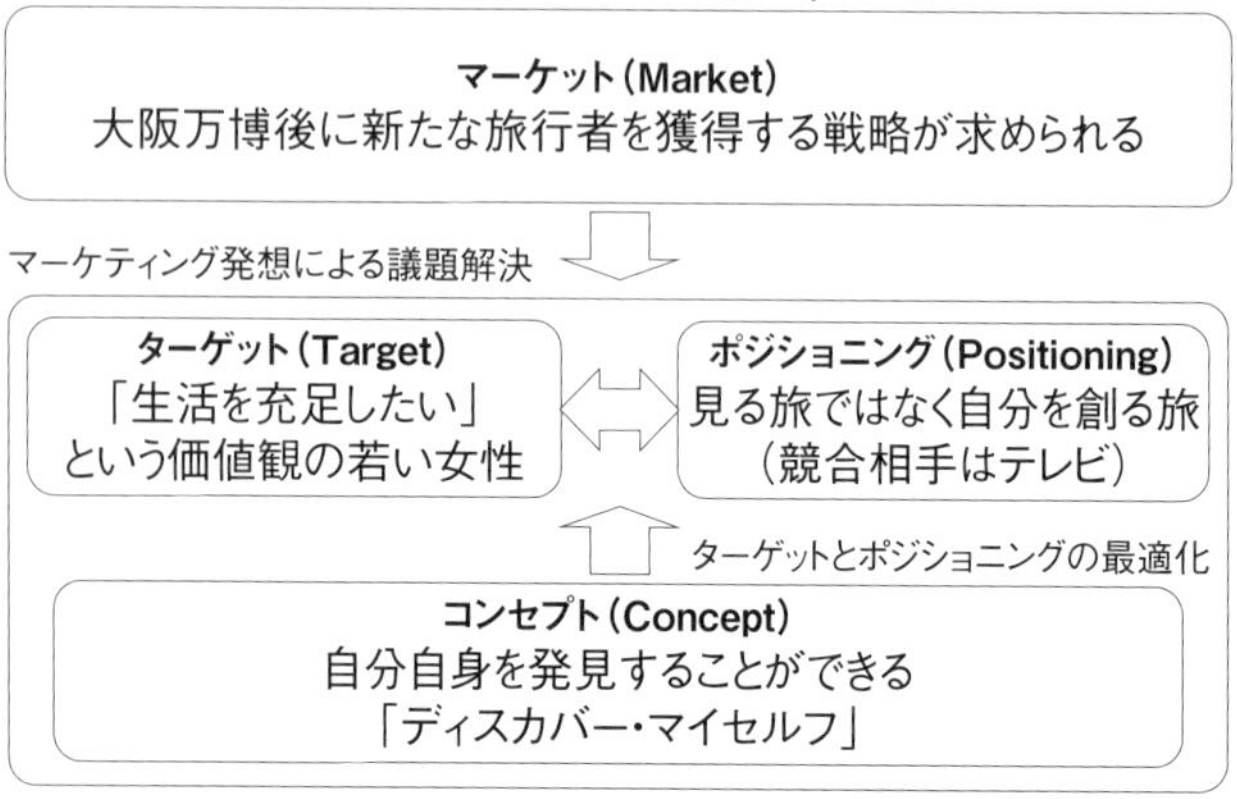

ければならなかった。

そこで電通は旅をする余裕のない男性ではなく、「生活を充足したい」という価値観を持った若い女性のニーズに絞り込むことを提案した。そして、鉄道の競合相手は、自動車やバス、飛行機、船などではなく、1964（昭和39）年の東京オリンピック後、急速に普及しているカラーテレビであるとして、このテレビに勝つために「見る旅ではなく、自分を創る旅」とプロモーションを位置づけた。

そして、コンセプトは「自分自身の再発見」「ディスカバー・マイセルフ」である。ターゲットを若い女性の潜在的な欲求に絞り込み、競合となるカラーテレビに勝てるプロモーションの方向性をはっきり示した。さらに、対象者が得るベネフィットを明快に表現している。

4 企画スタッフ体制

チームで困難を乗り越える

イベントの核となるコンテンツに対する人々の関心は、時代とともに変化していく。また、天候の急変や事件、事故など、予期せぬ事態が発生することもある。イベントの成功を拒む要因は数えきれない。したがって、主催者は豊富な知識と経験、ノウハウを持った人材を集め、プロデューサーを中心にイベントをプロデュースする企画チームをつくる。

プロデューサーは事務局運営責任者とともに、まずコンテンツ制作で重要な役割を担う企画責任者（クリエイティブディレクターや舞台監督、演出家など）やマーケティング責任者、財務責任者、法務責任者など、中心的な役割を担うスタッフとイベントのコンセプトやビジョン、方針などを共有する。

そして、企画チームの仕事は、コンテンツの決定から、協賛や協力、後援などの獲得、開催地および会場の決定、資金調達、権利処理と契約など、多岐に渡る。

さらに、制作決定やコンテンツ制作開始、現場作業開始などの節目（マイルストーン）、さらにゴールに向けて、継続的にスタッフと調整を図りながら作業を進めていく。イベント事業は、作業の途中で発生する様々な困難をチームで乗り越えてプロジェクトを推進して行くことが宿命づけられている。

役割と責任を明確にした体制

①プロデューサー

イベントにとって最も重要なことは、参加者や来場者、観客を獲得し、満足や感動を提供することである。調査結果を踏まえてイベントの規模、開催地と会場、開催時期および開催期間、入場料などを決定する。プロデューサーは企画責任者と共に〝作品〟としてのイベントを、協賛してくれる企業やチケットを買ってくれる生活者に〝商品〟としてのイベントにして提供する。協賛企業のビジネスに合わせたコンテンツのアレンジも必要になる。

②事務局運営責任者

企画構想段階から本番を経てプロジェクトの終了まで、イベント事業全体のスケジュール管理がとても重要である。期日を決めて実施するイベントは遅れが許されない。告知した日時にしっかりと間に合うように準備を進める。各責任者や担当者が効率よく業務を推進できるように、総務や庶務の仕事も重要である。

③企画責任者（クリエイティブディレクター）

企画責任者は、イベントにおける参加者や来場者、観客などの意識の流れを考慮し、感動体験を生み出す演出を検討する。また、音響や照明、映像、特効、舞台装置、会場装飾などの演出技術を活かしてコンテンツを〝作品〟として魅力的にしていく。

④財務責任者

プロデューサーと連携してイベントの収支を管理するのが財務責任者である。自己資金と銀行からの借り入れ、投資家からの資金、協賛金などを運用してイベントのコンテンツを制作したり、アーティストのギャラを支払ったりする。投資に対する利益率を向上させるために、制作に関わる原価を引き締めながら管理する。また、監査に関して社会的に信頼されている外部の監査法人（会計事務所を含む）に委託することも、信用を得るためには欠かせない。

⑤マーケティング責任者

イベントにとってベストな観衆を獲得するために、市場の規模、チケットの価格、スポンサーなどの動向を知ることが大切である。市場の規模や動向を十分に把握するため、各種の統計や、

企画構想段階　組織図

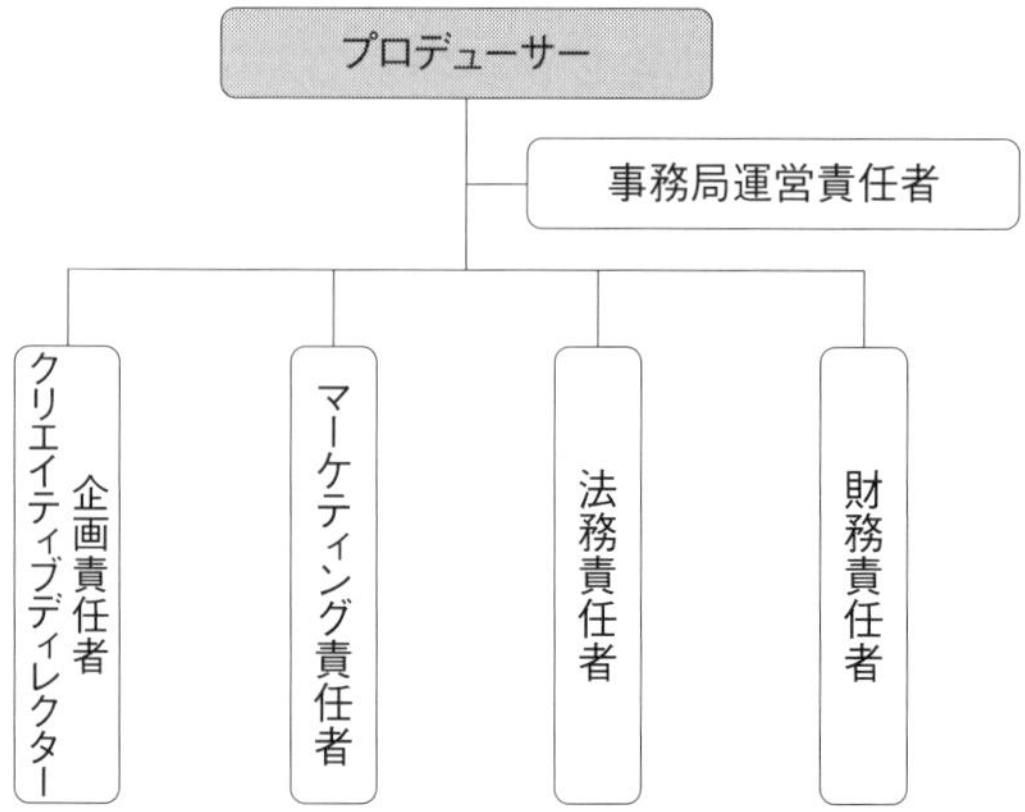

プロデューサーは“商品”を作り、ディレクターは“作品”を作る。

アンケートおよびグループインタビューの結果、ＳＮＳへの投稿などを分析する。また、マーケティング責任者は協賛してくれる企業の課題や業界の動向を知ることも欠かせない。企業に提案するための人脈を作っておくことも大切である。

⑥法務責任者

法務責任者は、関連法規に関するチェックや申請手続き、タレントや会場、スポンサー、各種権利に関する契約を担当する専門家である。会場設営や会場運営などを依託する協力会社との契約書もチェックする。

特に海外のアーティストやスポーツ関連の組織との契約には、十分な知識と経験が欠かせない。経験豊富な法律事務所による契約書のチェックも大切である。また、トラブルが発生した場合は、リスクマネジメントに関する知識とノウハウで対応する。

第3章　事業はどのように推進するか

1 組織運営

1．体制づくりが組織運営の第一歩

「主催」「共催」「協力」「後援」に大別される

今日、地方自治体や企業、組織、団体、マスメディア、NPO（非営利組織）、市民などが主催者となって様々なイベントを開催している。複数の主体が連携して資金や人などで協力し合って実行委員会を作り、大型のイベントを主催する場合も多い。

日本各地で開催されている観光イベントも、自治体や地元の商工会議所、商工会などが中心となり、様々な民間の企業や団体が協力している。しかし、事件や事故が発生した場合の責任体制や経理処理などに問題が指摘されている例もある。

イベント開催への関わり方は、「主催」「共催」「協力」「後援」などに分けることができる。実施主体として事務局を置き、イベントを開催する個人や組織が主催者であり「主催」と表現され

「いぶすき菜の花マラソン」。マラソン大会には多くの組織が関わりを持つ　写真提供：公益社団法人指宿市観光協会

る。「名義主催」としてマスメディアが見かけ上の「主催」になる例もある。「主催」に準じる立場で協力する場合は「共催」と言う。二つの組織が同等の立場で共催する場合もあるが、事務局を置いて責任を担う組織が「主催」となる。全国的な組織が地域の組織に運営を委託する場合は、「主管」と言うこともある。

　また、イベントの会場を提供したり、様々な便宜を図ったりする場合を「協力」と言う。名義を借りることでイベントの社会的な信頼性が高まる公共団体やマスメディアなどに「後援」をお願いする。協賛金や物品、広告などでイベントを支援するのが「協賛」である。興行では「スポンサー」や「パートナー」などの言葉も使用される。1社が高額の協賛金を提供する場合は「特別協賛」や「冠スポンサー」と呼ばれる。ブランド名を冠する場合もある。

知識と経験、ノウハウなどを持つ請負会社

地域の人々が主体となって開催する伝統的な祭りと異なり、近代的なイベントの実施・運営では、豊富な知識と経験、ノウハウを持った人材が必要である。また、イベントの企画構想から実施・運営まで総合的に請負うことができる広告会社やイベント専門会社、旅行会社、専門的な分野を請負う様々な会社がある。

１９６４（昭和39）年の「東京オリンピック」を契機に国際会議をはじめとするコンベンションが著しく増加し、専門的にサポートする業種としてＰＣＯ（Professional Congress Organizer）が誕生した。アメリカではミーティングプランナーの資格制度がある。

そして、１９７０（昭和45）年の「大阪万博」の開催に向けて、イベントの実施・運営を総合的に請負う会社をはじめ、コンテンツ制作やパビリオン建設、運営など様々な専門の会社が誕生した。特に広告会社はイベントを新しいメディアとして捉え、総合的な業務の獲得に力を入れた。

国際的なイベントや地域の外から多くの観光客を集めるイベント、音響や照明、映像などの演出技術を利用するイベント、企業のマーケティングで重要な商品やサービスのＰＲイベントや販促イベント、展示会・見本市への出展などを請負う会社の存在が重要になっている。また、パーティやウエディング、葬儀を専門にする企業もある。

コンテンツを創出する個人や組織

イベントの企画構想では、コンテンツに関するストーリーやデザインなどのクリエイティブを担う原作者や脚本家、作曲家、プランナー、演出家、振付師、デザイナーなどの存在が重要である。映画や写真、マンガ・アニメ、ゲーム、芸術、造形なども重要なコンテンツであり、それらの制作に様々な専門家が関わる。

中国雑技団は日本でも人気のコンテンツ

劇団やマネジメントオフィス、スポーツチームなどに所属したり、個人で活躍したりする俳優や声優、ダンサー、芸人、タレント、ミュージシャン、スポーツ選手などの存在も欠かせない。コンクールやコンテストなどのステージイベントやスポーツイベントでは審査員や審判が重要な役割を果たす。また、ステージイベントや式典などではMCやアシスタントディレクター、進行スタッフも大切である。そして、裏方と呼ばれる音響や照明、映像、特効、舞台美術（大道具、小道具）、衣装、スタイリスト、展示・装飾など演出技術を担うクルーやスタッフ、運営スタッフ、事務局スタッフなどがイベントの実施・運営を支えている。

結婚式は身近なイベントの代表例。結婚式にも実施や運営を支える多くのスタッフが存在する

実施・運営を支える様々な業種

イベント会場として、ライブハウスやホール、劇場、体育館、競技場、ドーム、スタジアム、コンベンション施設、ホテル、公園、広場、美術館、博物館、集会所、興行場、遊技場などがある。

また、パビリオンやテント、ゲート、ステージなど、仮設の会場を建築したり、常設の会場内で造作や装飾を設営・施工したりする会社がある。

その他、イベント関連でチケット販売、広報コミュニケーション（広告・宣伝を含む）、印刷、Ｗｅｂ制作、旅行、宿泊、通信・情報処理、保険、イベントツールのレンタル・リースなどの専門会社がある。

会場運営関連では警備、清掃・衛生、輸送・倉庫、音響・照明・映像機材、会場運営・参加者管理、飲食・弁当・ケータリング、物販・記念品、受付や接遇、解説などの人材サービス、通訳・翻訳などの業種もイベントの実施・運営には欠かせない。

欠かせない存在となったボランティア

大型イベントではコンテンツだけでなく運営を担うボランティアも重要な役割を担っている。また、人口減少社会が進行する中で、神輿《みこし》の担ぎ手や、山車《だし》を引く子供達の確保が難しくなっている地域が増えている。都市部でも少子高齢化の傾向が進む中で、企業の従業員がボランティアで参加したり、企業の持っている商品や技術、土地や建物、さまざまな資源を利用したりして都市祭礼を盛り上げる動きがある。

「いぶすき菜の花マラソン」（鹿児島県指宿市）は、冬場に減少する観光客を増やすため、1982（昭和57）年から1月の第2日曜日に開聞岳や池田湖などの名所を望むルートで開催されてきた。住民が沿道に繰り出して応援し、ふかした名産のサツマイモやジュースを提供する。ゴール後にも食事を提供し、ボランティアのマッサージまである。

参加者や来場者、観客などだけでなくボランティアも感動を味わえるのがイベントの魅力である。事務局スタッフや有償の運営スタッフが、ボランティアを育て、活躍の機会を与え、感動体験を味わってもらえるようにすることが望まれる。また、達成感や連帯感、新しい自分や自分の可能性の発見、出会いと交流などの機会となる。さらに、「創りたい」「育てたい」「プロデュースしたい」などの欲求も満たすことができる。

屋外コンサート　実施・運営組織

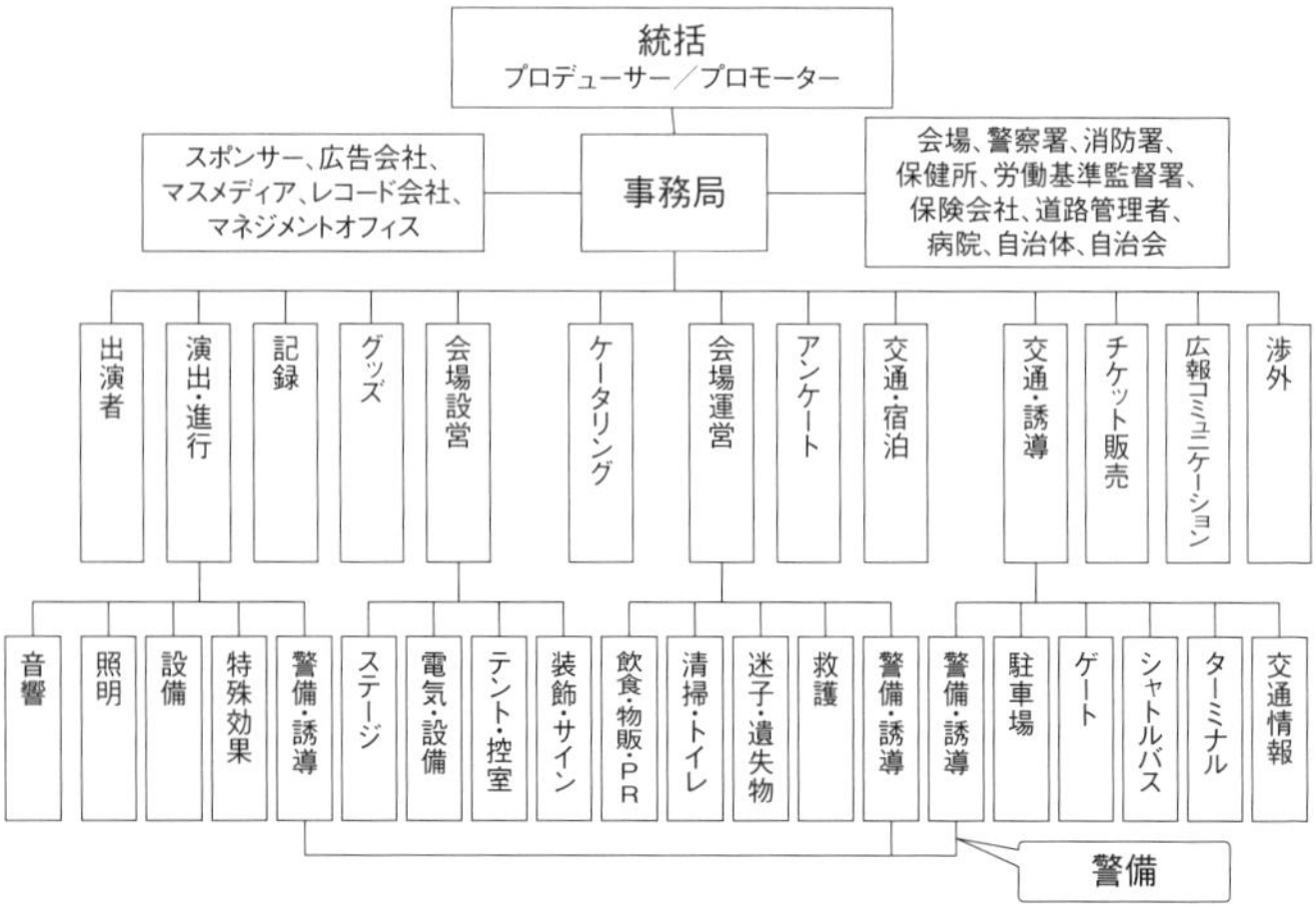

2. 組織と役割分担

音楽コンサートの実施・運営組織

ライブエンターテインメントを開催する場合、事業を統括するプロデューサーおよび事務局は、スポンサーやマスメディアの意向を踏まえ、出演者やマネージャー、舞台監督、クリエイティブスタッフなどと演出・進行について綿密な打合せをする。また、会場や警察署、消防署、保健所、労働基準監督署、保険会社、病院、自治体などと緊密な連携が必要である。

そして、会場設営や交通・誘導、会場運営、チケット販売、ケータリング、グッズ販売、広報コミュニケーション、渉外、出演者やスタッ

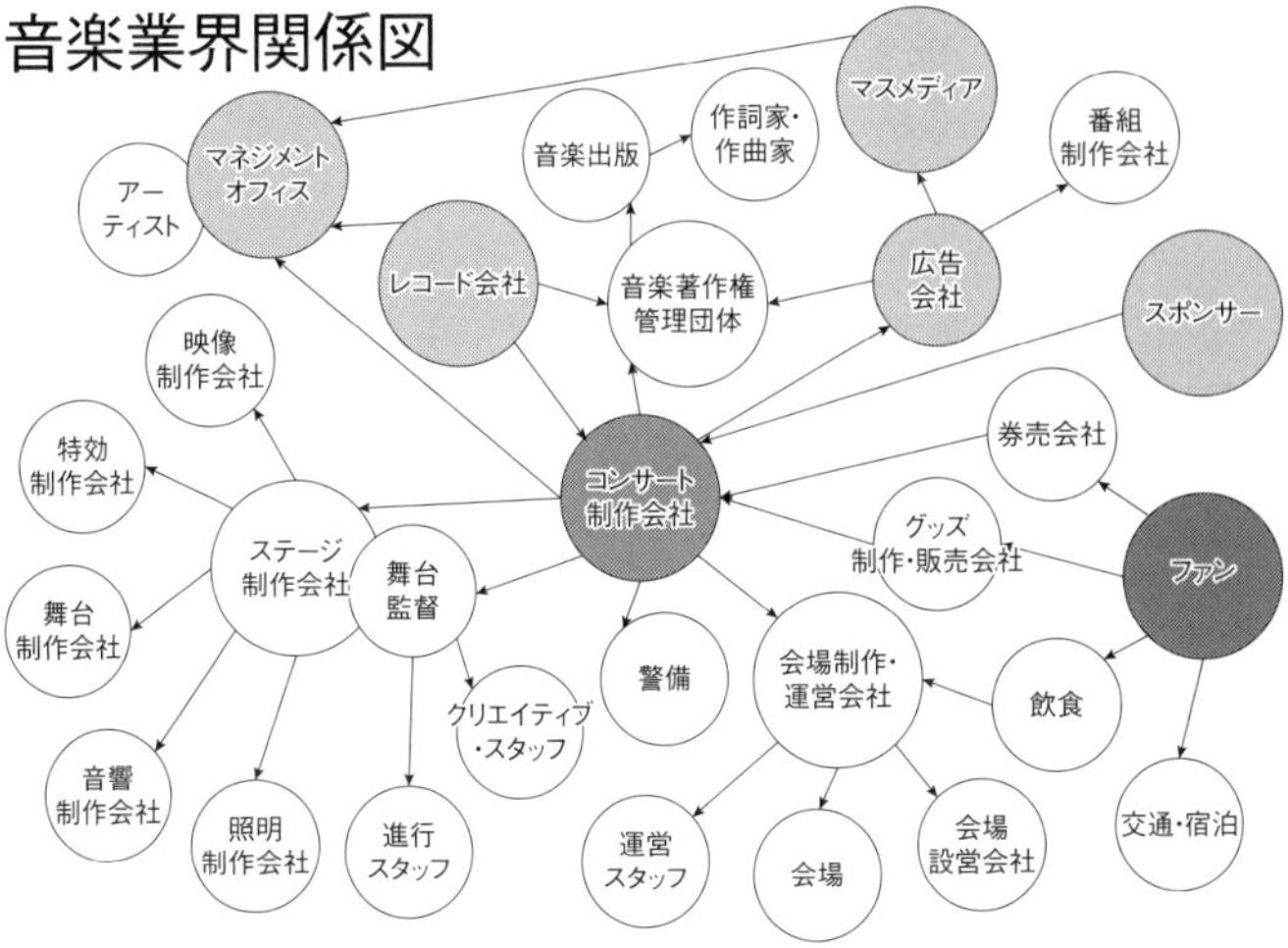

コンサート制作会社を中心にした関係図

フの交通・宿泊などの担当者を決める。警備については防犯と防災の面から、交通・誘導、会場の出入り口、出演者やステージ周辺、会場内など、総合的な体制が求められる。

全国を回るコンサートツアーでは、クリエイティブスタッフとツアークルーおよび開催地でチケット販売や実施・運営などを担当するイベンターやスタッフとの調整が重要である。

ライブエンターテインメントは著作権ビジネスでもあるため、イベントの実施体制の背景にあるお金の流れを把握しておくことも大切である。レコード会社やマネジメントオフィス、著作権管理団体、音楽出版、作詞家、作曲家、マスメディア、スポンサー、広告会社などとの関係性を把握しておきたい。

大型イベントの組織と業務内容の適切な配分

大型イベントの開催では、作業要素を各組織にしっかりと配分することが重要である。事務局は総務や庶務の業務を担当する。スタッフ関係者のＩＤカード（身分を証明するカード）の管理、企画から報告書作成までの記録、役員会や理事会、委員会などの会議の運営や会議室の管理、役員や理事などの出張も管理する。

ステークホールダーとの交渉や調整をする渉外、皇室や公官庁、国内外のＶＩＰ、企画委員、出展者、マスメディアなどの接遇も重要な業務である。ホームページの制作と運用を含む情報通信の管理も担当する。スタッフや参加者の弁当の手配を含むケータリングも重要な業務である。

コンテンツ担当部署は、開会式や閉会式の式典とアトラクション、祝賀レセプション、特別プログラム、文化プログラム、展示などを担当する。スポーツイベントでは大会運営部が中心的な役割を担い、選手の交通・宿泊や医療衛生救護なども担当する。会議イベントではプログラム委員会が中心となり、参加者の登録を担当する部署が設置される。

財務（経理）担当部署は、会計や協賛金、入場チケット販売管理、グッズ販売管理、出店料や食券による飲食販売管理などを担当する。ライブエンターテインメントやスポーツイベントでは、チケット販売や協賛企業などを担当するマーケティング部署を独立させる場合もある。

広報コミュニケーション担当部署は、マスメディアやプロモーションメディア、デジタルメディアを利用して、参加者や来場者、観客などとのコミュニケーションを担当する。また、プレスデーの開催、プレスセンターの運営、報道関係者取材対応、ニュースの発行、記録写真・ビデオ、ガイドブックやＤＶＤの制作などを担当する。

実施・運営段階　組織図

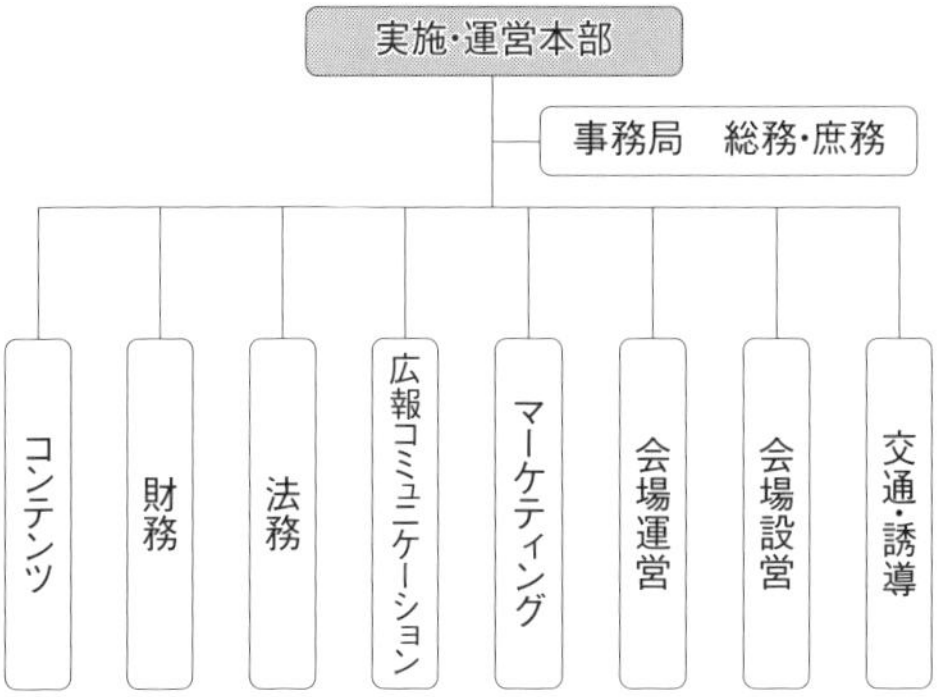

大型の展示会や博覧会における出展者担当部署は、会場担当部署と協力して出展者との調整を進める。電気や水道、ガスなどの設備、消防との調整、保税展示や関税などに関係する業務を担当する。

会場担当部署は、会場内の施設や設備、出展者用設備、災害対策などを担当する。テレビ中継が入る国際大会では無停電装置の管理も重要な役割となる。

交通・誘導担当部署は、交通対策、駐車場（常設および臨時）管理、参加者の移動などを担当する。

会場運営担当部署は、観客に対する会場サービス、会場周辺や会場内の警備・誘導、清掃などを担当する。

2 スケジュール管理

1．制作決定前に始めておきたいこと

困難を乗り越えるためのスケジュール管理という視点を持つ

スケジュール管理は組織運営および予算管理とともに、イベント事業を推進する上で最も重要な業務の一つである。協賛・協力・後援などの関係組織のニーズを満足させ、参加者や来場者、観客に感動を提供するコンテンツやサービスを適正なコストで創り上げるためにはスケジュールをしっかりと管理することが欠かせない。

イベントはスポーツイベントやライブエンターテインメント、展示会・見本市、博覧会、展覧会、会議・集会、式典、祭礼、フェスティバル、冠婚葬祭、コンテスト・コンクール、ツアーイベント、社会実験、訓練など、様々な形態がある。そして、それらの目的や形態、コンテンツ、規模、期待される効果、そして目標などによって作業内容は異なる。

スケジュール管理

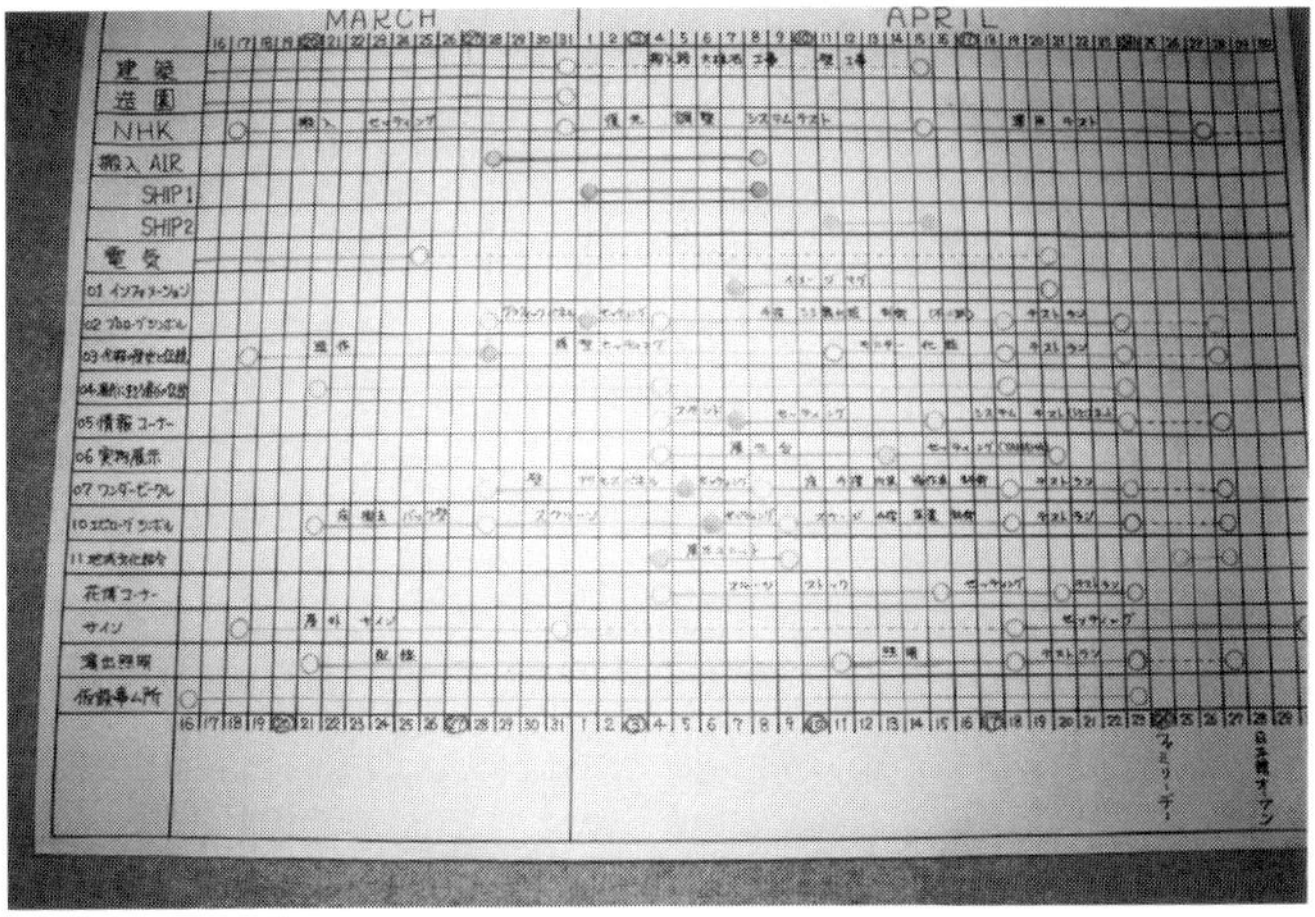

ブリスベン国際レジャー博覧会日本パビリオン展示現場スケジュール表

イベント事業の統括責任者であるプロデューサーは事務局責任者とともに、目的を達成するために必要なイベントのすべての作業内容を制作決定前に確認する。そして、財務や法務、広報コミュニケーション、マーケティングなどの専門家を集めて全体のスケジュールを組み上げていく。

イベント事業は、新規性が問われるために未経験の事態に遭遇することもある。そのため、新たに発生する様々な困難を乗り越えて推進していくことが求められる。また、様々なリスクが実際の事件や事故の発生につながらないようにするリスクマネジメントの上からもスケジュール管理が重要となる。プロデューサーは常に作業の進捗状況を把握し、遅れが出ている作業は遅れの原因を確認し、遅れを取り戻す対策を検討して指示を出す。

バーチャート式スケジュール表
(ライブエンターテインメント)

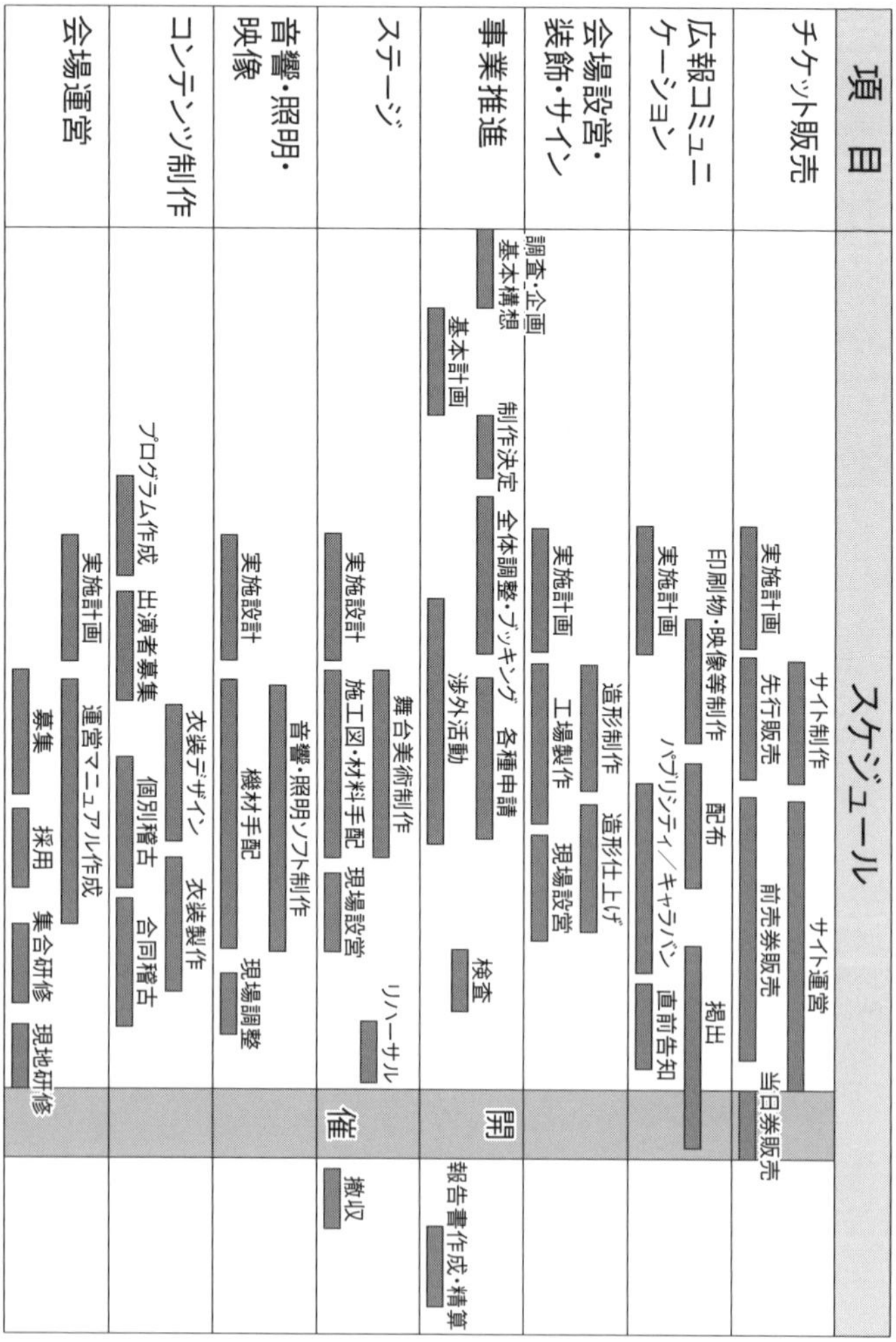
項目
スケジュール
チケット販売
実施計画
サイト制作
先行販売
サイト運営
前売券販売
当日券販売
広報コミュニケーション
実施計画
印刷物・映像等制作
配布
パブリシティ／キャラバン
掲出
直前告知
会場設営・装飾・サイン
実施計画
造形制作
工場製作
造形仕上げ
現場設営
事業推進
調査・企画
基本構想
基本計画
制作決定
全体調整・ブッキング
各種申請
渉外活動
検査
報告書作成・精算
ステージ
実施設計
舞台美術制作
施工図・材料手配
現場設営
リハーサル
撤収
音響・照明・映像
実施設計
音響・照明ソフト制作
機材手配
現場調整
コンテンツ制作
プログラム作成
出演者募集
衣装デザイン
個別稽古
衣装製作
合同稽古
会場運営
実施計画
運営マニュアル作成
募集
採用
集合研修
現地研修
開催

企画構想段階から基本計画段階

制作決定後は多額の資金が必要になり、また、作業をやり直すことが困難になるため、企画構想（Conceptual Design）段階から基本計画（Master Plan）段階において、事業が失敗しないように多角的な視点から十分な検討が必要である。

まず、企業や組織、地域などの課題を解決するために、イベントの対象者として想定される生活者のニーズを調査する。そのニーズを満足させるためのイベントの形態やコンテンツの有効性について、過去の事例を参考に十分に検討する。

そして、イベントの規模やコンテンツ、開催時期および開催期間、入場料、開催場所などを決定する。さらに、協賛や協力、後援などの獲得のために渉外活動を行い、マスメディアとの連携や、コンテンツの具体的な制作、事業収支、権利処理と契約などの方針を決定する。

また、イベントのステークホルダーとなる地方自治体や地元企業（商工会議所、商工会）、ツーリズム関連産業（鉄道、バス、ホテルなど）、市民団体、マスメディアやローカルメディアなどとの調整も必要だ。すべての調整を終えて、制作決定後の実施計画から制作、現場作業、実施・運営、プロジェクトの終了までの全体スケジュールを詳細に検討し、イベントに関わるスタッフ全員で共有できるように、バーチャート式スケジュール表を作成する。

2．制作決定後にやるべきこと

スケジュール管理で業務全体を統合するためのプロセスとは

制作決定をした後は、専門分野毎の実施計画から事業の終了まで、業務全体を統合してスケジュールを管理する。そして、コンテンツ制作の開始、現場作業の開始、そして開催などの節目（マイルストーン）毎に、進捗状況を確認する。

ライブエンターテインメントを例にすると、制作決定後はチケット販売や広報コミュニケーション、会場設営・装飾・サイン、ステージ、音響・照明・映像、コンテンツ制作、会場運営などのチーム毎に実施計画（Working Design）を作成する。そして、実施計画に基づいて具体的な作業を推進していく。

プロデューサーは、全体の事業推進を担う事務局スタッフとともに、作業項目ごとにチーム編成をする。それぞれ責任者と緊密に連携をとって作業内容を確認し、プロジェクトを終了させるまでの全体のスケジュール表を作成する。定期的に集まって進捗状況を確認するスケジュール会議を開催することも大切である。

ネットワークによるスケジュール管理事例

それぞれの担当責任者は、関係する作業のスケジュールについてもおおまかに理解しておくことが大切である。そのために作成されるのが「ネットワーク式スケジュール表」である。まず、作業項目ごとに必要な作業要素をすべて抽出する。次に、各作業要素（パス）の関係を整理して、パスとパスを結節点（ノード）で結びつけていく。無駄な作業や、作業のやり直しなどの事態が起きないように、全体を通して前作業および後作業の関係性をしっかりと整理することが大切である。

ネットワークによるスケジュール管理上で最も時間がかかるルートがクリティカルパスである。このクリティカルパス上の作業要素で遅れが生じた場合は、早急に対処しなければならない。逆にクリティカルパス以外のルート上にある作業には若干の余裕があることになる。

イベントは開催日を告知した後に、その開催日を簡単に変更することができない。したがって、作業の遅れは速やかに取り戻す必要がある。遅れが出た場合にどのように対処するかを判断するために作業要素と作業要素との関係性を〝見える化〟する必要がある。

すべての作業要素には担当する人が必要で、また、費用がかかる。作業要素毎に誰がやるのか（Who）、いつやるのか（When）、いくらでやるのか（How much）を明確にする。この3つを整理・統合する能力が「段取力」であり、プロデューサーに求められる資質だ。

ネットワーク式スケジュール表（ライブエンターテインメント）

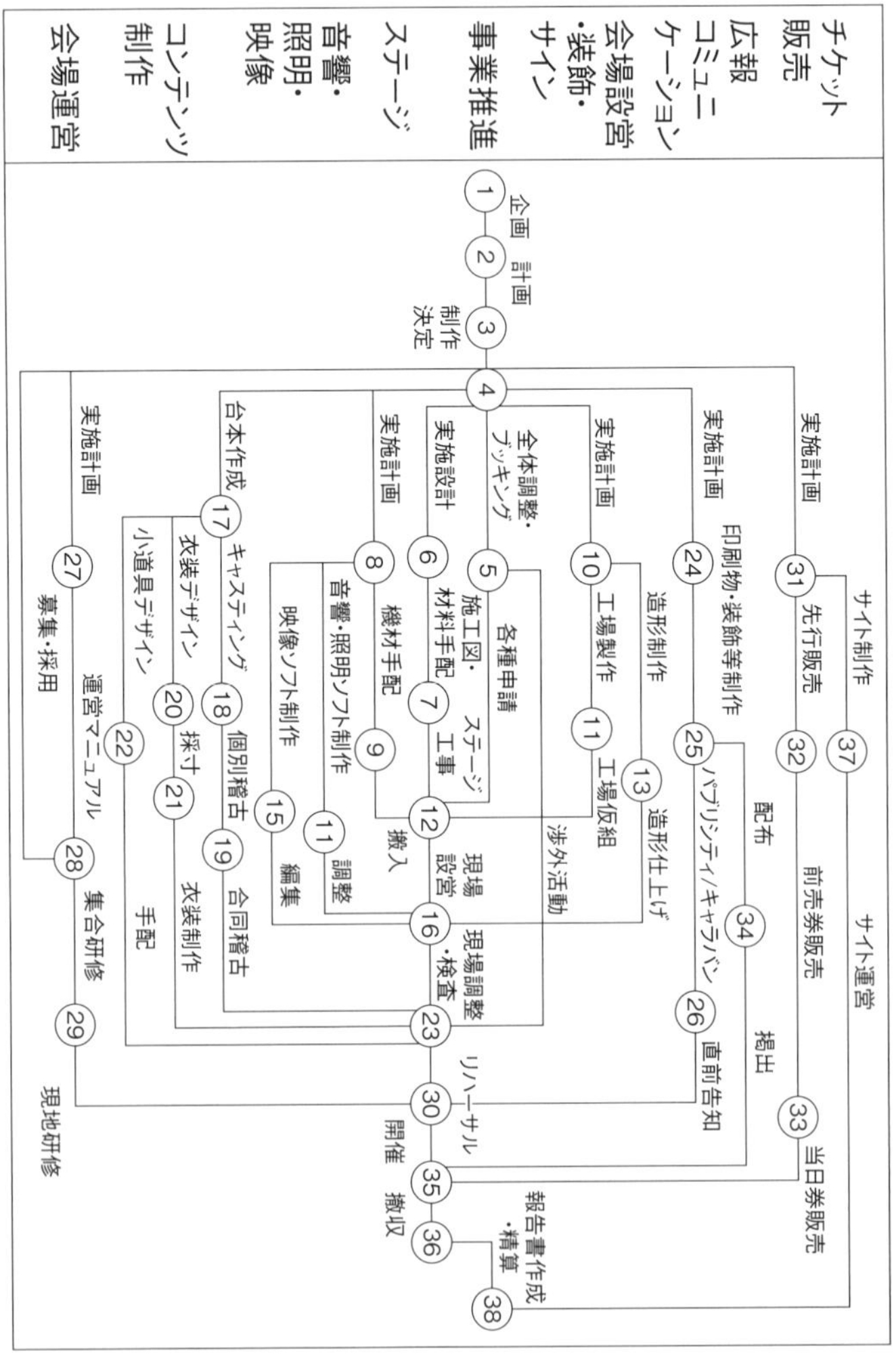

会場設営から開催・撤収までの一連の流れを理解する

現場作業に入る前には「安全衛生会議」を開催し、労働災害が発生しないように、全員が現場作業スケジュールを理解する。自分が担当する作業だけでなく、前後に行われる作業や、同時に行われる作業について把握することが大切である。

イベントの会場設営では現地作業に関わる費用をできるだけ低く抑えるため、短い期間で現場作業を終了することが求められる。そのうえで会場設営やステージ設営、展示・装飾・機材等の搬入、セッティング・調整、各種の検査、テクニカル・リハーサル、総合リハーサル（ゲネプロ）、本番まで、現地作業での遅れは致命傷になりかねない。

一つの作業で遅れが発生すると、他の作業にも影響し、開催に間に合わない事態になる。したがって、作業項目ごとに進捗状況を毎日確認し、遅れが生じないように管理する。また、現場作業では、想定外のトラブルにも冷静に判断して対応することが大切である。

現場の設営や撤去作業では安全管理を徹底する。フェスティバルなどの大型イベントでは、複数の場所で同時に作業が進行するため、安全管理が十分に出来ない場合もある。また、夜間に作業をすることも多く、労働災害が発生しないように細心の注意が必要である。高所から落下して作業員が死亡する事故も時々発生する。さらに、盗難や破損などに対する警備も重要である。

3 財務

1. 基本的な考え方を理解する

民間企業にも求められる「アカウンタビリティ」とはどんな考え方なのか？

１９６０年代のアメリカで「政府のような公共機関が、税金を納める国民に対して、公金の使用について説明する責任がある」という考えに基づいてアカウンタビリティ（accountability／説明責任）という言葉が使われるようになった。行政がイベントを主催する場合は、納税者である市民や企業に対して、事業内容とともに支出が無駄に使われないことを説明し、さらに実施結果を報告する責任がある。

この考え方が行政や公共機関だけでなく、社会に大きな影響を与える企業や組織が手掛けるイベントなどの事業にも広がった。イベントを主催する企業や組織は、投資家や協賛企業（スポンサー）、協力企業や組織、後援団体や組織などに対して事業計画を事前に説明し、事後、収支を含む実施結果を報告する。

資金の管理・運用について、説明責任を果たすための道具になるのが会計である。主催者は自らの職務を忠実に果たしたことを示すために、資金の管理・運用を帳簿に記録し、その帳簿にもとづいて報告書を作成する。記録はイベントの目的にあった内容で、客観的に正確であることを検証することができ、実際の事業内容と一致していなければならない。

坂本龍馬が加わった亀山社中の跡

財務責任者はプロデューサーとともにイベントの収支（収入と収支）を管理する。プロデューサーが一人でイベントの財務を管理するのではなく、必ず財務責任者と一緒にチェックしながら資金を運用する。また、外部の監査役が無駄な支出や不正な支出が無いようにチェックすることも大切である。

請負ビジネスとしてイベントの実施を請負う場合も、受注者は発注者である主催者に対して請負金額が適正であることを証明できるようにする。「イベントの実施運営には特別のノウハウがあり、ブラックボックスでいい」という考えでは、社会から産業として認めてもらえない。

なぜイベント事業はハイリスク・ハイリターンなのか?

民間企業がビジネスとして一つの大型イベントを主催することは、まさに「ハイリスク・ハイリターン」のビジネスであると言える。イベント事業の主催者や資金を提供する投資家は、「投資した資金が戻ってこない」というリスクを負っている。投資による開発型の主催ビジネスは、受注型の請負ビジネスと比較してはるかに高いリスクがある。

投資家はイベントの収支に応じて損をすることもある運命共同体の一員である。これに対して、融資は安定的な収入が見込める事業や会社に対して資金を貸し付けて利益を得る。債権者である銀行は、主催者に対して金銭貸借関係の他人である。

したがって、投資した資金を回収する「リクープ（Recoup）」の裏付けをしっかりと確保したい。確実にリクープできる事業規模を決定し、そこからコストを算出する。単なる希望的な数値を目標にするのではなく、失敗しない目標数値を持つことが大切である。

イベントを主催する企業は、開催時期が異なり効率的にスタッフが働けるようなイベントを複数主催することで安定した経営を目指してほしい。不特定多数の生活者にエンターテインメントを提供するノウハウを活かして、異なる形態やコンテンツのイベントで、新たな市場を創造していくことが望まれる。なお、イベント毎に売り上げと制作費を明確に分離することも大切である。

収入と支出をコントロールして利益を創出

イベントを主催することで利益を追求する場合は、収入と支出のバランスをコントロールすることで適正な利益を創出する。利益を配当に回さないＮＰＯであっても、活動を継続していくためのファンドレイジング（Fundraising）としてイベントで利益を創出している。

売上と収益（利益）の割合を表すのが収益率（％）であり、売上と原価（制作費／コスト）の割合を示すのが原価率（％）である。収益率（％）は、収益を売上で割ってから１００をかけて算出する。原価率（％）は、原価を売上で割ってから１００をかける。原価と収益を足した金額が売上である。

したがって、売上が１０００万円のイベントで収益が２００万円の場合の収益率は20％になる。また、制作費が１０００万円のイベントで収益率を20％にしたい場合は、１２５０万円の売り上げが必要になる。

企業や組織を維持していくためには、社員や職員一人ひとりが会社や組織にもたらさなければならない利益は、その人の年収の2倍前後になる。仮に５００万円の年収をもらう場合、約１０００万円の利益を創出する必要がある。利益率を10％とすると、一人当たり1年間で1億円前後のビジネスを担当することが求められる。

2. 収入と支出のバランスをとる

入場料からテレビ放映権まで様々な収入項目があり得る

イベントを主催する場合の収入項目には、入場料（チケット収入）、出展料・出店料、グッズ販売収入、飲食販売収入、スポンサー企業からの協賛金、補助金・助成金・寄付金、テレビ放映権料、広告看板掲出料などがある。入場料収入以外の収入もしっかりと獲得できるように努力したい。

グッズ販売や飲食販売では、出店料ではなく販売金額に対する一定の割合で徴収する場合もある。フードイベントでは、主催者が先に来場者に食券を販売し、後で精算する例も増えている。

イベントのキャラクターやロゴマークなどを使用して商品を製造・販売する権利を与えることによって、収入を得ることもできる。権利を取得した企業は、製造・販売額の計画に対して、約10％のロイヤリティを事前に支払う。また、イベントの内容を記録したDVDや印刷物の販売権料もイベントの収入になる。

協賛には、1社協賛の冠（タイトル）スポンサー方式と複数のスポンサーを募る共同協賛方式、および、これらを組み合わせる場合がある。協賛の募集では1業種1社方式をとる場合が一般的である。また、社会的に価値のある会議イベントや文化イベントでは、行政やＮＰＯなどによる文化支援や指定寄付を利用する。

プロ野球やJリーグ、プロゴルフ、モータースポーツ、大相撲などのスポーツイベントはテレビ放映権料が大きな収入である。

主催ビジネスにおける支出項目を積み上げていく

主催するイベントの形態によって支出項目は異なるが、一般的に調査・企画構想費、会場使用料、コンテンツ制作費、会場運営費、会場設営・装飾費、広報コミュニケーション費、販促物や印刷物などのプロモーション費、チケット販売手数料、スポンサー獲得のためのマーケティング費、事務局経費などがある。

イベントは、企画構想段階からコンテンツの制作、実施・運営において多くの人件費が必要である。したがって、会場使用料や会場設営費をできるだけ低く抑えることも大切である。

コンテンツ制作費には、出演者のギャラだけでなく、交通・宿泊・食費や警備費、音響や照明、映像、進行スタッフなどの費用も含まれる。イベントに関わる個人への支払いや出演者へのギャラの支払いには、税の源泉徴収が必要となる。これには原稿料や講演料なども含まれる。1件の支払いが100万円以下のときは10・21％、100万円を超えた金額については20・42％が源泉徴収額である。交通費および宿泊費が実費の場合は、源泉徴収の必要はない。

なお、事務局経費の中には総務や庶務に関わる経費に加え、法務や財務、保険などにかかる経費も含まれる。

【コラム】チケット販売

チケットの販売では、主催者が直接販売する場合と、専門の事業者へ委託して販売する場合とがある。専門の事業者にはチケットぴあやローソンチケット、e+（イープラス）などの大手プレイガイドや、旅行会社や鉄道会社などがある。主催者は、各種の興行におけるチケットの予約・発券業務を代行してもらう手数料として委託先に販売額の10％前後を支払う。

ネットを利用してイベントの告知から集客、申し込み・受付と決済（支払い）、参加者管理、入場受付、さらに参加者の行動分析までをサポートするシステムを提供する企業もある。

商業施設内のチケット販売所。映画、スポーツ、美術展など幅広いジャンルの前売り券を販売する

利益の創出に欠かせない損益分岐点の見極めとは？

損失も利益も発生しない状況が「損益分岐点（Brake-even point）」または「採算ライン」と呼ばれている。チケット収入以外に参加者や来場者、観客などが「物販・飲食で一人当たりいくら使うか」という想定をして収入に加算する。

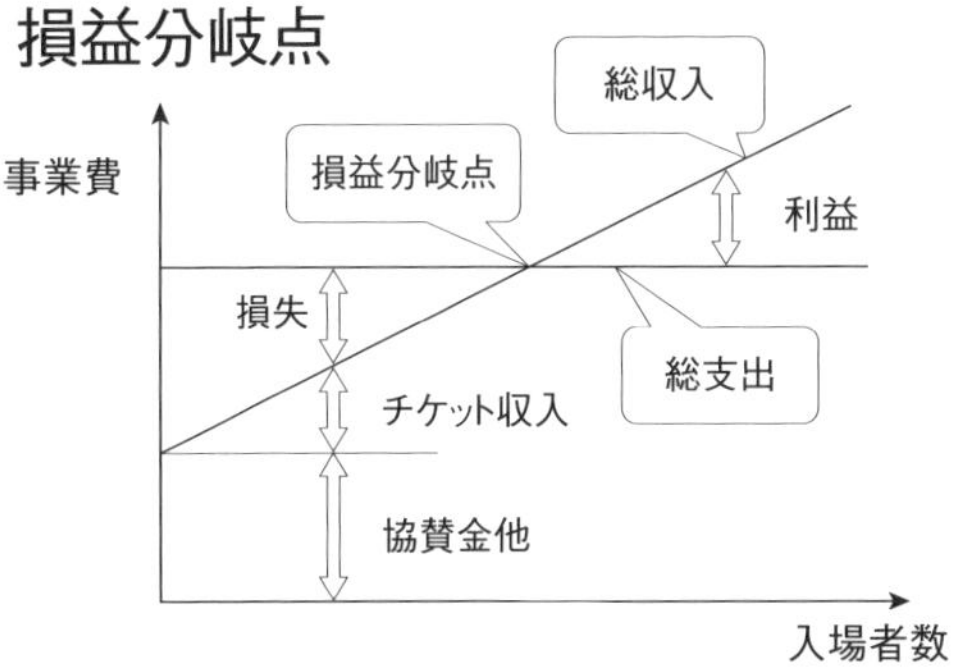

収入によって制作費をカバーできない場合は、質が高く魅力的な企画であっても、制作決定をすることはできない。「コンテンツは高く評価されたけれど、利益がでなかった」ということでは事業として成立しない。基本計画の段階で事業採算性（フィージビリティ）を十分に検討して、制作決定の判断要素にする。

ミュージカルのロングラン方式では、舞台設備や装飾、衣装などの減価償却ができる3ヶ月から半年が勝負期間である。入場券の販売や協賛金の入金などによって資金が回収されるまでは、自己資金や銀行からの借り入れなどを運用する。損益分岐点を超えた後も、人気が続く限りは入場料収入によって大きな収益を上げることができる。

4 法務

1．イベント法務の基本的な考え方を理解する

法令を遵守し、道義的な責任を果たす

人々の生命や財産が侵害されることを予防するためにつくられた様々な法令には、イベントの開催に関わるものがたくさんある。したがって、法務責任者や法務担当者だけでなく、企画構想から事業推進を担う各セクションの責任者や担当者は、関連する法令について十分な知識を習得することが求められる。

また、警察署や消防署、保健所、自治体の建築指導課などへの相談や各種の届出も必要である。許可が下りそうにない内容でも、事前に相談することによって活路を切り拓いてほしい。許可を得ずにイベントの告知をしたり、実施したりした場合は「確信犯」と見なされる。また、許可申請書類と現場での実施・運営内容との不一致にも気をつけたい。

イベントの業務を請負う場合は、公正な競争の上で獲得しなければならない。公正取引委員会が入札談合や官製談合を取り締まっている。国や地方公共団体などの職員が談合に関与しているのが官製談合である。

イベントを総合的に請負う企業は、工事や実施・運営において十分な安全対策をする「元請責任」がある。違反行為が発覚して代表者の責任が問われ、公的な業務の指名停止や営業停止になる事態は避けたい。上場企業の場合、重大な法令違反は刑事処分に加え、利益を失う結果を生じるため、株主代表訴訟に発展する可能性もある。

さらに、道義的かつ社会的な責任を負っていることを十分に認識してほしい。「合法だから」または「法律がないから」と言って、主催者が自らの利益だけを追求する行為や、人が不愉快に感じる行為は許されない。「おもしろさ」や「インパクト」「サプライズ」を狙って出演者や出場者などが主催者に無断で演出した内容が、社会的な批判を巻き起こしたこともある。

近隣公園でのイベントは、公園管理者だけでなく、警察や消防、町内会とも調整が必要

協力会社との公平な関係はどのように構築するか?

法務担当者は協賛企業やマスメディア、コンテンツ、会場、各種権利の販売、業務委託などに関する契約を担当する。契約とは当事者間の合意（約束）であり、民法で規定されている。イベント業務に関する契約は、仕事の完成を目的とする請負契約と、アドバイザー契約などの事務処理を目的とする委託契約との二つに分かれる。

契約書には、完了・引き渡し後の瑕疵《かし》や、履行中における第三者の損害や不可抗力などが発生した場合の責任について明記する。そして、主催者（親事業者）から協力会社（下請事業者）へ、または元請会社（親事業者）から協力会社（下請事業者）へ、具体的な依頼内容や受領方法、支払条件などを明記した書面を渡す。

業務を請負った会社が過大な責任を負うような内容は、「当事者公平の原則」に反する。「買いたたき」や「受領拒否」「返品」「下請代金の減額」「購入・利用強制」「不当な経済上の利益の提供要請」などが下請法で禁止されている。

この下請法は独占禁止法の特別法であり、公正取引委員会が運用している。イベントの制作においては「下請」という考え方をなくし、「協力会社」や「パートナー」とともに目的の達成を喜び合える関係を築いてほしい。

しっかりとした管理が求められる個人情報

「個人情報保護法※」は2003（平成15）年に成立し、2年後の2005（平成17）年4月1日に全面施行された。しかし、その後もイベントの出演者や参加者の個人情報が流出する事件が後を絶たない。2014（平成26）年には約760万件の顧客の個人情報が流出した。

企業は不特定多数の生活者を集めてイベントを開催し、アンケートなどによって個人情報を入手した中から見込顧客を抽出する。イベントは企業のマーケティングにおいて重要な手段となっているので、個人情報は正確かつ最新の内容に保つように管理してほしい。

個人情報保護法では、個人に関する情報を「個人情報」「個人データ」「保有個人データ」の3つに区分している。名刺を渡された場合や、すでに人々が知っている情報であっても「個人情報」になる。「個人データ」とは、「個人情報」が検索可能な状態に整理されたデータである。さらに、「保有個人データ」とは、「個人データ」のうちで6ヶ月を超えて利用するデータである。

DMを送るためには本人の同意が必要であり、入手先不明の「個人データ」を利用することはできない。「個人データ」を取得するため、イベント会場でアンケートを集める場合は、あらかじめ利用目的を限定してアンケートを実施し、その利用目的の達成に必要な範囲内でのみ個人の情報を取り扱う。当然、許可なく第三者へ個人データを提供することも禁止されている。

※正式名称は「個人情報の保護に関する法律」

マラソン大会、花火大会などと同様交通規制が必要となる

2. 開催場所関連の法令を理解する

道路の使用および占用に関する届出にはどのようなものがある?

道路における危険を防止することが道路交通法（道交法）の重要な目的であり、イベントの実施で最も抵触しやすい法令の1つである。イベントで道路を使用することで交通に影響のある場合、所轄警察署長に「道路使用許可」を申請する。

公共の目的のために実施されるイベントであっても、簡単に道路の使用が許可されることはない。イベントの実施によって発生する交通障害を、交通誘導員や誘導サインなどを配置して、できるだけ軽減する努力と体制が求められる。

観客が歩道から車道にはみ出してクルマの交通障害や危険な状況になるケースが多く発生す

る。路上に人が立ち止まるような行為は、ヒトとクルマの円滑な交通を確保するためにつくられた道路交通法で禁止されている。群衆をコントロールすることができないため、警察からの要請で途中で開催中止となるケースも多い。特に、公道に面した建築でプロジェクションマッピングをする場合などでは注意が必要である。

道路に物を設置して継続的に使用することを「道路占用」といい、道路法に基づいて道路管理者から「道路占用許可」を得る。道路管理者は国道の場合は国（国道事務所）、都道の場合は東京都、市道の場合は各市となる。これは、地上の道路の下にある地下道や上にあるペデストリアンデッキにも適用される。

花火大会やマラソン大会など、広域で開催され多くの観客が集まるイベントは、警察署の協力による雑踏警備が不可欠である。主催者は、警察法に従って所轄の警察署の許可を得るとともに、公共の安全と秩序を守るために指導を受けてしっかりとした体制を整えてほしいものだ。

原宿表参道元氣祭「スーパーよさこい」 写真提供：商店街振興組合原宿表参道欅会

様々な開催場所で必要な届出にはどのようなものがあるか？

公園を利用するイベントは、国立公園の管理者である環境大臣、国定公園の管理者である都道府県知事、国営公園の管理者である国土交通大臣などの許可を得るために公園管理事務所へ届け出る。また、河川を利用するイベントは、河川法による規制に従って都道府県建設局（河川部）と警察署へ届け出る。急な増水に対する対策も十分に検討してほしい。

海上の台船から花火を打ち上げるなど、港湾を使用する場合は、港湾法による規制があり、海上保安部へ相談して届け出る。また、都道府県の港湾局や漁業協同組合（漁協）との調整も大切である。そして、船舶への告知方法や船舶が接近した場合の対応について十分に検討する。

飛行船などを使用するイベントでは、航空法に基づいて秩序正しく安全に航行することが義務づけられている。ドローンやラジコンなどの無人航空機、気球、花火、投光機、レーザーなども規制の対象になる。

神社仏閣で薪能などのイベントを開催する場合は、文化財保護法による規制に従って文化庁へ届け出る。文化財保護法の対象になるものには、建造物や美術品などの有形文化財と、演劇や踊り、工芸技術など無形文化財がある。無形文化財は、イベントのコンテンツとしても重要であり、文化財保護法でその指定や保存、公開などについて規定している。

重要なのは人々の生命や財産、健康を守ること

消防法の目的は、火災や地震から人々の生命や財産を守ることである。したがって、不特定多数の来場者が集まるイベントも消防署へ届け出る。火災の発生を予防するため、消防法に定められた建築材料の使用や喫煙所の設置、避難誘導路の確保、初期消火設備の設置などが求められる。避難経路を分かりやすくするとともに、避難の障害になるものが無いように注意したい。

計画書にイベントの種類や開催期間、収容人員、施設の構造、内装仕上げ、消火設備、非常口、避難通路、避難誘導灯、喫煙場所、電気配線図、ガス配管図など、火災予防上と消防活動上必要な事項をまとめる。火災予防条例では劇場等の客席の椅子を床に固定することの他、椅子の間隔や通路、手すりなどの寸法も規定されている。博覧会のパビリオンも常設の施設と同じように防火管理者を定め、消防計画を作成する。そして、消火、避難その他の消防の活動のために必要とされる性能を有する消防用設備を設置し、維持管理する。

興行場はエンターテインメントを不特定多数の人に提供する施設で、地域保健法によって保健所が監督指導を行う。仮設テントで開催されるサーカスや博覧会のパビリオンなども興行場法が適用される。興行場の経営には都道府県知事の許可が必要で、条例で場所や施設、設備などについて規定している。換気や照明、衛生など、入場者やスタッフの健康には十分に配慮したい。

3. 会場設営・撤去関連の法令を理解する

廃棄物の処理及び清掃に関する法律にはどのようなものがあるか?

　会場設営および終了後の撤収や仮設建築物などの解体によって発生する廃棄物は、産業廃棄物として適正に処理する。イベントの計画段階から使用する材料のリサイクルに配慮し、できるだけ産業廃棄物が出ないようにして最終処分場で埋め立て処理する量を減らすことが大切である。展示会では基礎小間の設営だけではなく、オリジナルのブースにも対応できる様々なリサイクル対応のシステムがある。

　発生した産業廃棄物は、鉄やアルミニウムなどの金属、ガラス、プラスチックなどの素材に分けてリサイクルしたり、可燃物は発電などのエネルギーとして利用したりする。

　また、産業廃棄物の処理にあたっては、許可を受けた運搬会社および処理会社と契約を結び、産業廃棄物管理票（マニフェスト）によって処分結果を確認し、その伝票を5年間保管する。排出事業者から収集運搬業者、中間処理業者、収集運搬業者、そして最終処分業者での処理をマニフェストで管理することで、不適正な処理による環境汚染や不法投棄を未然に防ぐ。

仮設建築物に関連する法令にはどのようなものがあるか？

仮設建築物（パビリオン、工作物など）を建築する場合、建築工事の着手前に建築主事あるいは民間の指定確認検査機関に申請をして適法性をチェックしてもらう制度が建築基準法で規定されている。構造上の安全性だけでなく、防火性能を確認することも大切であり、建築基準法施工令の内装制限によって、内装材の防火性能が規定されている。飲食物の提供や販売のために調理で火気を使用する場合は、厨房施設の防災について建築指導課と消防署の指導と検査を受ける。

イベントの開催のため内装工事や鋼構造物工事（鉄骨の組立など）、電気工事などの工事や、建物を建設する場合は、建設業法に定められた建設業の許可を受けている会社に発注する。建設業は、ケガや死亡事故が最も多い産業であり、また、工事の不具合によっては、その使用者や第三者の生命が危険にさらされる。

会場内の装飾物などが落下して観客がケガをすることもある。したがって、壁の上部や天井に固定する照明や展示物の落下防止には細心の注意を払ってほしい。

過去の博覧会では、動く歩道やエスカレーターでの転倒事故、ジェットコースターやライドの事故など様々な事故が発生している。建築基準法上は「工作物」のジェットコースターやライドなどにも、「乗り物」としての安全思想を取り入れたい。

スタッフ全員の労働安全を図ることの大切さ

イベントの開催にあたっては、労働安全衛生法に従って会場の設営から実施・運営、撤去まで、統括安全衛生責任者を選出し、安全管理体制を整える。特に高所作業では、死亡事故が多く、安全帯やヘルメットの着用などが義務づけられている。そして、安全対策を怠った事故では、責任者の業務上過失が問われる。

また、元請会社は労働者災害補償保険法に従って、スタッフの労働災害に対する保険（労災保険）を所轄する労働基準監督署へ有期労災保険料として支払う。会場の建設に携わる作業員や出演者、会場運営担当者に至るまで、すべてのスタッフが労災保険の対象である。

労働基準法は労働条件の最低基準を定めた法律である。賃金の未払いや残業代の不払い、強制労働、有給休暇の取得、労働時間、不当解雇などについて規定している。イベントの準備作業や本番では、十分な休養が取れない状況が何日も続く場合があり、過労には十分に注意したい。

職業安定法および労働者派遣業法では、派遣の対象とはならない業務として建設業務と警備業務が指定されている。下請会社に所属する現場の作業員や警備員が、主催者や元請会社、他の会社の指揮命令下で業務をすることはできない。

なお、会場の建設・設営や展示物の制作や現場の設営における不法就労にも注意したい。

4. コンテンツおよび会場運営関連の法令

裸火、特殊効果、発電用のガソリンに関する規制を理解する

演出で危険物として制限されている裸火（薪能のかがり火やろうそく）や花火、油性の液体を燃焼させるスモークを使用する場合は、事前に所轄消防署へ相談し、禁止行為の解除を申請する。火薬類はその製造や販売、貯蔵、運搬、消費その他の取扱で火薬類取締法による規制がある。火災や爆発によって死亡事故が発生する危険性があるので、十分に注意したい。

特殊効果（特効）のために炭酸ガスを使った演出をする場合などは、高圧ガス取締法の規制に従って災害を防止する。高圧ガスとその容器については、製造から貯蔵、販売、移動、消費まですべてが規制の対象になっている。

発電機の燃料として使用するガソリンの携行缶の取り扱いにも十分に注意したい。ガソリンは揮発しやすく、また、蒸気は空気より重いために滞留しやすく、静電気でも発火する可能性がある。携行缶は高温になる場所に置かず、フタを開ける前に必ず周囲の安全を確認して発電機のエンジンを停止してエア抜きをする。

防災と防犯で活躍する警備

イベントの警備については、防災と防犯の両面から検討する。群衆事故やテロなどの犯罪を未然に防ぐうえで警備業務の役割がますます重要になっている。海外で頻発するイベントをターゲットにしたテロを「対岸の火事」として無視することはできない。不特定多数の人が集まることで発生する群衆事故を防ぐとともに、スリや置き引き、盗撮、けんかなどが発生する可能性があるので、開催地の警察に指導を仰ぎ、未然に防止するための対策が必要である。

主催者が自ら行う保安業務（自主警備）だけでは、来場者や関係者の生命、身体、財産などを守りきれない場合、公安委員会から警備業の認定を得ている会社に警備業務を委託する。イベントの実施・運営で請負った業務の中に警備業務が含まれる場合、すべての会社が警備業の認定が必要である。そして、警備業務を受託する会社は、警備業務の内容を確定するため、依頼主に契約の前後2回、書類を提出する。

夜間に開催されるイベントでは青少年が犯罪に巻き込まれるケースがある。青少年の健全な育成に関する条例「東京都青少年の健全な育成に関する条例」では、青少年が深夜（午後11時から翌日午前4時まで）に外出することを規定している。したがってカウントダウンイベントや天体観測会などは参加者の年齢を制限する。

忘れてはいけない「わいせつ物、銃砲刀剣類に関する規制」

一般に「わいせつ物陳列罪」と呼ばれるものは、刑法で「わいせつ物頒布等」として規定されている。わいせつなものを頒布したり、販売したり、公然と陳列した者や、販売の目的で所持した場合に罰せられる。

また、公衆の目に触れるところで、身体の一部をみだりに露出して不快な気分にさせるような行為は、軽犯罪法で取り締まられる。私有地でのイベントであっても、公道に面している場合は、公序良俗に反する行為は許されない。

日本刀などを展示する場合は、刀剣類などの所持や使用などによって生じる危害を予防するため、銃砲刀剣類所持等取締法（銃刀法）の規定に従って実施する。

保健所への届け出に関連する法令にはどんなものがあるのか？

イベント会場における飲食物の提供や営業活動は、不特定多数の人の健康や生命に関わるため、事前に保健所へ相談する。参加者や来場者、観客などに安全で安心な飲食物を提供してほしい。食中毒が発生しないように、食材や調理方法などについて注意が必要である。

食中毒の原因は、細菌やウイルス、自然毒（フグ・キノコなど）、化学物質、寄生虫など様々である。食べてから症状が出るまでの期間やその症状、また予防方法も異なる。年間の食中毒の患者数の約半分はノロウイルスによるものである。ノロウイルスによる食中毒は、主に調理者を通じた食品の汚染により発生し、感染力が強いため大規模な集団発生を起こしやすい。

新鮮な食材を使用し、保管や調理では衛生状態を維持してほしい。温度管理を適切に行い、食器や調理器具、作業着などすべてを清潔な状態を保つ。食品を取り扱うスタッフの健康も大切である。始業前に全員の健康をチェックし、異常がある場合は調理や盛付け業務に従事させない。

イベントの会場内で仮設の飲食サービスを行う場合でも、一般の常設店舗と同じように食品衛生法に基づく「飲食店営業」の許可を受ける。露天商や屋台においても食品衛生責任者の設置とともに、水飲み場の設置や、天井のあるところでの調理が義務づけられている。

東京都では、イベントの会場内で弁当を販売する場合も、「食料品等販売業」の許可を受けることを条例で規定している。露天商や屋台においても食品衛生責任者を置いて、天井のあるところで調理する。また、汁物の廃棄によって地下水が汚染されないように配慮する。

なお、缶ビールや缶ジュースなど、ふたを開けずに（食品に直接手を触れないで）渡す場合や、試供品の配布、調理行為を伴わない試食会、専門会社によるケータリング、学生による模擬店は営業許可の対象外となる。

人格権と財産権に分かれる著作権にはデリケートな問題も

著作権とは、音楽や舞踏、映画、写真などの「著作物」を、創作した「著作者」が独占的に利用できる権利である。イベントに関連してデザインした空間や装飾物、印刷物、キャラクターなども著作物である。著作権の帰属については十分に確認してほしい。

著作権は人格権（著作者人格権）と財産権（狭義の著作権）の二つからなっている。著作者は財産権を譲渡できるが、人格権は譲渡したり放棄したりすることはできないので著作者に帰属する。著作権の保護期間は、原則として著作者の死後50年であるが例外もある。なお、著作権の保護期間終了後も著作者の人格権を侵害することはできない。

【コラム】肖像権保護の重要性

肖像権は法律で明快に定められている権利ではなく、判例によって確立された権利である。自己の意に反して、自己の肖像を利用されない権利で人格権（プライバシー権）と財産権（パブリシティ権）の2つからなっている。パブリシティ権は財産権なので相続することができるため、故人の肖像をコンテンツとして使用する場合は、遺族や肖像権の管理会社の承諾が必要である。肖像と関係する国や地域の人々の感情を傷つけないようにする。

5 広報コミュニケーション

1．広報の基本的な考え方を理解する

継続的開催に欠かせないブランド戦略

商品やサービスなどと同じように、イベントを継続的に開催していくためにはブランド戦略が大切である。ブランドは、単にばらばらな要素を入れた大きな器ではない。開催地や会場、会場の装飾、コンテンツ、サービスなどが、共通の精神性と物語性をもって有機的につながっている。

また、多くの人から長年に渡って支持されるブランドは、伝統や文化、技術などに裏打ちされたイメージの訴求ポイントが一貫している。しかし、そのイメージは決して固定化しているのではなく、変化する社会の中で伝統と革新を両立させ、時代をリードし続ける創造性を秘めている。

そして、継続的に開催されるなかで、イベントらしさを物語る伝統的なイメージが形成され、生活者がイベントの情報に接したとき、参加によって得られるベネフィットが想起されやすい。

総合的にデザインするタッチポイント

参加者や来場者、観客などとなる生活者に、自宅や職場、学校以外での貴重な時間をイベントでより楽しく過ごしてもらうことが大切である。そのために生活者がイベントへ行く前から行った後まで、イベントの情報と接するメディア（タッチポイント）を総合的にデザインしたい。感動体験を創出するための一連のコミュニケーション活動が大切である。

イベントの情報を提供する広報コミュニケーション活動は、テレビやラジオ、新聞、雑誌などのマスメディア、屋外広告、交通広告、ポスター、チラシ、インターネットなど、メディアの伝達能力や影響力などの特性を考慮し、内容や時期、エリアなどを十分に研究し、それらを有効に活用したい。

まず、競合するイベントやエンターテインメント、レクリエーションとの違いを伝えて関心を持ってもらい話題が拡散するようにする。最新や最大、日本初、独特、オリジナル、オンリーワン、斬新、ユニーク、希少などの代替できない魅力を前面に押し出したい。そして、「どのような感動体験が味わえるのか」「どのような思い出が残せるのか」「どのような出会いがあるのか」などをしっかりとイメージできるようにする。イベントへ行くことによって得られる意味や価値、ベネフィットをしっかりと表現することが大切である。

生活者の心理の変化を捉えるＡＩＤＳＣＡ

イベントの企画が良くても、そのイベントの開催に関する情報が参加者や来場者、観客となる生活者に伝わらなければ来場につながらない。また、知ったからと言って必ずしも来場するとは限らない。生活者の心理の流れをしっかりと捉え、行動を促す必要がある。

まず、生活者の①**注意**（**Attention**）を引き、**好奇心**（**Curiosity**）に火をつける。これによって生活者は②**関心**（**Interest**）を持ち、自らイベントに関する情報をインターネットや雑誌などで集め**理解**（**Understanding**）が促進される。意識して集めようとしなくても、そのイベントに関する情報に目が留まるようにもなる。

「イベントへ行きたい」という③**欲求**（**Desire**）が生まれる一方で、競合するイベントやエンターテインメント、レクリエーションなどに関する情報も集めて④**検討**（**Search & Study**）する。そのために、**迷い**（**Hesitation**）が生じてしまう。

そこで、決定を後押しする説得力のあるメッセージを伝え、⑤**確信**（**Conviction**）を持ってもらうことが大切である。生活者を**説得**（**Persuasion**）する上で効果的なのがパブリシティとクチコミ戦略である。これによって生活者の⑥**行動**（**Action**）を促す。

①から⑥全体をつなぎ合わせると**ＡＩＤＳＣＡ**（**アイデスカ**）となる。

広報業務の前提となる「広聴」活動

広報の業務は、イベントを取巻く社会環境の変化を読み取り、主催者および実施運営組織の経営に反映させる「広聴」活動が前提となる。アンケート調査やグループインタビューなどで生活者の意識や関心、ニーズなどを把握することが大切である。また、新聞のクリッピングと論調分析、コンテンツに関連するテレビ番組、雑誌、ウェブサイトなどのチェックも日常の業務の中で必要である。

広報の対象は、イベントへの参加や来場が期待される一般の生活者だけでなく、開催地の住民や取引先、同業他社、ジャーナリズム、文化人と多岐に渡る。また、協力会社やスタッフ、ボランティアなど、主催者および実施運営組織の内部も含まれる。

広報業務を担う広報パーソンの素養

広報パーソンには、「社会に新しい話題を提供する」や「イベントの情報を必ず記事にしてもらう」という強い意志が必要である。そして、イベントの社会的な意義や、参加したり、来場したり、観戦・鑑賞したりすることによる意味や価値、ベネフィットを明快な言葉で説明する能力が求められる。

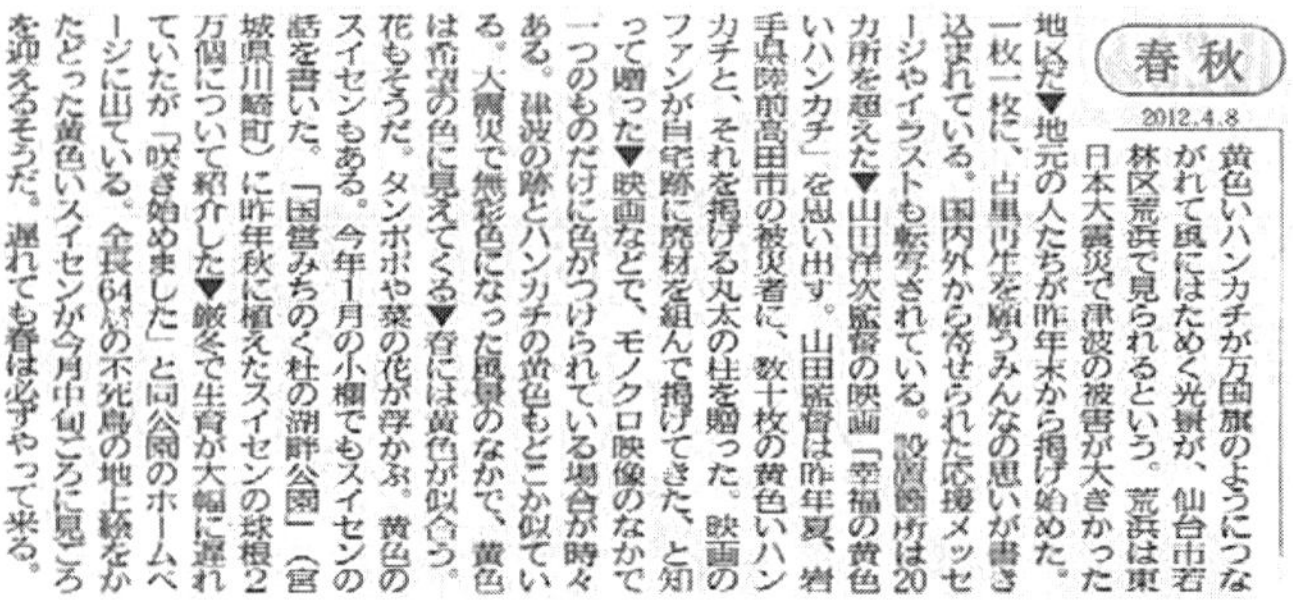

春秋

2012.4.8

黄色いハンカチが万国旗のようにつながれて風にはためく光景が、仙台市若林区荒浜で見られるという。荒浜は東日本大震災で津波の被害が大きかった地区だ▼地元の人たちが昨年末から掲げ始めた。一枚一枚に、古里再生を願うみんなの思いが書き込まれている。国内外から寄せられた応援メッセージやイラストも転写されている。設置箇所は20カ所を超えた▼山田洋次監督の映画「幸福の黄色いハンカチ」を思い出す。山田監督は昨年夏、岩手県陸前高田市の被災者に、数十枚の黄色いハンカチと、それを掲げる丸太の柱を贈った。映画のファンが自宅跡に廃材を組んで掲げてきた、と知って贈った▼映画などで、モノクロ映像のなかで一つのものだけに色がつけられている場合が時々ある。津波の跡とハンカチの黄色もどこか似ている。大震災で無彩色になった風景のなかで、黄色は希望の色に見えてくる▼春には黄色が似合う。花もそうだ。タンポポや菜の花が浮かぶ。黄色のスイセンもある。今年1月の小欄でもスイセンの話を書いた。「国営みちのく杜の湖畔公園」（宮城県川崎町）に昨年秋に植えたスイセンの球根2万個について紹介した▼厳冬で生育が大幅に遅れていたが「咲き始めました」と同公園のホームページに出ている。全長64㍍の不死鳥の地上絵をかたどった黄色いスイセンが今月中旬ごろに見ごろを迎えるそうだ。遅れても春は必ずやって来る。

西日本新聞（2012年4月8日／朝刊）に掲載された東日本大震災観光復興支援プロジェクト〝花譜〟を伝える記事

また、広報パーソンは組織内外から信頼され、そして、常に組織内の情報が集約されていなければならない。そのためには、組織内外の人に対する目配りと気配りを心掛けることも大切である。いつでも声をかけやすい雰囲気をつくってほしい。傾聴力を高めることで周囲の人から「価値のある情報を伝えたい」と思ってもらえる存在になることができる。さらに、多方面から情報を入手し、情報の真偽を見分ける力も不可欠である。情報は常に2ヶ所以上のルートから入手することを心掛け、情報源やエビデンスを確認したい。

組織のトップに代わって広報パーソンがマスコミの矢面に立たされる場合もある。事故や事件など、問題が発生した時、スポークスパーソンとして最前線で対応し、防波堤の役割を担う。そのためにはトップの分身として品格があり、フットワークが良く、臨機応変でスピーディな対応ができることが求められる。

2. パブリシティとクチコミ戦略を立案する

客観的な信頼を獲得するパブリシティ

広報には一般にパブリシティと呼ばれる「狭義の広報（Publicity）」と、広告・宣伝を含む「広義の広報（Public Relations）」としてのPRとがある。PRは、イベントの主催者が利害関係者（ステークホールダー）である人々の認知や理解を促進し、信頼や支持を獲得するために、主催者組織の内外の人々と継続的に行うコミュニケーション活動全般である。

パブリシティで重要な活動はイベントに関する情報をマスコミに伝え、記事や番組・報道として取り上げてもらう活動である。イベントの主催者や関係者ではなく、客観的に生活者の目線で情報を探し、集め、評価し、発信するマスコミ（第三者）の意見として情報が発信されることによって信頼感が生まれる。パブリシティの目的や目標、方針、テーマ、対象、時期などを整理し、マスコミが記事や報道・番組として取り上げたいと思う情報を集め、ネタ創りをする。マスメディアや通信社、業界紙・誌、インターネット情報サイトなどがパブリシティの対象である。記者クラブ※に情報を伝えることも大切である。どのマスコミにも公平に接し、良好な関係を築いてほしい。

※加盟社の記者による自主運営組織

パブリシティのイメージ

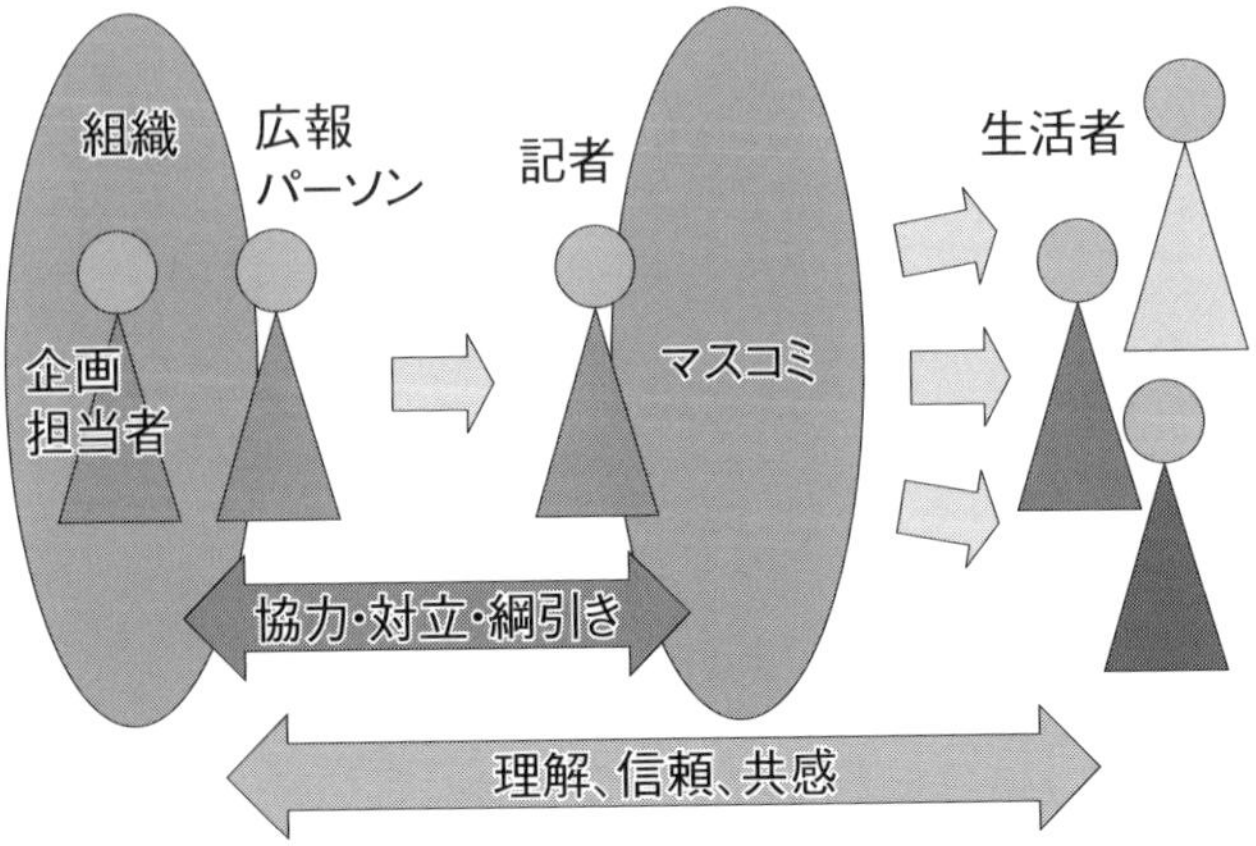

第三者のマスコミから情報が発信されることで信頼感が醸成される

マスコミを理解したパブリシティ活動

記者に情報提供する「ニュースリリース」は、ニュースそのものではなく、「お知らせ」でありニュースの素材である。記事風の資料は却《かえ》って反感を買う場合もある。また、整理・統合された情報として理解しやすく、誤解を生じないように伝えたい。間違った情報が記事になると、訂正するのは困難をきわめる。

パブリシティの対象となる記者は、「生活者の代表」「特ダネを追い求める狩人」「常に締め切りに追われている」「向学心や使命感、プライドが高い」などの特色がある。しかし、専門家ではないので、一般的な言葉を使用して表現や形式に一貫性を持たせてわかりやすくする。

文章は結論を先に書き、修飾語を厳選し、書

広報戦略としてのクチコミ

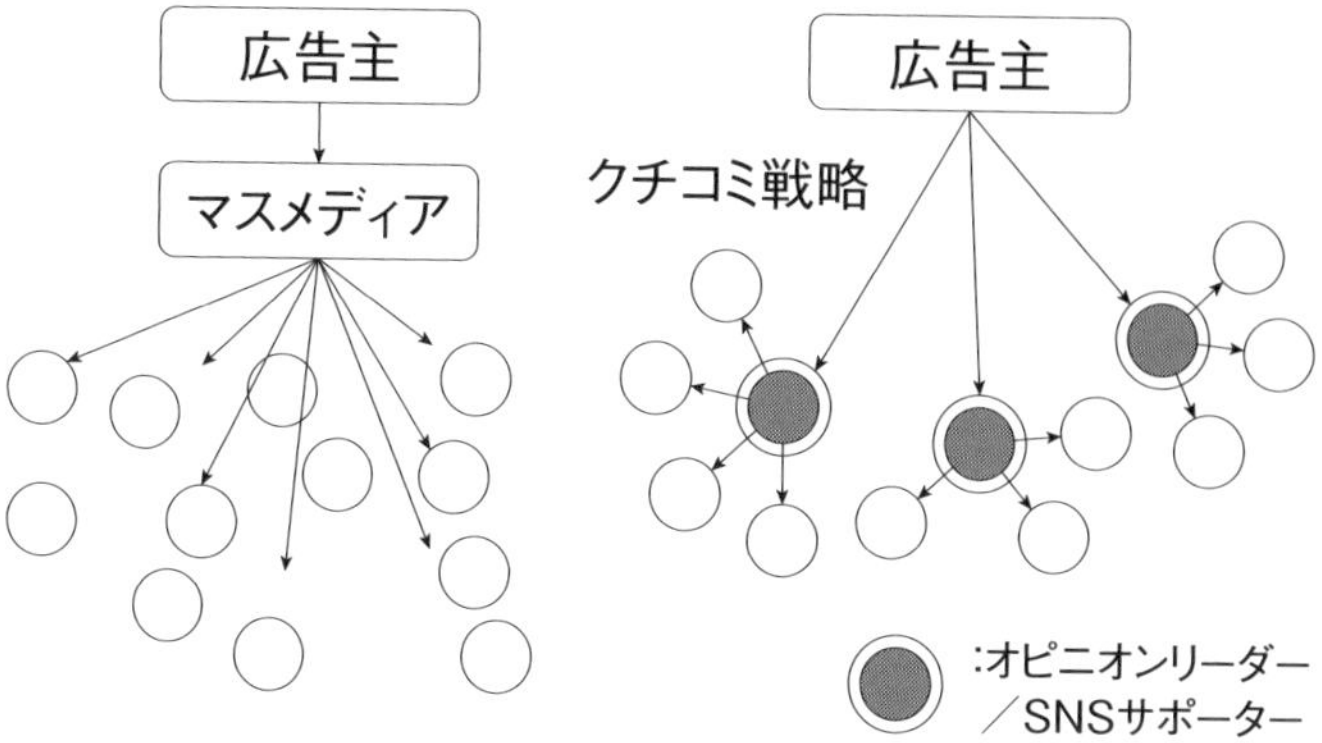

クチコミは、オピニオンリーダーやSNSサポーターをネットワークして、人から人へ話題を直接的に伝えていくための戦略的な活動

きすぎないことも大切である。当然、未発表のものであり、根拠を明確にする。関係先の不利益にならないように配慮することも大切である。また、記者発表、訪問説明、記者懇談会、プレスキット（ニュースレター、写真、DVDなど）の送付など、提供方法を決める。さらに、メディアとしての価値として「絵になる」「動きがある」「五感が刺激される」「社会的な意義がある」「人に伝えたい」「話題にしたい」なども大切である。写真を見た人が、声や温度、香り、味などを想像できる内容が求められる。

なお、パブリシティは無料で取り上げてもらうが、新聞の広告特集や、雑誌の特集記事、テレビやラジオのインフォマーシャルなど、料金を支払うペイドパブも盛んに利用されている。

オピニオンリーダーをネットワークしたクチコミ戦略

クチコミ戦略は、オピニオンリーダーをネットワークして、より多くの人へ話題を伝えていくための広報コミュニケーション活動である。徐々に人から人へ情報が伝搬して行くのを期待するのではなく、積極的に情報を拡散する。

例えば、花をテーマにしたイベントを開催する場合、生け花やフラワーアレンジメント、押し花などの先生を通してお弟子さん達に情報を直接伝えてもらう。これによって情報を求めている人に確実に伝えることができる。

また、新しいイベントを開催したり、潜在的な来場者の関心を集めて市場を拡大したりするためには、生活者に対する教育が必要である。初めてイベントに参加したり、観覧したりする人に対して、チケットの購入の仕方に始まり、イベントの楽しみ方や関連情報を、ＳＮＳサポーターから彼らの言葉で伝えもらう。

長期間開催されるイベントでは、トライアウト公演や内覧会などの段階で高い評価を得ることが大切である。情報発信力のある評論家や芸能人を招待するだけでなく、ＳＮＳサポーターも大切にしたい。インターネットの普及で不特定多数の人に対して情報を発信することができるようになり、一般人のオピニオンリーダーによるＳＮＳ上でのクチコミがますます重要になっている。

3．メディアという概念を理解する

情報や知識、価値、情念などを媒介するメディア

メディウム（medium）の複数形であるメディア（media）は、「中間」または「中間物」が語源で、人と人との間で交わされる情報や知識、価値、情念などのコンテンツと、そのコンテンツを伝える手段の2つの意味がある。神話や宗教、思想、イデオロギーなども、人間社会にとって重要なコンテンツである。私たちの先祖は、コンテンツを伝えるために言葉や記号、絵、文字、ファッション、造形物、建造物などの手段を獲得した。

また、スポーツや歌舞音曲、演劇などのパフォーマンス、そして、祭りやイベントも、情報や知識、価値、情念などを人と人の間で媒介し、社会を維持する文化として利用されてきた。私たちが共有する文化全体がメディアとしての機能を持っている。

15世紀にグーテンベルグが発明した活版印刷から、本が大量に印刷できるようになり、さらに、新聞や雑誌に発展した。教会や広場に大勢の人を集めて情報を伝えるイベントに替わって、同一の情報を広く拡散することが可能になった。

近代の思想と適合したマスメディア

18世紀半ばにイギリスで始まり、19世紀にかけてヨーロッパ各国に波及した産業革命によって、蒸気機関車や自動車、蒸気船などの乗物が発明された。そして、「文字をはじめとするあらゆる記号は、それを搬送する手段となる乗物としてビークル（Vehicle）を必要とする」という考え方が生まれた。古代メソポタミア文明は、「粘土板」というビークルの上に楔形文字で情報を残した。後漢（中国）の蔡倫《さいりん》によって発明された「紙」というビークルの上には、墨によって文字が残された。

科学技術の発展を背景に、写真や電話、レコード、映画、ラジオ、テレビなど、様々なメディアが開発されてきた。そして、人々を集めて情報や価値を伝えることに替って、空間を隔てた場所にいる多くの人々へ情報を伝えることができる新聞、雑誌、ラジオ、テレビの4つのメディアが着目され、「マスメディア」と呼ばれるようになった。

マスメディアは、「もっとたくさん、もっと早く、もっと遠くへ」と言った近代の思想に適合して急速に力を持ち、情報の収集から編集、そして大衆に向けて発信する近代的なシステムが確立して行った。マスメディアは、取材を通した大衆とのコラボレーションや、読者や視聴者が参加するイベントの開催など、人々の反応をフィードバックするシステムによって成り立っている。そして、人々との相互作業によって、民衆や社会を映し出す鏡としても存在している。

インターネットによる双方向コミュニケーション

マスメディアから発信される情報に対して受身であった生活者やビジネスパーソンは、近年のインターネットの普及によって能動的に情報を集める狩人へと変化した。キーワード検索によって新たな対象者にイベントのＨＰ（ホームページ）を閲覧してもらうことも可能である。したがって、イベントの専用サイトとして立ち上げるＨＰの役割がますます重要になっている。

イベントやコンテンツに関心を持つ生活者がアクセスするポータルサイトにイベントのＨＰへ飛ぶことができるバナーを掲示したり、チケット販売と連動して、登録者の希望に沿った情報を提供したりすることもできる。

他のメディアと比較してインターネットは双方向性が高く、転送によるクチコミ効果があることが利用する大きなメリットである。メールマガジンと連動させることで、ターゲットとする対象者に的確に情報を伝え、各種の問合せ対応など、継続的なコミュニケーションが求められる。

視覚に飛び込んで来る屋外メディアや交通メディア

屋外空間や交通機関をメディアとして利用することで、視覚を通して生活者に情報を伝えることができる。これらは、自宅から出て接するメディアという意味でアウトオブホーム（ＯＯＨ／

Out Of Home）メディアとも言われている。街角にある大型映像装置や屋上看板、壁面看板、宣伝カーなどがこれにあたる。

交通メディアは、駅構内や車内、車体、沿線などに分けることができる。駅の改札機やコンコースの柱など、様々なスペースがメディアとして利用されている。特に紙媒体からデジタルサイネージに移行する流れが顕著である。データを送るだけで貼り替えの必要がなく、動画による訴求も可能である。

今日、屋外メディアや交通メディアを見た生活者がスマートフォンで詳しい情報を入手することができるようになった。マスメディアだけでなく、様々なメディアを連携させることがますます重要になっている。

雑誌とのタイアップで成功したキャンペーンがイベントの新たな世界を拓く

１９２９（昭和４）年、『アサヒグラフ』が「現代の女性美大募集」という企画を実施した。また１９３１（昭和６）年には、『週刊朝日』が「ミスニッポン」を募集した。その後、音楽やスポーツ、演劇などの専門雑誌が生まれ、読者を取り込みながら、イベントの情報を発信するようになった。

1970（昭和45）年10月、国鉄利用を促進するためのキャンペーンとして「ディスカバー・ジャパン」がスタートした。そして、旅行の目的地（デスティネーション）がわからないポスター（口絵）が話題になった。同じ年の3月に創刊された雑誌『アンアン』と翌年の5月に創刊された雑誌『ノンノ』との連携によって、観光地が若い女性で賑わう社会現象が巻き起こった。

両誌は各地の小京都や倉敷・萩などの歴史的な面影を残す町並み、中山道の静かな妻籠《つまご》宿や馬《ま》籠《ごめ》宿などをファッションモデルが訪れる形式で紹介して、若い女性が個人や少人数で旅行するスタイルとして「アンノン族」を生み出した。各観光地には雑誌やガイドブックを小脇に抱えた女性たちが行列を作った。

雑誌は時代の変化に敏感で、創刊、休刊、廃刊によって新陳代謝が起こっている。また、雑誌はマスメディアの中で「自分で買う」という感覚が最も強い媒体である。雑誌から得た情報を大切にする傾向と、情報を持って移動する感覚がある。

さらに、発行間隔による週刊、月刊、季刊などの分類の他、女性と男性、コミックや花、料理、ファッションなどの内容、ヤング、ヤングアダルト、ミセスなどの読者層ごとに分かれている。この特性を活かして若い女性にターゲットを絞り、編集とタイアップすることでツーリズムのキャンペーンに威力を発揮した。

6 会場運営

1. 基本的な考え方を理解する

ノーマライゼーション社会の創造にもイベントが貢献する

例え何らかの障がいを持っていても健常者と同じように生活できることが普通（ノーマル）であり、そのような社会を創造する考え方がノーマライゼーションである。障がいがあっても仕事をして生活するためのお金を稼げること、そして、休日には仕事を離れてイベントやエンターテインメント、レクリエーションなどを楽しむことができる社会が望まれる。

参加者や来場者、観客、ボランティアなどがイベントを安全に楽しみ、すばらしい思い出として感動体験を持ち帰っていただくための環境を作り、サービスを提供するのが会場運営である。そのためにユニバーサルデザインをハードおよびソフトの両面から検討したい。

ユニバーサルデザインは、会場運営だけでなく、コンテンツ制作や広報コミュニケーション、会場設営、交通誘導まで、イベントを構成するすべての要素に関係する。子供から高齢者まで障がいの有無に関わらず、希望するすべての人がイベントを楽しみ、日常生活のための活力が養える社会が望まれている。

ホスピタリティはどのように成立していったか?

ホスピタリティは、ホテルやホスピタル、ホスト、ホステスなどと同じ語源の言葉である。イベントの運営では、宿泊業や飲食業、旅行業、観光業など、接客が重要な部分を占めるビジネスと同じようにホスピタリティが求められる。

古代において、難病にかかり薬による治療で効果が上がらず、医者からも見放された人々は、最後の望みを奇跡に委ねるしか無かった。そして、力を振り絞って、奇跡が起きる場所である聖地へ向かった。聖地へ続く地域で暮らす人々は決して裕福では無いが、苦しんでいる人々に食料や寝る場所を提供してもてなした。

このように、自分たちが貧しかったり、疲れていたりしても、さらに苦しんでいる人々のためにできることをするのがポスピタリティの原点である。イベントの運営スタッフは、来場者や観客の気持ちを感じ取り、ホスピタリティに裏打ちされた細心の注意と心遣いで接してほしい。

期待を超えるパフォーマンスで創出する感動体験とは？

時代は「成熟化社会」とも言われ、「不満解消の時代」から「感動体験の時代」へと移行した。したがって、人々が期待する以上のコンテンツやサービスを提供して、感動体験を味わっていただくとことを常に心掛けたい。

フィリップ・コトラー（Philip Kotler）が整理した顧客の期待値とパフォーマンスの関係をイベントにも取り入れたい。来場者の期待値よりも、パフォーマンス（イベントのコンテンツや会場運営など）のレベルが低ければ、彼らは不満を感じる。そして、期待値とパフォーマンスが同じであれば、彼らは満足する。さらに、期待を超えるパフォーマンスによって感動（カスタマーディライト／Customer delight）を味わっていただくことが求められる。

リピーターは、イベントのコンテンツや会場運営に対して常に期待値を上げて来場する。高まっていく期待値を超えるパフォーマンスを提供する努力を続けなければ、やがて不満が生まれる。8割以上がリピーターであるテーマパークでは、年間パスポートを購入して来場するリピーターを満足させるイベントを創出し続けている。感動体験を創出する努力を続けることによって、その体験が人々の心の中に独特のイメージやムードを形成し、イベントに対するブランドロイヤリティが創出される。

運営スタッフに求められる高いコミュニケーション能力

会場運営におけるコミュニケーションの基本は、参加者や来場者、観客などの目線で考えて対応することである。子供から高齢者まで、様々な世代の人々に満足してもらえるように心掛けたい。

さらに、国際化によって多文化共生が求められる時代になり、交流を促進するためにイベントが果たす役割はますます重要になる。最近では訪日外国人に対応するため、タブレット端末や筆談器、コミュニケーション支援ボードなど、コミュニケーションのためのツールが充実してきた。また、今後も英語や中国語、韓国語を始めとする多言語による電話通訳サービスやコンピューターによる翻訳も、ますます便利になっていくだろう。

今後、国際スポーツ大会の開催によって訪日外国人の数が飛躍的に増加する。訪日外国人に対しても、まず、気持ちの良い挨拶からはじめ、目的地やトイレ、売店などへのアクセスについてしっかりと伝えたい。担当するポストの業務だけでなく、イベント全体の内容や、質問される可能性があることへの回答を事前に準備しておくことも不可欠である。

運営スタッフ自身がコミュニケーション能力を高めることが最も大切である。様々な国からやってくる訪日外国人とのコミュニケーションに英語と国際手話を利用して、少しでも理解してもらう努力も求められる。

クレームには誠意を持って対応することが大切

クレームはイベントの参加者や来場者、観客などの期待や願望が満たされなかった場合に発生する。「選択権が無い」「不公平に扱われた」「自尊心が傷つけられた」などと感じさせたことが原因となる。クレームをつけた人が、言いたいことを言葉でうまく表現できていない状況や、場合によっては本音を言わないこともある。クレームをつけてきた人と同じ目線に立って、心を開いて相手の思いを聴き取り、「なぜ、そのようなクレームになったのか」をしっかりと考えることが大切である。

相手の話を途中で遮ったり、自分の正当性を主張したり、すぐに議論したりすることは禁物である。また、その場を早く収めようとしたり、「よくあること」「またか」と言った対応を取ったり、専門用語を使ってごまかしたりしてはいけない。誠意を持って対応していないと思われると事態はさらに悪化する。最近は、〝モンスタークレーマー〟も増加しているので、現場のスタッフでは解決できない状況になった場合は、速やかに責任者に連絡する。

展覧会や博覧会など、長期間にわたって開催されるイベントでは、会期を通して質を維持するだけでなく、日々の運営の中で改善していきたい。また、慣れによって接客態度が悪くなるなど運営の質が低下する場合もあるため、定期的なチェックと指導が必要である。

クレームを活かす「ジョン・グッドマンの法則」

アメリカのジョン・グッドマン氏は、苦情処理と再購入率の相関関係およびクチコミの波及効果を数値化した。そして、その結果を佐藤知恭氏が「ジョン・グッドマンの法則」（経験則）としてまとめた。

この法則をイベントに当てはめてみると、イベントに対して不満を感じたにも関わらず、それを運営スタッフや主催者事務局に言わなかった人がリピーターになる可能性は低い。しかし、クレームを言って、そのクレームに対するスタッフの対応が迅速で満足した人がリピーターになる可能性は高い。したがって、クレームを言ってくれたことに感謝したい。

参加者や来場者、観客などの苦情やクレーム、意見などには、主催者側が気づかない改善点や新しいイベントのヒントが隠れている。したがって、「クレームは宝物」「クレームはアドバイス」「クレームをいただくことは、チャンスをいただくこと」などと、ポジティブに捉えたい。

なお、「イベントに満足した人は、それを4～5人に伝え、不満に思った人は、9～10人に伝える」そうである。不満を持った人のクチコミによる影響は満足した人の約2倍になる。したがって、全員に満足してもらうことが大切であるが、少なくとも7割以上の人に満足してもらえるように努力したい。

2．交通誘導・警備もイベントの重要なポイント

会場周辺における交通誘導・警備も主催者主導で整える

イベントの主催者は、開催地における住民の生活にも配慮することが大切である。そして、周辺地域で交通渋滞が発生しないように、参加者や来場者、観客などに鉄道やバスなどの公共交通機関の利用を促す。運営スタッフもできる限り公共交通機関を利用して通勤する。

また、来場者の人数に対して既存の交通手段では限界がある場合、鉄道会社に増発を依頼する。そして、鉄道の駅やバス停、駐車場から会場まで、誘導員や誘導サインなどの配置を十分に検討して、来場者を安全に誘導する。イベント終了後は、来場者が一斉に帰路につくため、安全に誘導するために細心の注意が必要である。特に、人が車道にあふれるような状況は避けたい。

駅から離れた場所でイベントを開催する場合は、駅と会場を結ぶシャトルバスを運行する。会場周辺の交通渋滞を避けるため、会場から離れたところに駐車場を設け、そこから会場までシャトルバスを運行する「パーク&ライド方式」を採用する場合もある。

遠距離から来場する人のためにツアーバスを運行する場合は、旅行業法の規定に従い、旅行業務に関する取引の公正の維持、旅行の安全の確保及び旅行者の利便の増進を図る。

ゲート周辺における誘導・警備はなぜ重要か？

来場者にイベントを安全かつ快適に楽しんでいただくため、主催者は会場周辺および会場内の秩序を維持し、犯罪や火災、事故、違反行為などを防止する。来場者の安全を最優先に運営にあたることが大切である。警備業法に従って警備計画を作成し、警察署の指導を受けて会場の内外に警備員を配置する。防犯カメラを設置し、群衆の動きを監視すると共に、各種の犯罪の発生を未然に予防したい。

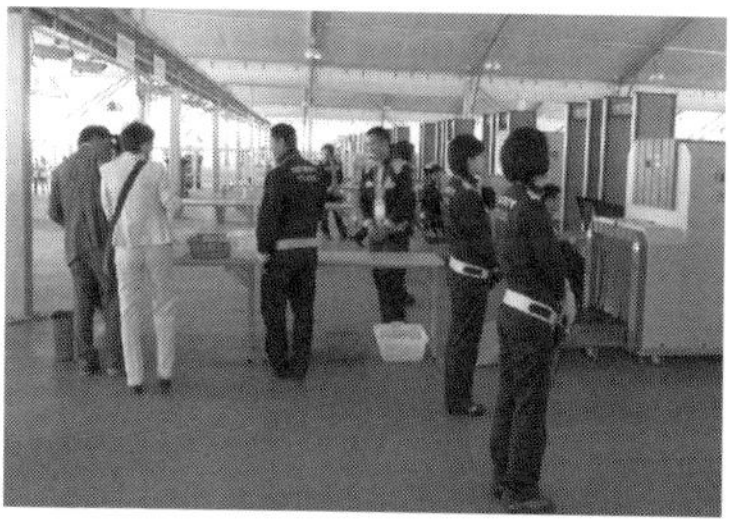

空港と同じ警備をした上海万博の入場ゲート

ゲート周辺は特に重要な警備エリアの一つである。来場者予測にしたがって、開場待ちをする人のための柵やロープピングを事前に準備する。そして、列の最後尾にプラカードを持った誘導員を配置し、入場までにかかる時間を案内する。トラブルや群衆事故の原因となる割込みが発生しないように警備することも大切である。

会場内の安全を確保するため、爆発や発火、有毒ガスを発生させるモノや、刃物類、凶器になる棒状のモノなど、危険物の持込を防止する。カバンや袋の中身の目視検査に加え、テロを防止するため、X線検査や金属探知機による検査も重要になっている。また、会場内における禁止行為に関連する無線器やスポーツ用具、広告・宣伝ツールなどの持込も防止する。

愛知万博入場ゲートの警備の様子

会場内における誘導・警備

ゲートを通過して、グッズの販売所や人気パビリオンなどへ一斉に走り出す現象（バッファローダッシュ）を防止することも重要である。また、イベントの終了時に、来場者が出口に殺到しないように誘導する。

不特定多数の人が集まるイベントでは、雑踏の中でスリやけんかなどの犯罪が発生する可能性があるため、事前に所轄警察署に防犯体制について相談しておくことが大切である。不審人物や不審物を発見するための見回りも欠かせない。

ＶＩＰ（皇室や国内外の要人など）が来場する場合は、防犯体制やスケジュール、防犯設備などについて宮内庁や外務省および警察と事前に綿密な打合せが必要である。

最近では日本の伝統的な祭りやアニメのイベントなどに、訪日外国人が来場するケースも増えているため、多言語でパンフレットや看板などを作成したり、ピクトグラム（pictogram／絵文字）を効果的に利用したりするようになった。

3. 会場サービスによる円滑な実施を目指す

遺失物・拾得物対応はどのような考え方が必要か?

遺失物と拾得物については、「遺失物法」によってその取扱いが定められている。本来、警察官が取り扱うものであるが、大型のイベントの場合、主催者が警察の指導を受けて、それらを取り扱う体制をつくる。案内所や忘れ物取扱所などで、来場者や運営スタッフなどから遺失物と拾得物の届出受理などの業務を行う。

来場者が拾得した場合、拾得した本人に忘れ物取扱所へ届けていただくことが原則となる。遺失物や紛失物の届出があった場合は、所定の用紙への記入をお願いし、該当する拾得物がないかどうか確認する。今日、拾得物の写真とともに、ブランド名やメーカー名、形、色などの特徴をパソコンやタブレットで検索できるようにすることも可能になった。できるだけ早く持ち主に渡し、イベントを楽しんでもらえるように心がけたい。

なお、イベントの主催者が長い期間に渡って拾得物を管理することは困難であるため、拾得物を発見した人に権利を放棄してもらうのが一般的である。

子供や高齢者が多いイベントで重要となる迷子・迷い人対応

会場の面積が広く、子供たちが多く来場するイベントでは、迷子への対応が必要である。迷子センターを会場の入口付近や中央などに設け、迷子の保護や捜索に関する情報を一元的に管理する。最近では、子供だけでなく認知症の人（迷い人）の対応も求められるようになった。本人が一人で先に帰宅してしまうケースもある。

保護者が幼児や子供を登録するシステムを採用する場合もある。本人の氏名、保護者の氏名および連絡先（携帯電話）をカードに記入し、本人はカード記載の番号を書いた札やワッペンをつける。保護者から迷子の届出があり、迷子が発生してから時間が経過している場合は、事件や事故の可能性もあるので、スタッフによる捜査や場内アナウンスで対応する。

子供たちは楽しく遊んでいて、親とはぐれていることに気づかない場合もある。したがって、子供が一人で遊んでいる場合に声をかけることも大切である。迷子と思われる子供がいた場合、まず、近辺で10分程度保護者を探す。そして、保護者が確認できなかった場合、保護者からの届出を確認し、「迷子センター」で保護する。30分程度経過しても保護者が現れない場合は、場内アナウンスで保護者に呼びかける。

なお、迷子の引渡しでは、念のために本当の保護者であることを確認する必要がある。

けが人や急病人の発生に備える医療救護対応はどう整えるか？

疾病人《しっぺいにん》（ケガ人や急病人）の発生などに対しては、救護所を設けて医師や看護師などの救急スタッフが医療救護対応にあたる。医師は診療業務や疾病人の病院への搬送指示、災害時などの対応をする。看護師は診療介助やケア、会場内における疾病人の搬送、医療関係備品の管理、災害時対応などを行う。また、医療事務員が受付業務や各種帳票類の管理をする場合もある。

会場内で疾病人が出た場合、運営スタッフは救護マニュアルにしたがって行動する。まず、症状を確認し、微細なケガなどで本人が手当を希望するか、中軽傷でも歩行が可能か、中軽傷ながらも歩行が不可能か、あるいは重症か、などに分けて対応する。症状が軽く歩ける場合は救護所を案内し、歩けない場合は救護所の医師や看護師の指示に従う。また、同伴者の有無を確認することも大切である。

事故や熱中症、食中毒、火事、テロ事件の発生などで、意識が無い人がでた場合、救急隊や医師などが到着するまでの間にＢＬＳ（Basic Life Support／一次救命処置）を施す。心筋梗塞の場合は意識を確認し、応援要請、気道確保、胸骨圧迫を施し、可能であれば人工呼吸と心臓マッサージをする。そして、ＡＥＤ（全自動体外式除細動器）を利用して除細動の処置をする。なお、運営に関係する責任者やスタッフは、普通救命講習や上級救命講習を受講することも大切である。

清掃・廃棄物対応および環境衛生にも留意する

主催者はイベント会場で発生するゴミを適切に運搬・処分しなければならない。ゴミの分別・処分方法は、イベントの開催地の自治体によって異なるため、事前に自治体や廃棄物処理会社との打ち合わせが必要である。

また、資源ゴミとなるびんや缶、ペットボトル、容器包装プラスチックなどの分別、燃やすごみなどの区分が来場者が生活する自治体によって異なる。したがって文字だけでなくイラストや写真による表示も必要である。

ゴミの分別は、来場者が細かく分別して廃棄する場合と、来場者がある程度の分別をした後に清掃スタッフが更に細かく分別する場合がある。廃棄されたゴミは清掃スタッフが会場内のゴミ集積場へ運び、専門の処理業者が回収・処分する。その際、分別回収も徹底したい。

清掃業務は開場前と閉場後の「一斉清掃」、開場時間内の「巡回清掃」、「緊急清掃」などがある。飲食物や嘔吐物によって床が汚れたり、ガラスが割れたりトイレが詰まったりした場合は、緊急清掃を行う。雨水などで床が濡れた場合も、転倒事故が発生しやすいので、緊急清掃が必要である。なお、ごみ箱の位置や数、喫煙所の配置、自販機用ごみ箱の業務（管理）分担などについても十分に検討しておきたい。

イベントを陰で支える仮設トイレ

大型のイベントで、女性トイレの前に長蛇の列ができることがよくある。「トイレの数は、来場者100人に対して1基が基本」と言われている。しかし、イベントの規模（来場者数）だけでなく、男女の比率、イベントの形態、使用できる時間、飲酒の有無などに合わせて必要な数を算出し、利用しやすい場所に配置する。

マラソン大会のスタート地点や、ステージイベントなどで、利用する時間が限定されている場合は、基本となる数の2から3倍近い台数のトイレが必要になる。男女別に平均使用時間から必要台数を計算し、予算を捻出する。トイレは、巡回しながら衛生状態やトイレットペーパーの残量などを定期的にチェックし、清掃や汚物の回収、トイレットペーパーの補充などを行う。トイレットペーパーは水に流れやすく、巻が長いものを使用し、数個のストックを置く。

マラソン大会のスタート地点に設置された仮設トイレ　写真提供：ベクセス

最近では、和式のトイレを利用したことがない子供が多くなり、訪日外国人の来場にも配慮して、洋式の簡易水洗トイレや本水洗トイレを利用するケースが増えている。また、ユニバーサルトイレやトイレカーなども開発されている。

4．会場運営マニュアルを整える

スタッフ教育のためにも重要な会場運営マニュアル

参加者や来場者、観客などの感動体験をサポートするために、交通誘導や運営スタッフの募集・採用後、会場運営マニュアルによるしっかりとした教育・訓練が行われる。会場運営マニュアルに記載する内容は、大きく「イベント概要」と「運営要領」の2つに分かれる。

「イベント概要」は、参加者や来場者、観客の目線で作成することが大切である。開催概要、プログラム内容、会場までのアクセス、会場レイアウト、入退場、会場内サービス（サービス施設やバリアフリー対応など）、情報サービス、飲食・物販などの情報を整理する。

「運営要領」は、運営スタッフの行動について定めた内容を網羅しておく。通勤や入退場、施設の利用、警備、防災・消防、会場サービス、医療救護対応、清掃・廃棄物対応、環境・食品衛生対応、施設保守・管理、情報関連、緊急時対応などと、実施運営体制図で構成される。

会場運営スタッフは、会場運営マニュアルの内容をただ知識として覚えるだけでなく、「なぜ、そのように対応するのか？」を考え、分からない場合は運営マニュアルの説明会や事前研修、現地研修などで質問して全員で把握してほしい。

なぜマニュアルを超えた対応が必要なのか

イベントに対する満足は、参加者や来場者、観客など本人が感じるもので、その時の状況によっても変化する。また、〝おもてなし〟とは、単に手厚ければ良いというものではない。一人ひとりのニーズに合ったおもてなしが求められる。さらに、イベントの現場では、マニュアル化できない部分で早い判断や対処が求められる場合もある。

したがって、会場運営マニュアルに対する過度の信奉は、良い接客の妨げになることもある。また、参加者や来場者、観客などのニーズが多様化する中で、標準的なグループに対応するために書かれた会場運営マニュアルだけでは限界がある。

来場者や参加者、観客と接している会場運営スタッフ一人ひとりが十分な知識を持ち、判断力と行動力を発揮してほしい。会場運営スタッフは担当するポストの業務だけでなく、イベント全体について把握しておく。また、来場者から質問される内容について、すぐに答えられるように事前に十分な準備をする。

ゴミの処理や清掃、遺失物と拾得物の扱いや、迷子や迷い人の対応、けが人や病人の対応などについて十分に理解して業務にあたる。さらに、障がいを持つ人や訪日外国人に対する対応もますます重要になっている。

スタッフ全員で緊急時対応を共有する意味は？

火災や事故の発生を未然に防ぐ対応をするとともに、地震や停電、テロなど、予期することが難しい事態が発生した場合の対応を十分に検討することも重要だ。最近では、地球温暖化の影響で竜巻やゲリラ豪雨など、予測が困難な天候の急変も増加している。したがって、緊急時対応マニュアルの作成および教育・訓練によって、運営スタッフ全員が対応方法を認識して行動できるようにしたい。

緊急時対応マニュアルは、警察署や消防署、保健所、労働基準監督署、保険会社、病院、自治体、交通機関、会場管理会社などと相談して作成する。そして、火災や地震などの災害が発生したとき、初期活動や応急対策を円滑に行うために自衛消防組織を設置する。さらにイベントの開催中を想定した防災訓練を実施する。

自衛消防組織は、「通報連絡（情報）班」「初期消火班」「避難誘導班」「応急救護班」で構成される。「通報連絡（情報）班」は被害に関する情報を集め、関係機関へ連絡し、会場運営スタッフおよび来場者に必要な事項を伝える。「初期消火班」は消火器や屋内消火栓を使って初期消火を担当する。「避難誘導班」は最適な避難経路を判断して、パニック防止に努め、来場者を安全かつ迅速に誘導する。「応急救護班」は施設内に閉じ込められている人の救出や救護にあたる。

事故発生後の連絡網

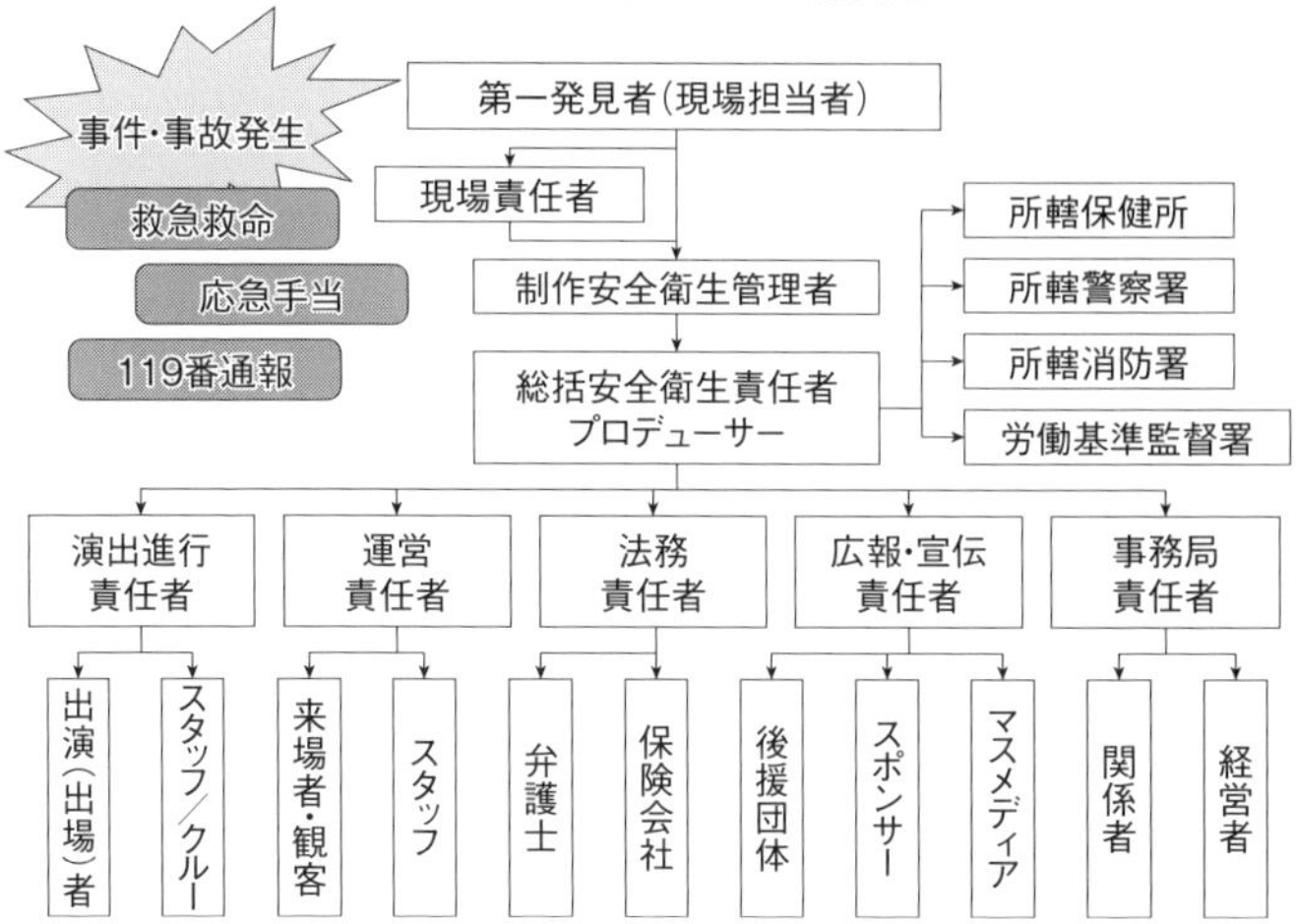

地震や事件、事故などが発生した場合は、イベント会場を管理運営している組織と緊密に連携を取り、迅速に緊急時および非常時対応体制を立ち上げる。正確な情報を入手し、経験豊かで知識と判断力がある責任者（統括安全衛生責任者／プロデューサー）が速やかに対応を判断し、各セクションの責任者へ指示を出すことで、被害を拡大させないようにする。地震の場合は、震源やマグニチュード、震度、被災状況に合わせた対応を取る。

不審人物や不審物が発見されたり、テロの犯行予告があったりした場合は、警察との事前協議に従って対応し、速やかに警察署へ連絡し指示に従う。予め決められたコメントやBGMによって関係者全員に知らせ、緊急時対応マニュアルに従って速やかに行動する。

台風や大雪などに対応する防災行動計画

屋外で開催される祭りやフェスティバル、花火大会、スポーツイベント、夏フェスなどの大型イベントでは、主催者は観客や参加者、関係者などが被害を受けないように十分な対応をする必要がある。台風などの接近に対しては、「いつ、だれが、どのように、何をするか」について、イベント会場の管理者と予め協議し、具体的な行動を明記したタイムライン（防災行動計画）を作成する。

開催中止や延期などに関する判断をするタイミングと判断基準、情報を提供する手段を準備しておく。判断のミスは大事故につながることもある。気象庁の「高解像度降水ナウキャスト」や国土交通省「XバンドMPレーダ雨量観測」などを活用し、会場放送や運営スタッフによる情報提供に力を入れたい。

標高が高いところでイベントを開催する場合、夏でも台風の接近によって冷たい風や強い風が吹くことがある。足場が悪くなり、転んでけがをする観客も出る。台風や大型の低気圧の接近、風速、雨量などの予測にしたがって、開催の中止、テントや看板などの設置物の撤去や固定、倒壊や飛散に対する処置などをする。竜巻やゲリラ豪雨など、天候が急変することも多く、速やかに行動することが求められる。

7 会場設営

1. 計画・設計段階では何に留意するか

祭りの空間から劇場空間へ

古代ギリシャの劇場空間の構造を見ると、最も古い時代に祭りが行われたオルケストラと呼ばれる円形の広場があった。そこで、全員がコロス（コーラス）と呼ばれる集団となって舞踏した。その後、円形広場の周囲にはテアトルと呼ばれる大理石の座席が造られ、そこで休息した。やがてテアトルで休憩する人は「観る人」になり、「演じる人」と「観る人」が分かれた。

円形広場を挟んでテアトルの反対側に演技者や踊り手が祭祀の衣装を身に着けるためのスケーネと呼ばれる天幕や小屋ができた。そして、このスケーネが舞台となり、演技者の姿がよく見えるように高く造られた。英語のシーン（scene）の語源である。その後、観客席であるテアトルの重要性が増し、劇場空間全体をテアトルと呼ぶようになった。これが英語のシアター（theater）

の語源である。オルケストラは舞台と客席に挟まれたオーケストラピット（orchestra pit）となった。

建築物としての劇場空間が造られるようになると、舞台と客席の間にプロセニアムアーチ（proscenium arch）ができた。このアーチの向こう側にある舞台では、客席がある現実の世界とは別の世界が展開される。

劇場空間の進化

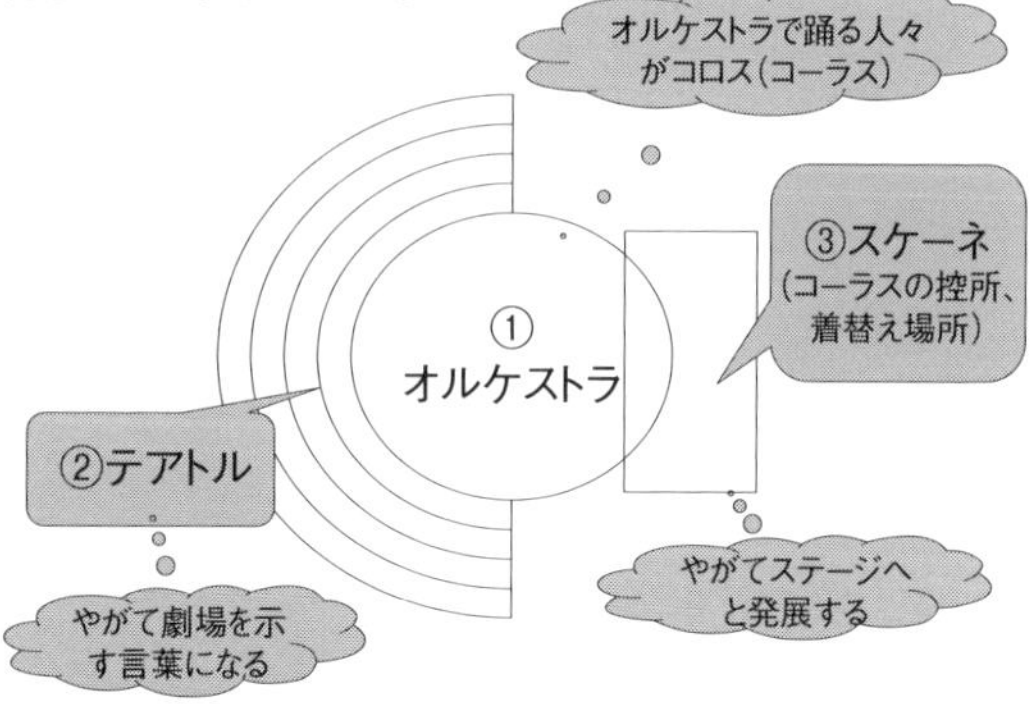

イベント専用施設の利用

入場料を取ってエンターテインメントを提供するイベントが興行であり、興行場は、「映画、演劇、音楽、スポーツ、演芸又は見世物を、公衆に見せ、又は聞かせる施設」と定義されている。これらの施設の営業を行う場合には興行場法に基づき都道府県知事の許可を得る必要がある。仮設テントで開催されるサーカスや博覧会のパビリオンなども興行場法が適用される。計画や設計では、換気や照明、衛生など、入場者の健康に十分配慮する。

興行場以外にも様々なイベントを開催するために展示場やホテル、催事用スペースなどのイベント専門施設がある。アリーナやスタジアム、ドームなどのスポーツ施設で音楽イベントが開催されることも多い。会場の選定にあたっては、収容人員（キャパシティ）や大きさ、舞台装置、音響設備、照明設備、資材の搬出入経路などをしっかりと確認しておく。

日常的な空間の利用

日本の伝統的な祭りでは、祭りの到来を告げる装飾で街並みが飾られる。幟《のぼり》や提灯《ちょうちん》によって日常と違う空間が創出され、祭りの雰囲気を醸成していく。祭りのときだけに使われる仮設舞台や櫓《やぐら》は、釘をつかわずに、木や竹と縄を使って組み上げられ、祭りが終わると解体された。今日では、鉄やアルミを使った構造材によって、ステージや仮設会場が作られている。

公園や広場、街路、神社など、日常生活で利用されている会場では、非日常を演出する工夫も大切である。日本の祭りでは紅白幕や提灯などを使って非日常の空間を創り出してきた。普段、自動車が走っている大通りがマラソンやパレード、フェスティバルなどの会場として利用される。バナーや幕などの装飾や、沿道に詰めかけた観客が振る小旗などがイベント空間を創出する。

コンサートを豊かな自然がある大規模な都市公園や神社仏閣などで開催したりする例も増えている。また、美術館や博物館の閉館時間や休館日を利用してイベントが開催される例もある。

ゾーニングおよび動線計画とはどんな考え方なのか?

様々なイベント会場の配置計画をすることをゾーニング（zoning）と言う。来場者や運営スタッフ、出演者、管理スタッフなどの動き（動線・導線）に配慮して、イベントを開催するために必要な諸施設の配置を検討する。

美術品や工芸品、動植物、コレクションなどを展示して見せる展覧会では、それらのコンテンツを効果的に見せるため、自由動線や強制動線、半強制動線など、動線計画に配慮して会場構成を決定する。ストーリー性を大事にする場合は、強制動線が基本となる。

大規模な公園や空き地で音楽イベントを開催する場合、まず、入場ゲートの外には、ツアーバスやシャトルバス、タクシーなどの降車場、一般駐車場、開場待ちをするスペース、当日券売場、トイレなどを配置する。

入場ゲートから会場内に入ると、総合案内所や遺失・拾得物扱所、迷子・迷い人センター、救護室などのサービス施設を配置する。近くに管理事務所や緊急車両待機場も必要である。そして、観客席までの間には、グッズ販売ブースやクローク・ロッカー、飲食エリア、協賛企業などの出展エリア、トイレ、喫煙スペースなどを配置する。

ステージの配置や向きは、太陽の方向や音が拡散する方向に配慮する他、資材の搬入や搬出、

ゾーニングと動線計画（屋外コンサート）

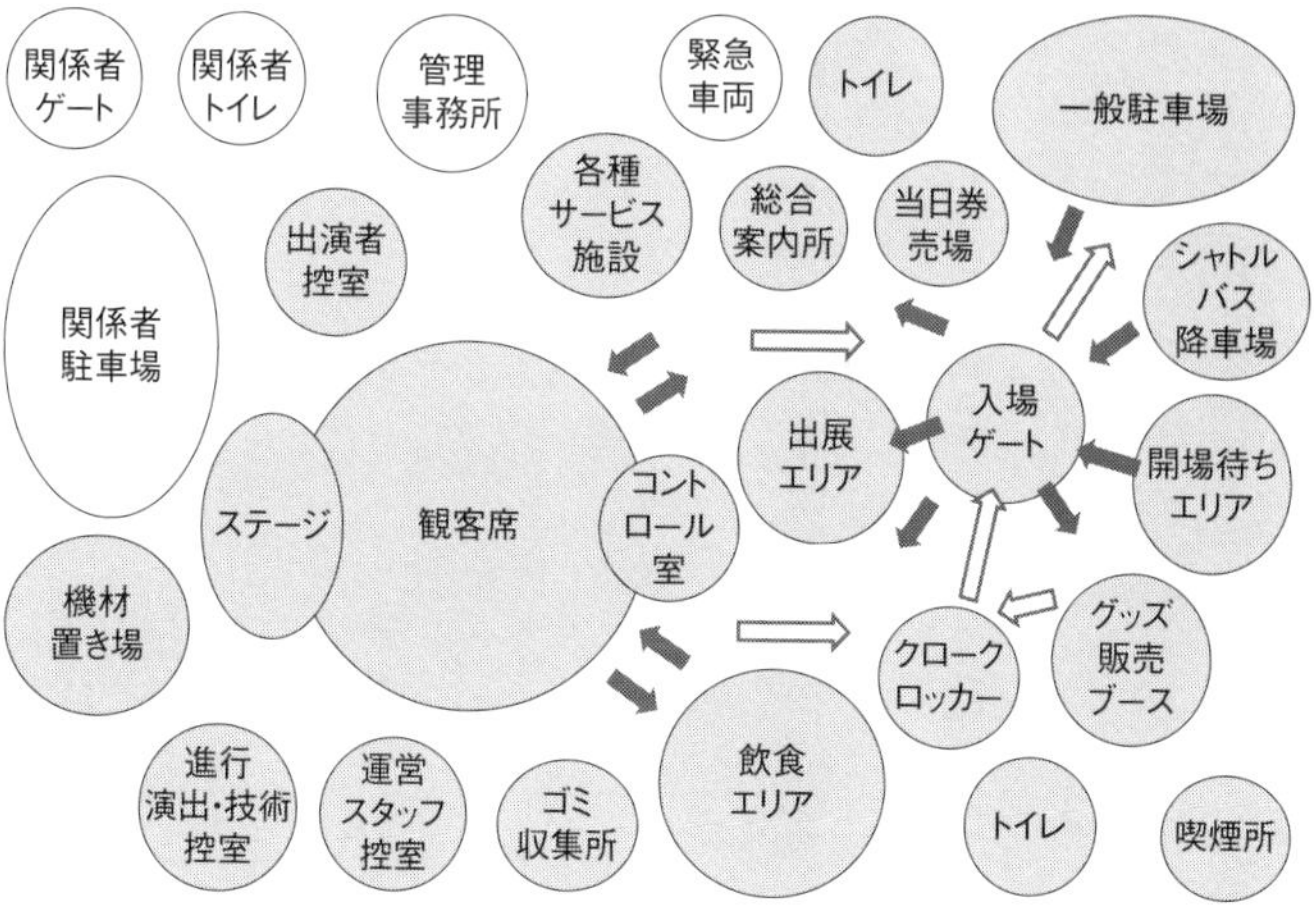

設営を効率的かつ経済的に行うことも検討する。観客席の後方には、演出進行ブース（コントロール室）と、ピンスポットやカメラ用の櫓が必要である。

ステージの後方には、出演者控室（楽屋）、進行スタッフや演出技術クルー、運営スタッフなどの控室、機材や発電機などの置き場などが設けられる。出演者が長い時間滞在するイベントでは、出演者同士が交流したり、くつろげたりできるスペースが設けられる。さらに、関係者用トイレや喫煙所、ゴミ収集所なども必要である。

なお、観客と出演者が接触しないように、関係者ゲートや関係者駐車場は一般の入場者のゲートからは離れた場所に配置する。

バリアフリーとユニバーサルデザイン

会場の選定や設営においては、バリアフリーやユニバーサルデザインの視点でチェックすることが大切である。バリアフリーとは、高齢者や障がいを持つ人を対象に、彼らの使いやすさを追求して障がいを取り除くことを目的にしたデザインである。視覚障がい者のための誘導ブロックや点字シートなど、各障がいに合わせて障壁を除去していく。例えば既設の建物の入口に階段がある場合には、脇にスロープをつけることによって、バリアフリーの最低要件を満たすことができる。

これに対してユニバーサルデザインは、性、年齢、障がいの有無を越えて、なるべく多くの人々が利用できるように、製品、建物、環境をデザインすることである。その特色として、「障がいの有無に関係なく自然に使える」「デザインが美しい」「使い方や利用方法が理解しやすい」「安全性が高い」「購入しやすい価格（市場性がある）」「周辺に違和感を与えない」などがあげられる。

イベントの会場の入口に階段を設けると車いすの人が一般の人と一緒に中へ入って行けない。それでは障がいのある人を間接的に差別したことになる。イベントのシンボル的な場所の一つである会場の入口はみんなで一緒に出入りできるデザインにするのがユニバーサルデザインである。ノーマライゼーションの考え方を基本に、障がいのある人も一般の来場者と一緒に楽しめるユートピアを創造することがイベント主催者に求められている。

【資料】ノースカロライナ州立大学のユニバーサルデザインセンター（The Center for Universal Design, NC State University）によるユニバーサルデザインの7原則

①どんな人でも公平に使える（Equitable use）
②使う上で自由度が高く柔軟性がある（Flexibility in use）
③使い方が簡単で直感的に分かる（Simple and intuitive）
④感覚的に必要な情報がすぐに分かる（Perceptible information）
⑤うっかりエラー（ミス）に寛容（Tolerance for error）
⑥無理な姿勢や強い力を必要としない（Low physical effort）
⑦アクセスや利用のためのサイズと空間がある（Size and space for approach and use）

3付則

付則1：耐久性と経済性への配慮（安心して長く使用でき、使い手にとって適正な価格である）
付則2：品質と審美性への配慮（品質が優れていて、機能性と審美性の調和がとれている）
付則3：保健と環境への配慮（人の健康に有害でなく、自然環境にも配慮されている）

2. 設営・撤去

仮設建築物も建築確認申請が必要

基礎、柱、屋根がある建築物のうち一時的に建設されるものが仮設建築物である。ミュージカルやサーカスなどの仮興行場や博覧会のパビリオン（展示館）、大型テントなどの仮設建築物を建築する場合、建築基準法をはじめとして多くの法令による規制の対象となる。

建築基準法では、建築工事の着手前に建築主事あるいは民間の指定確認検査機関がその計画の適法性をチェックする制度がある。この制度に従って図面と仕様書を添えて申請書を提出して建築確認申請をする。仮設建築物でも避難計画や防火性能に加え、台風や地震、積雪などに十分耐えうる構造が求められる。申請のための資料作成から事前協議、そして確認がおりるまで、2ヶ月から3ヶ月かかる。したがって、しっかりとしたスケジュール管理が重要となってくる。

また、高さが4メートルを超えるゲートや広告塔も工作物として建築確認申請が必要である。突風で倒壊する事故が多いので気をつけてたいところだ。屋外コンサートの前日、建築用の足場で組まれたステージで、雨除けのためにかけられたブルーシートが風を受け、ステージが倒壊する事故もあった。

建設業の資格が必要な工事

建設業は、作業中におけるケガや死亡事故が最も多い産業である。また、工事の不具合によっては、イベントの参加者や来場者、観客、スタッフなどの生命が危険にさらされる。

壁の上部や天井に固定された照明や展示物の落下防止には細心の注意が必要である。落下防止用のワイヤーやチェーンを取りつけ、フェイルセイフ（多重安全構造）の状態になるよう心掛ける。天井で昇降する展示物の安全性には特に注意してほしい。繰返し荷重がかかる部材は金属疲労による影響を十分に検討して安全性を確認する。会場内の装飾物などが落下したり、屋外に設置された看板や展示物などが風で飛ばされたりして観客がケガをすることもあるので注意したい。

会場設営で、パビリオンや鋼構造物（鉄骨の組立など）、内装、電気などの工事をする場合は、建設業法に定められた建設業の許可を受けている会社に発注する。また、設計から依頼する場合は、一級建築士事務所の資格も確認する必要がある。

大型テント設営工事　写真提供：TSP 太陽

工事を受注した元請会社は、工事を一括して他社へ発注（丸投げ）することはできない。また、工事の一部を発注する場合、発注先の会社も建設業の許可が必要である。さらに現場代理人や主任技術者の選任も求められる。

工事に伴う労働者の安全対策

イベント会場の使用料をできるだけ低く押さえるため、設営や撤去の作業は短期間とすることが求められる。設営作業では、ステージや大道具の設営、音響・照明・映像・特効などの装置の搬入から設置、調整などの作業（仕込み）が錯綜するため、十分な安全管理が必要である。特に、高所作業や大型造作物の設置作業、火気を使用する作業、感電などに注意したい。

主催者は、コンテンツの制作や会場の設営における統括安全衛生責任者を選任し、制作安全衛生管理者を指揮させるとともに、危険防止措置の実施、専門部門間の連絡及び調整、工場制作・現場設営・現場運営・撤去作業等の巡視、その他、労働災害の防止に努める。

また、制作決定後や実施設計終了後、現場設営作業開始前、その他必要な時期に、統括安全衛生責任者、制作安全衛生管理者および各専門部門の安全衛生責任者および関係スタッフで構成される安全衛生連絡協議会（安全衛生会議）を開催する。そして、制作作業から実施・運営、撤去ま

安全衛生管理体制（例）

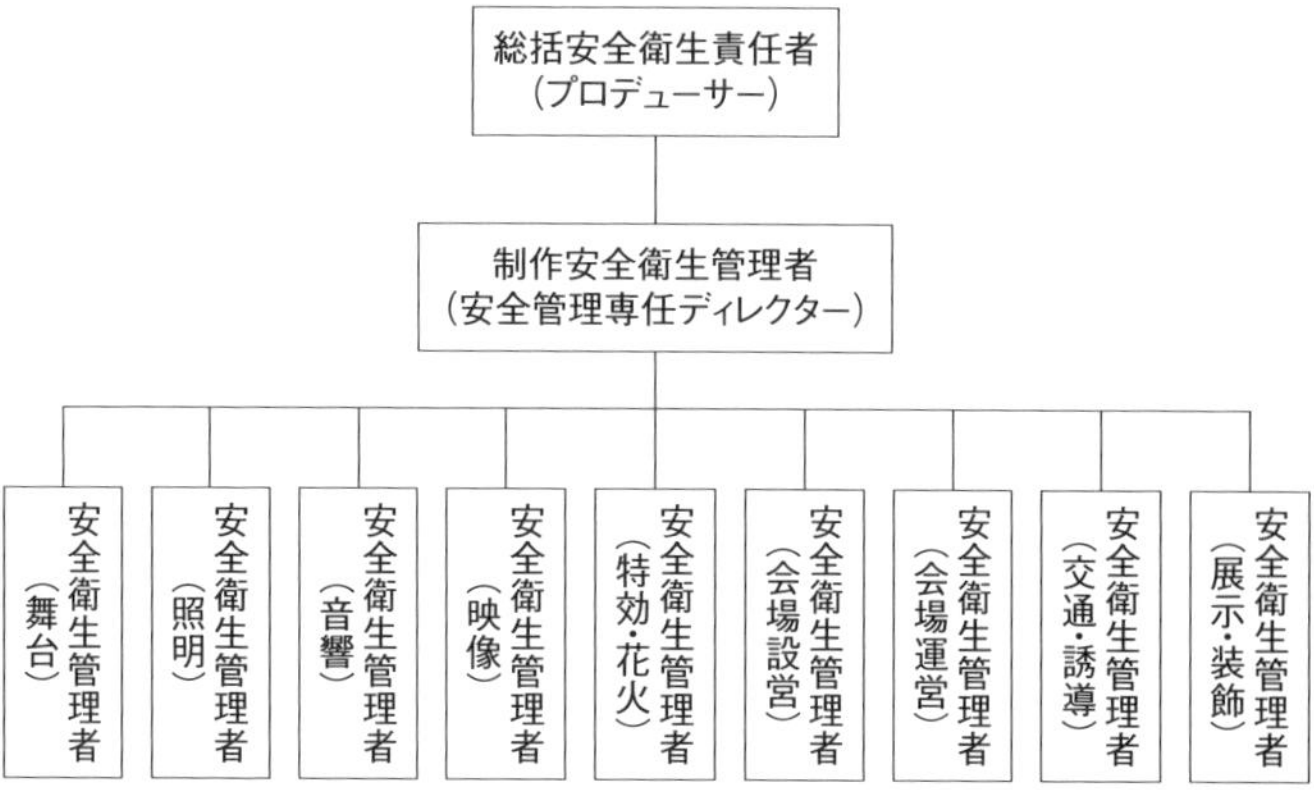

でのリスクとその排除方法について全員で確認する。

設営および撤去で高さが2メートルをこえる場所での作業は高所作業として、作業床を設置する。また、囲いや手すりも必要となる。高所作業をする作業員はヘルメットと胴ベルト型またはハーネス型の安全帯を着用する。そして、昇降する時は安全ブロック、水平移動する場合は親綱にフックをかける。安全ブロックから親綱へフックをかけ替える時は、補助ロープを必ず使用する。作業員以外でも作業エリアに入る場合は必ずヘルメットを着用する。

作業開始前の打合せや安全教育は重要である。また、当日の作業内容の確認を行い、作業中に予測される危険とその対策について周知する。整理、整頓、清掃、清潔を励行し、作業場、資材置き場、通路の明確な区分も大切である。

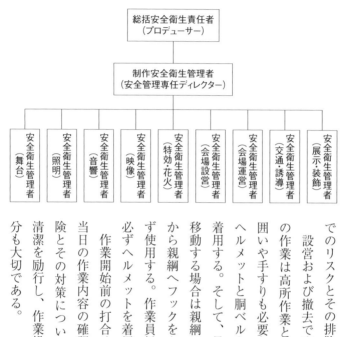

8 リスクマネジメント

1.〝リスク〟に対する基本的な考え方を理解する

イベントは〝両刃の剣〟であることを意識する

イベントは社会を活性化したり、人と人との絆を深めたりする〝社会の公器〟である。しかし、人の手で出来事を創出する行為であるため、企画から実施・運営、そしてプロジェクトの終了まで、さまざまな危険性（リスク）を潜在的に有している。したがって、イベントのリスクマネジメントでは、リスクを「事件や事故、トラブルなどが発生する危険性」と捉え、そのリスクが具現化しないように管理する。さらに、具体的な事件や事故、トラブルなどが発生した場合の対応についても十分に検討しておきたい。

人々に感動を与えるイベントは、常に革新的な取組みが宿命づけられている。また、「もっとお金を儲けたい」や「高い評価を受けたい」「もっとインパクトがほしい」など、主催者や担当者の欲望が強くなり、危機管理意識が欠如して正常性バイアスがかかり、冷静な判断ができなくなる。イベントは常に危険と隣り合わせなのである。

２００１（平成13）年2月10日にハワイ沖で発生した「えひめ丸」の事故は、米海軍の攻撃型潜水艦グリーンビルが実施した民間人向けショー航海で起きた。冷戦終了による軍縮ムードの高揚を避ける世論工作の一環として民間人16名を乗せて緊急浮上を演じて見せていた。なお、ソナーでえひめ丸の存在を知っていたこと、救助活動を行わなかったことなどが明らかになった。

企画責任者やマーケティング責任者、財務責任者、法務責任者、事務局運営責任者などは、プロデューサーとともに企画構想の段階からリスクの抽出と排除について十分に検討する。実施・運営段階で加わる広報コミュニケーション責任者、交通・誘導責任者、会場設営責任者、会場運営責任者などもリスクマネジメントについての認識を共有することが大切である。

「ハインリッヒの法則」をイベント事業にどう活用するか?

アメリカの損害保険会社に勤めていたハーバート・ウィリアム・ハインリッヒ（Herbert William Heinrich）は、ある工場で発生した労働災害を調査して、重大災害が発生する背景にある軽災害やヒヤッとした体験との関係性を表す「ハインリッヒの法則」を導き出した。

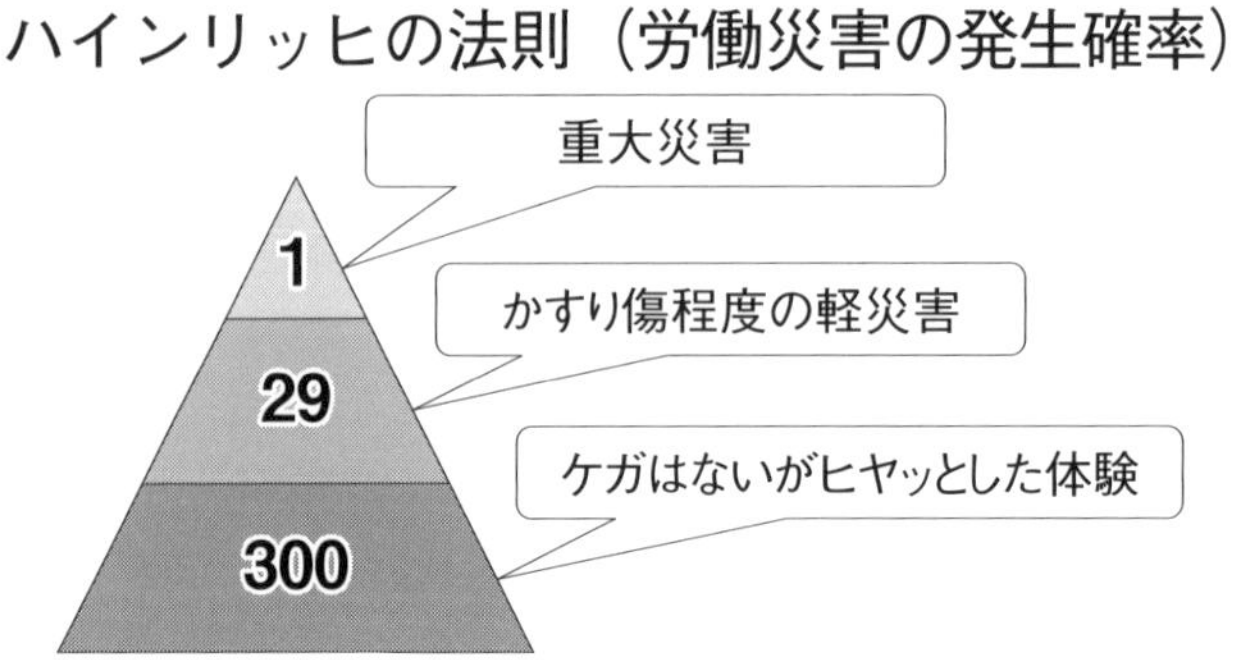

その法則は、「29件の〝かすり傷程度の軽災害〟が発生した場合も、その陰で３００件の〝ケガはないがヒヤッとした体験〟が発生している。また、1件の重大災害（重症以上）が発生した場合、29件の〝かすり傷程度の軽災害〟が発生している」というものである。イベントの開催においても、できるだけヒヤッとすることを減らすように心掛けたい。

２００４（平成16）年3月26日、高層ビルの回転ドアに男児が挟まれて死亡する事故が発生し、多くの高層ビルで回転ドアが撤去された。この事故が発生するまでにカバンが挟まるなど、32件の事故が発生していた。ハインリッヒの法則を参考にすると、すでに重大災害が発生してもおかしくない状況であった。

なお、「利用者の安全のために、回転ドアの重量を軽くする」というような設計思想も欠如していた。回転ドアが発明されたヨーロッパにある同サイズの回転ドアの重さが約1トンであるのに対し、事故を起こしたものは約2・7トンである。

不祥事が発生した場合のコミュニケーションはなぜ重要か?

イベントに関連して発生した事件や事故がマスメディアによって報道され、社会的な批判が大きくなることがある。このようなケースでは、主催者に普段から危機意識とともにマスコミ対応能力が無いこともその原因である。

広報コミュニケーション責任者は対外的な発表を担当するスポークスパーソンとして、主催者の代表に代わってマスコミに対する窓口となる。この窓口を一本化してむやみに変更しないことが大切である。主催者組織の中から誤った情報が流れると、その情報の修正にかなりの労力が必要になる。

記者発表では、わかっていることと不明なことを明確にして、不明な部分は「わかりません」とはっきり答える。嘘をつかないことが重要である。わかっているのにも関わらず「知りません」と言うのは結果的に嘘をついたことになり、後でマスコミから厳しく追及されることになる。

「お騒がせして申し訳ございません」と責任をあいまいにすることが常套手段になっているが、「反省していない」と捉えられる危険性もある。記者会見の前に事態の経過や今後の対応策、原因の究明、責任の所在、再発防止策などを整理し、さらに記者の質問を想定して答えを準備する。その場を繕うように答えた話が、命取りになることもあるので気をつけたい。

2．リスクの抽出と排除

ブレストによるリスクの抽出と排除

イベントにおける事故は、群衆事故や悪天候による事故だけでなく、会場設営工事中の事故、出演者がケガをする事故、心臓発作や熱中症、食中毒、危険生物などによる事故など、様々である。これらの事故の原因となるリスクを事前に抽出し、事前に防ぐことが求められる。新規性のあるアイデアを創出するブレインストーミング（ブレスト）を活用して、複数の責任者や担当者の知識や経験を活かし、一人では気がつかないリスクをできるだけ多く発見してほしい。

ブレストのルールをリスクの抽出のためにアレンジすると、①**「どんなリスクに関する発言も馬鹿にしてはいけない」**②**「リスクを排除する方法まで責任を持って発言する必要は無い」**③**「発展的にリスクをすべて出し切る」**そして、④**「最後にそれぞれのリスクの関係を検討しながら整理する」**となる。リスクをすべて出し切ってから整理を始めることが大切である。

抽出されたリスクが必ずしも現実の事件や事故、トラブルになるとは限らない。しかし、「事故が起きてからでは遅い」ということを十分に認識して取り組んでほしい。重要なリスクを排除する方法についてもブレストを活用できる。

事例研究でマンネリ化や正常性バイアスを避ける

私たちは過去の失敗から目を背けることによって、同じような失敗を繰り返してしまう。また、イベントの事業推進では利益やスケジュールを優先するため、リスクマネジメントが置き去りになっているケースが見受けられる。

したがって、「自分が担当しているイベントは大丈夫」と言ったような正常性バイアスをかけずに危機管理意識を持ち続けることが望まれる。そのために、普段から常に緊張感を持って様々なイベントで発生した事件や事故、トラブルを研究して原因を深掘りすることが大切である。

２００５（平成17）年に愛知県で開催された「２００５年日本国際博覧会」（愛知万博／愛・地球博）に向けた準備が進む中、２００１（平成13）年に「明石花火大会歩道橋事故」が発生した。これをきっかけに、愛知万博の事務局は安全対策を十分に検討した。その結果、大きな事故が発生せず、会期を終えることができた。

また、頭で考えるだけでなく、地震や停電など、突発的な事態が発生した場合に、速やかに適切な行動ができるようにする訓練も欠かせない。当事者はどうしても甘い判断をしてしまう傾向がある。したがって、第三者によってリスクの多角的なチェックが必要である。マンネリ化させたり、正常性バイアスをがかからないシステムを定着させてほしい。

小さなミスを事故へつなげない「フェイルセーフ」とはどんな考え方か？

答えが一つしかない数学の問題と違い、リスクを排除する方法は一つとは限らない。対策によるメリットとデメリット、他のリスクとの相互関係などを総合的に判断し、リスクを低減させるための対策をする。何らかのミスがあっても、大きな事故につながらないようにすることが大切である。

この考え方を設計や行動に結びつけたのがフェイルセーフ（fail safe）である。機械装置や制御システムなどは、誤操作や誤作動によって障がいが発生しても、常に安全が確保される方向に作動するように設計されている。イベントは航空機のような工業製品とは異なるが、安全で安心なイベントの実施・運営においてもこのフェイルセーフの思想はとても重要である。

イベント会場の設営や撤去では、高所作業での事故が発生することがある。安全帯を着用し、安全ブロックや親綱などと併用することで、例え足を踏み外しても下まで落下しないようにする対策もフェイルセーフとして考えたい。ヘルメットは高所からの墜落時における頭部の保護だけでなく、飛来物や落下物から頭部を保護するためにも有効である。狭い足場の中を移動中に頭をぶつけてもケガをすることがない。

また、高所作業では工具にワイヤーを取り付け、誤って工具を手から離してしまっても下に落

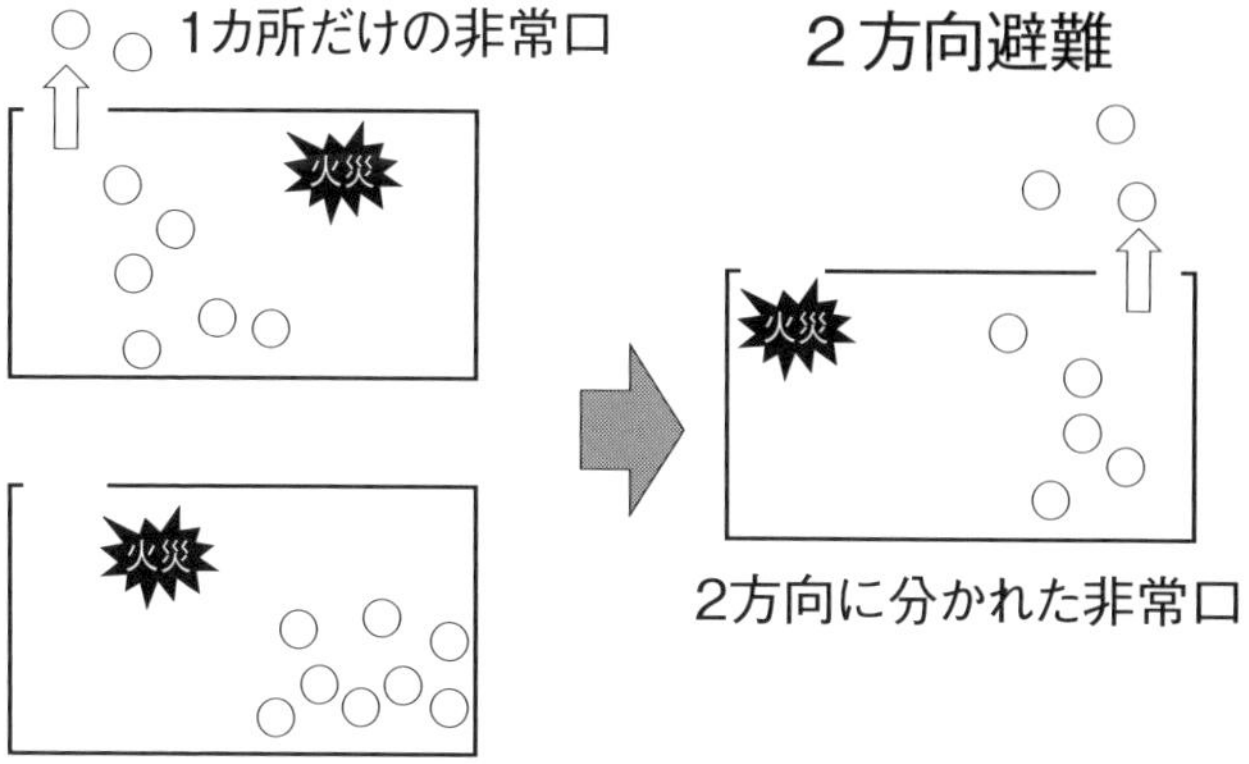

万が一火災が発生した場合、会場内のどこが火元になっても避難できるよう、2方向以上の避難路を設ける。避難経路をわかりやすくするとともに、小さな段差など、避難の障がいになるものを無くす

ちないようにする。天井から吊り下げた照明や展示物も、十分な安全強度を確保した上で、さらに落下防止用のワイヤーやチェーンを取りつける。

舞台の上部で照明器具の取付けや調整をする場合は、その下で大道具などの作業や舞台稽古をしないことも大切である。万が一、照明器具や工具が落下しても、下に人がいなければ人身事故につながらない。

「2方向避難」もフェイルセーフと同じ考え方である。イベント会場で万が一火災が発生して一つの避難路がふさがれても、反対側に避難路があれば避難することができる。避難路に荷物や資材を置かないようにすることも大切である。また、停電しても非常用避難誘導灯が点灯すれば避難すべき方向がわかる。

不可抗力によるイベントの中止事例にはどんなケースがあるのか？

地球温暖化とともに海水温が上昇していることで、台風やハリケーン、サイクロンなどが巨大化し、大きな被害がでている。２０１２（平成24）年10月にハリケーン「サンディ」が温帯低気圧に変わり米東部に上陸した。ニューヨーク市内で停電が続き、交通網も復旧していない中、11月4日に開催が予定されていたニューヨークシティマラソンの主催者は、復旧を最優先に考えて中止の判断を下している。

今日、台風の進路や勢力の変化について、かなり正確に予測できるようになった。しかし、地球温暖化によって多発する局地的な突風や集中豪雨は、十分に予測することができない。２０１３（平成25）年7月27日、午後7時過ぎの打ち上げ開始から約30分後に雷雨で隅田川花火大会が中止になった。１９９７（平成9）年に雨天で順延したことはあったが、中止になったのは36回の開催で初めてであった。

27日朝の天気予報では、関東地方で「ところによって雨や雷雨」という予報が出ていたが、1時間あたり5ミリ未満の閉じた傘のマークだった。同日、午後8時半ごろ、秩父宮ラグビー場（東京都港区）で、人気グループの野外コンサートも雷雨で中止になった。女性約75人が体調不良を訴え約20人が病院で手当てを受けた。

脅迫やテロ予告などによってイベントが中止される例もある。２００８（平成20）年４月９日、人気アニメ「ポケットモンスター」のカードゲーム大会の主催者に脅迫の手紙が届き、５月にかけて開催予定だった一連の大会の中止を決定した。

また、『週刊少年ジャンプ』（集英社）の人気漫画『黒子のバスケ』の作者である藤巻忠俊さんをねたんだ犯人が２０１２（平成24）年10月から連続脅迫事件を起こし、セブンイレブンとバンダイの商品が販売中止されるなど大きな損害を与えた。11月中旬には、集英社主催のイベントでも「（黒子のバスケの）出展と販売を中止しろ」との脅迫文が送りつけられ、12月に開催されたイベントで同作品の出展と販売の中止を余儀なくされた。

公道を利用したウオーキングやランニングなどのイベントでは、交通事故に対する注意も必要である。２００５（平成17）年５月22日、宮城県多賀城市の高校の1年生によるウオークラリーは、校舎から宮城県松島町の研修施設まで海岸線など22・５キロを歩く毎年恒例行事で、午前４時ころ５７０人が出発した。飲酒運転の乗用車が赤信号で止まっていた乗用車に追突し、玉突きでウオークラリーに参加中の高校生が横断歩道を渡っていた列に突っ込んだ。これにより３人が死亡する事故が発生した。同様の事故は後を絶たない。

なお、飛行機の欠航や鉄道の遅延によって出演者が会場入りできないケースも多い。

排除できないリスク対策のために損害保険を活用したい

主催者の努力でも排除できないリスクもある。損害保険会社には保険金が支払われた事件や事故の厖大なデータがあるのでアドバイスを受けてほしい。イベント保険は、イベントの開催に関連して発生する危険を幅広くカバーする保険商品である。大きく、**①興行中止保険、②施設賠償責任保険、③障害保険、④動産総合保険**によって構成されている。これらを選択して申し込むことができる。

興業中止保険は、天候による影響で花火大会が中止になったり、出演者がケガや体調不良でコンサートが中止になったりした場合に保険料が支払われるものである。施設賠償責任保険は、避難通路の不備が原因で観客が逃げ遅れてケガをした場合などが対象である。傷害保険は出演者がケガをしたり、群衆事故が発生して観客がケガをしたりした場合などが対象である。動産総合保険は、展示品が盗難にあったり、破損したりした場合が対象である。なお、ウイルスの感染拡大を防ぐために開催を自粛したイベントに対する社会補償は、社会的な課題である。

１９８３（昭和58）年11月22日、「大阪城築城４００年まつり」（大阪城博覧会）の特別展示「中国秦・兵馬俑館」（大阪21世紀協会が主催）で、男が展示物の武官庸を押し倒して壊す事件があった。男の計画的な犯行だが、保険で修復費が支払われた。

3．悪天候対策

落雷発生時の対応にはどんな知識が必要なのか

２０１２（平成24）年８月18日に大阪市東住吉区の長居公園で発生した落雷事故では、計10人が病院に搬送され、競技場の出入り口付近のクスノキの下で雨宿りをしていた２人が死亡した。落雷によって参加者や観客がケガをしたり、死亡したりした場合、主催者が「落雷を予見できたか」「予知した落雷に対して適切な対処をしたか」ということが問われる。公園の管理者と競技場をイベントの会場として借用する主催者が事前に十分な打合せをする必要がある。

落雷の危険性がある場合における開催の中止や開催時間の変更などについて、判断基準をマニュアル上で明確にしておきたい。また、来場者に対する注意喚起と共に、「大木の近くに立ってはいけない」といったような落雷に対する正しい知識の普及が不可欠である。私たちは雨を避けるため、つい大木の下に逃げ込んでしまいがちだ。

雷注意報の他、大雨洪水注意報と強風注意報が出ていたにも関わらず、主催者が雷に対する対応について検討することの必要性を認識していなかったケースもある。「昔からの伝統的な祭りであり、台風でも中止したことが無い」という意識の中にリスクが潜んでいた。

思った以上に多い異常気象時のテントの事故

イベントの開催中に強風や突風、豪雨、竜巻、落雷などが発生することによって、参加者や来場者の生命が危険にさらされる。天候は外的な要因であっても、避難誘導の指示や方法などの対処方法によっては人災になりかねない。「天候不良時の中止判断基準があいまい」といったマニュアルの不備や、マニュアルが形骸化していたために死亡事故につながったケースもある。

２００８（平成20）年7月27日に福井県敦賀市で開催されたあるイベントでは、使用されていた大型テント（10メートル角のテント4張りを一体化）が突風にあおられて飛ばされ、1人が死亡し、9人が重軽傷を負った。テント4張りを横につなげたために、本来16個必要であったおもりの数が10個に減らされていた。さらに、飲食店が入るために衛生上の観点から保健所の指導で、砂やほこり、雨風を防ぐため両側面と背面の三方を塞いでいた。

地域イベントや学校イベントでは、小型のテントが飛ばされる事故が数多く発生している。簡易のテントは人の手だけで設置することができ、おもりで固定されているだけで土地に定着していないために建築物ではなく、建築基準法が適用されない。

なお、テント以外にもステージやゲート、広告塔、看板などが強風によって倒壊したり、装飾物や展示物、広告物などが飛ばされたりして事故になった例も多い。

4. 犯罪対策・事故対策

群衆心理の功罪とは?

多くの人が集まって群がることによって生まれる群衆心理は感動体験を創出するには不可欠な要素だ。また、大勢の人と一緒にリズムに合わせて身体を動かしたり、無心になって声を張り上げて応援したりすることによって仕事や勉強のストレスを解消することができる。しかし、これがエスカレートして発生した事故の例が非常に多い。

群衆心理が発生すると、個人的なアイデンティティが退行して自己意識が薄らぎ、自己を群集の中に組み込んでいく。集団的な没我(エクスタシー)状態が生み出され、知的作用が著しく後退する。感情が高ぶって興奮状態が生まれ、共に喜び、共に怒り、共に泣き、共に笑うなど、喜怒哀楽の感情を共有することで、社会集団としての親近感や連帯感、昂揚感などが生まれる。

群衆心理は、個体の生存と種の維持や、人間の根源的な恐怖や欲求に根差しているために暗示されやすく、扇動者の発言や噂話を鵜呑みにしてしまう。また、意識が共鳴しあって多くの人に感染していく。そして、「我先に」という極めて強い「自己本位」の本能が現れ、破壊や略奪、殺害などの行為へ発展することさえある。

一斉突進と群衆相互の押し合いを避けるにはどうすべきか？

これまでに群衆事故が発生した事例を見ると二つのパターンがある。一つは、群衆雪崩が発生する前に、群衆が一斉に一方向へ突進するパターンである。１９５４（昭和29）年１月２日に16人が死亡した皇居二重橋では、停止ロープと後方から押し寄せる群衆とに挟まれた人が危険になったため、数人に通過を許したことがきっかけとなった。堰を切ったように群衆が押し寄せ、一人の老女の転倒をきっかけに50数人が倒れ、もみ合い、踏みつけ合いの惨事になった。

２０１０（平成22）年11月22日に３００人以上が死亡したと伝えられたカンボジアの水祭りでは、橋の上でパニックが発生した。逃げようとする人が、倒れた人の上を乗り越えようとして何重にも重なって「人のダム」のような状況になり、多くの人が圧死した。

もう一つは、２つの群衆が相互に押し合う事態が発生するパターンである。１９５６（昭和31）年１月１日に１２４人が死亡した越後一宮弥彦神社では、福モチまきをきっかけに、帰りかけた人が逆流して石段を上がって来る人と押し合いになった。そして、玉垣を壊して約２メートル半下の地面に次々と落下して折り重なった。２００１（平成13）年７月21日に11人が死亡した第32回明石市夏まつり「花火大会」朝霧歩道橋事故も駅へ向かって帰る人と駅から海岸を目指す人が押し合いになり、歩道橋の南端近くで事故が発生した。

なぜイベントはテロや犯罪の標的になりやすいのか？

屋外で開催されるイベントでは毎年のように、参加者や観客、関係者などの生命を脅かす事件や事故が発生している。2013（平成25）年4月15日（日本時間16日）にボストンマラソンで爆弾によるテロがあり、沿道で声援を送っていた3人が死亡し、多くの負傷者がでた。2016（平成28）年7月14日にはフランスのニーズで花火を見物していた人々を暴走したトラックがはねた。この事件で子供を含む84人（3ヶ月後86人）が死亡し、重傷者も含み200人以上の負傷者がでた。日本でも1998（平成10）年7月25日に4人が死亡した和歌山毒物カレー事件や、2008（平成20）年6月8日に秋葉原の歩行者天国にトラックで突っ込み、7人を死亡させ10人を負傷させた事件などがある。ソフトターゲットを標的にしたテロを事前に発見することは難しい。また、イベントの会場への出入りが限定されているスタジアムや博覧会の会場などと異なり、不特定多数の観客が絶え間なく行きかうイベントでの持ち物検査は物理的に不可能である。

イベントの主催者は、参加者や来場者、関係者などの安全や防犯について十分に検討し、適切な対策を実施することが求められる。イベントの運営を担うボランティアに、警備の責任まで担ってもらうことはできない。したがって、イベントと犯罪を熟知した警備員の増強や防犯カメラの設置、監視システムの導入などによって監視体制を強化し、事件や事故を未然に防ぎたい。

２０１６（平成28）年10月24日、宇都宮城址まつりの最中に、巻き添えを狙ったと思われる爆発物による自殺が発生した。また、12月19日、ドイツの首都ベルリンで大型トラックがクリスマス市に突っ込み、12人が死亡した。さらに２０１７（平成29）年1月1日、トルコの最大都市イスタンブールのナイトクラブの新年を祝う集会で39人が死亡し、60人以上が負傷するテロが起きた。

【コラム】世界を変えた恐怖のイベント「9・11」

近年、世界では考えられないような出来事・事件・テロが頻発している。アルカイダ（イスラム過激派組織）はアメリカの資本主義経済社会が崩壊するイメージを全世界へ発信するため、２００１（平成13）年に9月11日アメリカ同時多発テロを引き起こしたと考えられている。金融の中心である世界貿易センタービル（ツインタワー）に1機目の飛行機が激突後、世界中の人々の目をくぎ付けにした。その後に2機目が激突することによって、誰の目にテロであることが分かり、人々を恐怖に落とし込むことが計算されていた。

イベントプロデュースを志す者は、激変する世界の最新の動向に常に留意するとともに、イベントの実施を通じた、平和で融和的な世の中の実現を目指してほしい。

裸火と発熱する機器はとにかく細心の注意が必要

２００６（平成18）年３月22日に東京・新橋演舞場で舞台装置などを焼く「ぼや」が発生し、公演が中止された。舞台で使われた花火の火が舞台の約３センチのすき間から下に落ち、地下２階の大道具や小道具が焼けた。裸火の使用にあたっては、事前に所轄の消防署への相談と届出をするが、このような火事が発生することもある。

機器の発熱が原因でボヤや火災が発生する場合もある。２００５（平成17）年４月９日に愛知万博の会場でライトアップ用に設置された照明の熱が原因で、マンモスラボの屋上でボヤが発生した。また、２０１６（平成28）年11月には、明治神宮外苑で開催された「東京デザインウィーク」に展示されていた木製のジャングルジム型の作品が燃え、５歳の幼稚園児が死亡した。発熱する照明や機器を使用するときは冷却を十分にして、周辺には可燃物を置かないように注意してほしい。白熱球のみならず、蛍光灯やＬＥＤでも安心できない。

大災害につながる火災を防止するためには、消防法や建築基準法に定められた建築材料を使用し、イベント会場をできるだけ不燃化することが求められる。なお、工事中においては、揮発性の有機溶剤を使用した塗装と、溶接など火気の発生する工事は同時に行わないように工程を管理することも大切である。

ライドやプレイランドの遊具でも事故は多発している

１９９０（平成２）年4月2日には「国際花と緑の博覧会」（花博）で、ボートが高さ約7メートルの高架水路からはずれ、３隻編成のうち先頭の1隻が転落し、２隻目が宙吊りになる事故が発生した。一部のコンベヤーは止まり、一部は動き続ける状態となり、ボートが玉突き衝突して突き上げられた。ライドを動かすベルトコンベヤーをストップさせる装置に自動と手動が混在していたことも事故の原因の一つである。

市制１００周年を記念して福岡市で開催された「アジア太平洋博覧会」（よかトピア）では、１９８９（平成元）年7月22日に会場内プレイランドで事故が発生した。急流すべりをボートで下っていた小学1年生が水路の途中、高さ約7メートルの位置から転落し、応急手当のあと病院へ搬送されたが、30分後に死亡した。

イベントの開催期間に限定して仮設として作られるライドや遊具であっても、利用者の安全を十分に確保するように設計してほしい。設計上のミス以外にも、金属疲労（継続的に力が加わることで金属がもろくなる現象）が想定される部分に対する点検の不備や、運営マニュアルの不備、運営上における安全の軽視などの原因があげられる。準備期間が短かったり、予算の制約があったりしても、設計ミスや施工ミス、運営ミスは許されない。

5. 感染症対策

感染症との戦いをイベント関係者はどう乗り切るべきか？

２００９（平成21）年５月９日に成田空港での検疫でカナダの交流事業から帰国した高校生ら３人の新型インフルエンザ感染が初めて確認された。そして５月16日、国内で人から人への感染が確認され、学校が休校になった。この年の５月15日から始まっていた神戸の初夏の風物詩になっている「第39回神戸まつり」が中止された。その後も兵庫県や大阪府の高校生を中心に、急速に感染が全国へ拡大した。８月28日に開催された福島県合唱コンクールも新型インフルエンザの流行を受け、感染を防ぐため会場に一般聴衆を入れない異例の開催となった。

２０１６（平成28）年８月14日に千葉県の幕張メッセで開催された人気歌手ジャスティン・ビーバーのコンサートを訪れた男性が、25日までにはしか（麻疹）と診断されていることが判明した。はしかは空気感染でも広がるため千葉市や国立国際医療研究センターが注意を呼びかけた。今後、感染症が発生した場合の対応を十分に検討しなければならない。各地から大勢の人が参加するイベントで感染が広がる可能性があり、主催者とともに参加者や観客も注意が必要である。

重症化の危険性があるデング熱はどんなところで感染するか？

２０１４（平成26）年８月、１９４５（昭和20）年以来69年ぶりにデング熱（デングウイルス感染症）の感染例が発見された。代々木公園が感染場所と考えられ、東京都は代々木公園で採取された蚊からデング熱ウイルスを検出したため、９月４日に公園の約８割を封鎖して駆除作業に入った。そして、９月５日には新宿中央公園でもデング熱に感染したと見られる患者が確認され、その後、上野公園や隅田公園、中目黒公園、外濠公園でも患者が発生し、患者数が１５０人以上になった。

デング熱は４種類の型のウイルスがあり、感染して免疫ができた人が、別の型のデング熱に感染すると、免疫が暴走して重症化する危険性もある。温暖化によってウィルスを媒介する蚊が北上し、専門家は「今後も日本各地でデング熱の国内感染が発生する可能性が十分にある」と指摘している。

したがって、デング熱が新たに発生した場合に備え、どのようにコントロールされた状況（Under control）をつくるか、シンガポールや台湾などの対策を参考にして検討することが求められる。２０１４（平成26）年以降、日本でデング熱の流行がないため、「デング熱の流行は起きないだろう」という正常性バイアスがかかる。それでも、「感染症による非常事態は発生しない」という正常性バイアスがかからないように心掛けてほしい。

第4章

コンテンツには どのようなものがあるか

1 スポーツイベント

1. 古代エジプトをルーツとするスポーツイベント

古代エジプトで生まれた競技は現代のスポーツの原点

原始時代から人類は、狩人として走ったり泳いだりする身体能力に加え、槍や弓、石、棍棒などを獲物に命中させる技術が必要だった。また、家族や部族を守るために敵と戦って、その敵を倒さなければならなかった。

古代エジプトの壁画には、ダンスやアクロバット、組体操、棒術、水泳、ボート、舟合戦、ボール競技、綱引き、力比べ、バランス遊び、盤上ゲームなど、様々な身体競技やゲームが描かれている。これらの起源には、狩猟とともに戦闘のための訓練があったと考えられる。特に民衆を守る軍隊を維持するため、レスリングやボクシング、やり投げ、競争などが軍人の採用試験や訓練として利用された。

紀元前2650年頃、メンフィスを首都とする古王国時代は中央政権が安定し、ジェセル王はサッカラに階段ピラミッドを建造した。このピラミッドに隣接する「大庭園」には走路があり、世界最古のスポーツ施設であったと言われている。

国王の使命は、自然と人間社会との秩序を維持・更新することである。エジプト全土から集まった民衆の前で、王はエジプトの秩序を維持するために必要な身体能力を示す必要があった。そのため王は、支配地域を模擬的に表現した走路をランニングし、弓矢による射的や戦車の操縦、狩猟などのパフォーマンスを民衆に見せた。

なお、古代エジプトでは王のパフォーマンスの結果が記録され、過去の王との「時空を超えた戦い」という概念も生まれた。

ジェセル王の階段ピラミッド（エジプト・サッカラ）

古代ローマのイベントの殿堂「コロッセウム」

古代ギリシャの４大祭典競技はどんなものだったのか？

古代ギリシャの聖地では、紀元前８世紀から一定の期間ごとに祭典競技が開催されていた。アポローンの祭典である「ピューティア祭」、ポセイドンの祭典である「イストミア祭」、ゼウスの祭典である「ネメア祭」およびディオニューソスの祭典である「オリンピア祭」が４大祭典競技と呼ばれている。

古代ギリシャでは、「ポリス」と呼ばれる都市国家が、互いに戦争をしていたが、祭典競技の期間中は、「エケケイリア（神の平和）」と呼ばれる休戦状態になった。そして、ポリスを代表する選手の移動の安全が約束された。

４大祭典競技の内、発掘調査によってオリンピア祭が最も有名になった。オリンピア祭では開会関連の行事の後、子供たちによる格闘技と戦車競技、動物を生贄にした儀式が続き、徒競走、幅跳び、円盤投げ、槍投げおよびレスリングの５種競技が行われた。神々をたたえる詩を詠んだり、神託に沿った政治的演説を大声で唱えたりする文化・芸術競技も正式競技であった。

古代ギリシャの祭典競技は、オリンポスの神々をたたえる宗教儀式であったため、紀元４世紀にキリスト教がギリシャを支配していたローマ帝国の国教となり、「異教禁止令」によって１０００年以上に渡る歴史に幕を閉じた。

古代ローマ人の楽しみがイベントを発展させる

スポーツ（Sport）の語源は、ラテン語で「仕事からの解放」を意味する「disportare（デポルターレ）」であると言われている。やがて、「楽しむ」と言う意味が強まっていく。

古代ローマ市民は宗教的なイベントの最後を飾る神々に捧げる劇場での演劇や音楽、競技場でのスポーツ競技などを楽しみにしていた。そして、ローマ帝政期の1世紀後半、市民に娯楽を提供する施設として巨大なコロッセウム（円形闘技場）が建設された。

そこで開催された剣闘士の試合では、多くの猛獣が殺され、数百人の剣闘士が命を落としたと言われている。ときには、重罪人が引き出されて観衆が見守る中で猛獣の餌食にする処刑も行われた。

当時のローマには「小麦法」という法律があり、ローマの市民権を持つ人々は、月に一度30キロの小麦の無料配給と、コロッセウムで開催されるイベントに無料で入場する権利が与えられていた。また皇帝や執政官、名士たちは、スポンサーとしてイベントの費用を負担した。

そして、観衆としての市民は、皇帝や執政官に対する支持や不支持を、コロッセウムでの喝采や抗議のブーイングで表現した。ローマ市民に対する社会福祉としての小麦から作られる「パン」と、娯楽を提供するとともに世論調査の役割を持っていたイベントである「サーカス」を、ローマの風刺作家が表現した言葉が「パンとサーカス」である。

2．アマとプロに分化していった近代のスポーツイベント

ブルジョアジーが考え出したアマチュア規定

19世紀、イギリスでボートやクリケットを楽しんでいたブルジョアジーは、貧しい人達がお金を稼ぐために選手としてスポーツの世界に進出してくることを嫌った。そして、1839年にヘンレー・レガッタ組織委員会が世界で初めてのアマチュア規定をつくり、大学やパブリックスクール、陸軍士官学校、アマチュアクラブ以外からの参加を禁止した。筋肉を使って労働する人も排除する動きがあったが、スポーツの大衆化や国際化の流れの中で、アマチュアとして認められた。

1901（明治34）年、国際オリンピック委員会（IOC）がアマチュア規定を作った。排除される職種の中には体育教師やトレーナーも含まれていたが、多くの反対があり、1905（明治38）年に排除されなくなった。その後、共産圏の国による選手の養成や、メダルを獲得した選手がメーカーのロゴの入ったスポーツ用品とともにテレビに映るなどの問題が発生した。

「アマチュアスポーツの祭典」として始まった近代オリンピックであるが、1974（昭和49）年にIOCは、オリンピック憲章から「アマチュア」の文字を削除した。現在では、各国際競技連盟（IF）に判断がゆだねられている。

万国博覧会を凌駕した近代オリンピック

1889（明治22）年に開催された「パリ万博」の開会式における入場行進、国旗掲揚、国家斉唱、開催宣言などに、近代オリンピックの父ピエール・ド・クーベルタン男爵が強く感銘を受けたと言われている。オリンピックで競われる金、銀、銅のメダルも、万国博覧会に出品された工業製品の中から、優れた製品に対して贈られていたものである。

そして、近代オリンピックは、1896（明治29）年に開催された第1回の「アテネオリンピック」に続く1900（明治33）年の「パリオリンピック」と1904（明治37）年の「セントルイスオリンピック」は、万国博覧会の付属競技（余興）として開催された。

1936（昭和11）年の「ベルリンオリンピック」では、オリンピックが万国博覧会を凌駕した。ナチス・ドイツのヒットラーが、ユダヤ人に対する迫害と、周辺諸国への侵略意図を巧みに隠し、ドイツ帝国の神聖化と国家宣伝（プロパガンダ）を仕掛けるイベントとして利用した。

聖火リレーや表彰台、壮大なオリンピックスタジアムと、オリンピックの賑わいを伝えるラジオの中継によって民衆を魅了した。また、テレビの試験放送も行われた。ベルリンオリンピックの壮大な規模の演出は、繰り返し上映された映画『民族の祭典』と『美の祭典』によって、ドイツ第三帝国の偉大さを国民に植え付け、民族意識を高めることに利用された。

スポーツイベントの支援は、スポーツ用品を製造・販売する企業だけでなく、飲料や化粧品など、様々な企業にとっても広告・宣伝活動として価値がある。マスメディアと連動したスポーツイベントは、生活者への情報発信力が高まっている。

1964（昭和39）年に開催された「東京オリンピック」では精工舎（現在の服部セイコー）が「SEIKO」の名を世界的に有名にしたことが、国内企業から国際企業へ成長する機会となった。

1984（昭和59）年の「ロサンゼルスオリンピック」からビジネスとしてのイベントへと歴史的な転換を遂げた。この転換の立役者がピーター・ユベロスである。オリンピックの放映権料の高騰や、スポンサー企業のための大会として商業主義が強まる流れにある。

【コラム】初期のマラソン大会の参加規程

1917（大正6）年に開催された第5回陸上競技大会では、「過去および現在において、脚力もしくは体力を職業とせる者は無資格とす」という参加規程が定められた。

その後、1920（大正9）年アントワープオリンピック予選大会のマラソンで、1位人力車夫、2位牛乳配達、3位新聞配達、4位郵便配達、5位魚売り、6位明治大学の学生だった。

その結果、6位の学生が優勝した。

プロ化が早かったサッカー

1904（明治37）年にFIFA（国際サッカー連盟）が創設され、既にプロ化が始まっていたサッカー界にとっては、アマチュアの規定があったオリンピックは、「真の世界一」を決定する場としてふさわしくなかった。そこで、1930（昭和5）年に南米のウルグアイでサッカーの世界一を決定する第1回大会が開催され、FIFA初代会長のジュール・リメ（フランス人）が寄贈したトロフィー（ジュール・リメカップ）をかけて競技が行われた。

1970（昭和45）年のメキシコ大会で優勝して3度目の世界チャンピオンになったブラジルがジュール・リメカップを永久保存することになり、1974（昭和49）年の西ドイツ（当時）大会から「FIFAワールドカップ」が正式名称となった。この大会が世界各国へテレビでカラー中継されたことにより、普遍的な人気を獲得した。1ヵ月にも及ぶ大会期間中は、オリンピックを凌ぐ人々がスタジアムやテレビで観戦する。

従来、中南米と欧州が交互に開催地となっていたが、2002（平成14）年にはじめてアジアでFIFAワールドカップが開催された。ホスト国である日本と韓国がともに本大会で初勝利を収めて決勝トーナメントへコマを進め、さらに韓国はベスト4に入る快挙を達成した。多くの日本人が共同開催国である韓国を応援し、「共同開催」は大成功に終わった。

3. マスメディアとスポーツの深い関わり

ジャーナリズムが生み出すイベント

日々の出来事を第三者としての冷静な目で見つめ、記事を書いて発信するジャーナリズムは、イベントの開催に関わることで出来事をつくり出す当事者としての役割も担っている。

1901(明治34)年11月9日に時事新報社は、当時、人気が出てきた長距離競走に着目して「不忍池12時間競走」を賞金レースとして開催した。その後、多くの新聞社がスポーツイベントを主催するようになった。1ヵ月以上前から大々的に記事や社説として取り上げ、読者の関心を高めていった。さらに、高額の賞金・景品が企業の協賛で提供され、広告を大々的に掲載した。

スポーツイベントに対する人々の関心を高め、購読者や広告主を増やすことによって新聞社の経営を支える仕組みができた。他社よりも優先的に記事を書くことができることも新聞社がイベントを主催するメリットである。

そして、新聞社は競技スポーツ界における地位と発言力を獲得してきた。このような状況の中で、報道の中立性・公平性・自立性を維持することの難しさを指摘する声もある。

1917（大正6）年4月27日、東京奠都《てんと》50周年記念として「東海道駅伝徒歩競走」が讀賣新聞主催で開催された。京都の三条大橋を午後2時に出発し、東京の上野不忍池までの23区間、約508キロを昼夜走り続け、4月29日午前11時34分にゴールした。三条大橋と不忍池のほとりにはそれぞれ「駅伝発祥の地」の碑がある。

「駅伝発祥の地」の碑（東京・上野恩賜公園）

ラジオとスポーツの関係

ヨーロッパでは、1920年代にラジオ放送開始によるサッカーの観戦者の減少が危惧されたが、いざ放送が開始されると逆に人々の関心が高まり、観戦者が増加する結果となった。日本初のラジオスポーツ放送は、1927（昭和2）年8月13日の「第13回全国中等学校野球優勝大会」で、その後、相撲や陸上競技へ拡大していった。

1936（昭和11）年、ナチス政権下のドイツで開催されたベルリンオリンピックの女子200メートル平泳ぎの中継で、日本の前畑選手が地元ドイツのマルタ・ゲネンゲル選手

「ベルリンオリンピック」200メートル平泳ぎで金メダルを獲った前畑秀子選手（右）　写真提供：毎日新聞社

とデッドヒートを繰り広げて、1秒差で見事勝利を収めた。この時の実況放送で、アナウンサーが20回以上も「前畑がんばれ」を連呼し、放送を聞いていた日本人を熱狂させた。実況放送としては冷静さと客観性を欠いていたが、当時は「名放送」と高く評価された。なお、ベルリンオリンピックは「また4年後に東京で再会しよう」というメッセージとともに閉会したが、1938（昭和13）年に日本が開催を返上し、幻の大会になった。

ラジオは、車の運転や家事、作業をしながら聞くことが出きるため、最近ではインターネットで情報を閲覧しながらラジオを聴く生活者も増加している。ラジオを聴きながらスポーツ観戦を楽しむこともできる。

テレビの普及に貢献したイベントにはどんなものがあるのか？

テレビは、1953（昭和28）年に登場したメディアである。1954（昭和29）年2月19日、日本プロレスリング協会の興行による史上初のプロレス国際試合が、東京蔵前の国技館で開催され、NHKと日本テレビが生中継した。東京新橋西口広場や有楽町日劇前、上野公園、品川駅ホームの街頭テレビが黒山の人だかりとなり、大相撲の元関脇で張り手が得意だった力道山が繰り出す空手チョップに歓声が響き渡った。

テレビ放送が始まった当初、放送局はスタジオをはじめとする制作設備が整っていないため、プロ野球やプロレスなどのスポーツが格好のコンテンツであった。

1959(昭和34)年4月10日、皇太子殿下(現在の天皇陛下)と美智子さまの「ご成婚パレード」が執り行われ、テレビで放送された。皇居をスタートし、麹町、四谷を通って神宮外苑を抜け、渋谷区にあった東宮仮御所までの8・8キロを50分間かけて向かった。

さらに、1964(昭和39)年10月に開催された東京オリンピックを期に、カラーテレビが普及するなど、テレビは映像と音声で臨場感を伝えられるためイベントと密接な関係を持ちながら普及してきた。

世界の多くの人々が注目し、高視聴率を稼ぎだせるオリンピックやFIFAワールドカップなどの国際スポーツ競技大会は、競技をテレビで見ることができるスペクタクル(見世物)にすることが大事である。柔道で青い色の柔道着が導入されるなど、大会の運営方法や競技のルールにも影響がでるようになった。

昭和新山国際雪合戦のセレモニーの様子　写真提供：昭和新山国際雪合戦実行委員会

4. 近年はユニークな競技大会が増加

雪合戦にルールを導入するとどんなイベントになる？

北海道の壮瞥町は、洞爺湖の南東岸に面し、火山の有珠山・昭和新山があり、昭和新山国際雪合戦（口絵）が開催される町として知られるようになった。かつて観光客が洞爺湖や有珠山を訪れるのは夏ばかりで、冬の誘客策をいろいろ検討していた。

東南アジアからの観光客が雪と戯れる姿からヒントを得て、雪合戦をスポーツにするアイデアが生まれた。そして、雪合戦に1チームの人数、コートの大きさ、勝利の判定、雪玉製造機による雪玉の利用などのルールを導入し、１９８９（平成元）年に第1回大会を開催した。

ルールが明確になることによって雪合戦が、選手として出場する人も、観客として観戦する人も楽しめるスポーツになった。さらに、国際的なスポーツとしての海外へも広がった。１９９２（平成4）年にはオーストラリアで大会が開催され、２０１３（平成25）年には「国際雪合戦連合」が発足した。２０１６（平成28）年に中国が加盟して構成国が12ヵ国となった。

スポーツで街をきれいに！「スポーツGOMI拾い」

「スポーツＧＯＭＩ拾い」（通称：スポＧＯＭＩ）は、企業や団体が取り組む従来型の社会奉仕活動であるごみ拾いを新しいスポーツにした取り組みである。予め定められたエリアで、制限時間内に、チーム毎にごみを拾い、ごみの量と質でポイントを競い合う。

２００８（平成20）年5月に大学生と一緒に渋谷で第1回「スポーツＧＯＭＩ拾い大会」が開催された。ゴミ拾いをはじめ社会貢献活動にあまり意識を持ってなかった人が大勢参加した。そして今、全国的な広がりを見せている（口絵）。

チームで力を合わせ目標へ向けて夢中になって頑張ることで、達成感や爽快感を味わうことができる。さらに、「ゴミを発見すると嬉しい！」という感覚が生まれ、価値観が揺らぎ、改めてリサイクルや暮らしやすい街づくり対する意識に大きな変化をもたらす。

「スポーツＧＯＭＩ拾い」は、子供や若者、婦人会、企業など様々な人々が触れ合うことにより、地域力、市民力、防災力を養えるイベントである。また、環境に関する活動として海外からも注目され、ロシアやミャンマーでも開催された。さらに、スポーツと社会貢献活動を掛け合わせる活動は、高齢化が進んだ地域の農業や雪かきなどを応援する取り組みにも広がっている。市民が楽しみながら参加できるスポーツによる地方創生が着目されている。

世界が認めたスポーツチャンバラ

異種剣術の世界一を目指す「スポーツチャンバラ」（スポチャン）の世界選手権大会「World Sports Chanbara Championship in Japan」では、それぞれの国や民族の長い歴史に育まれて発達した剣術の誇りを持った選手たちが、競技内容の違いを越えて戦う。制約に囚われない自由な発想で公平で安全に仲良く剣術を競い合う。世界各地で戦争やテロが発生している今日、スポチャンが国や民族、宗教などの壁を越え、他人をいたわり、認める心を世界へ広げている。

スポーツチャンバラは１９７１（昭和46）年に護身道から生み出された。「如何にして身を守るか」「勝つ武道ではなく、負けないための武道」の研究からスポーツになった。また、スポーツチャンバラは世界中で競技人口が増え、２０１５（平成27）年10月16日には国際スポーツフォアオール協議会（ＴＡＦＩＳＡ）にも加盟した。現在、国民体育大会の公開競技を目指している。

ロシア、イタリア、韓国、ドイツ、フランス、インド、ネパール、シンガポール、エストニア、ラトビア、セルビア、オーストラリア、ニューカレドニア、メキシコ、エジプト、アメリカ、タイ、台湾など、既に40以上の国にスポチャンの支部組織があり、愛好者は40万人を超える。２０１６（平成28）年11月６日に東京都駒沢オリンピック公園総合運動場で開催された第42回世界選手権大会では、17か国から約１３００人の選手が参加して腕を競い合った（口絵）。

発想の転換が生み出した「ガタリンピック」

佐賀県鹿島市の「ガタリンピック」は、有明海の干潟を会場に開催される運動会である。この地域は干満の差が6メートルで、日本一大きい。むらおこしグループ『フォーラム鹿島』が1985（昭和60）年5月3日に第1回大会を開催した。今では地域の風物詩として定着し、外国人も参加するイベントになった。

それまで、地域の人々が「負の財産」と感じていた干潟を、地域資源として活用してイベントを生み出した。このような発想の転換が地域ブランドの創造には欠かせない。地域が保有している人、モノ、情報、文化、自然などの資源を有効に活かして地域を活性化する取り組みが求められている。

現在、地元の中学生がボランティアで参加し、物産まつりやミニ水族館、ガタリンピックグッズの販売、献血や募金などの各種啓発活動、ゆるキャラの参加などの関連行事もあり、お隣の韓国とも交流している。

有明海の干潟で開催されるガタリンピック　写真提供：フォーラム鹿島

「たんのカレーライスマラソン」のスタートの様子　写真提供：たんのカレーライスマラソン実行委員会事務局

食文化とスポーツを融合させた画期的なイベント「たんのカレーライスマラソン」

端野町の体育協会が端野町開基90周年を記念して、体育の日に合わせて企画したイベントが「たんのカレーライスマラソン」の始まりである。1986（昭和61）年10月10日に北見市端野町屯田の杜公園で第1回大会が開催された。当時の端野町には、これと言った「体育の日」の記念行事が無かったため、端野町体育協会の事務局職員が発案した。発案者自身がマラソンを好きではなかったことから、「どんな内容だったらマラソンが嫌いな人でも参加してもらえるだろう」と企画を練り、「みんなが大好きなカレーライスで集客してみよう」と考えた。

競技は4人1組で、カレールー、肉、タマネギ・ニンジン、イモの各コースに分かれ、それぞれの食材を求めて走る。畑から直接取った野菜などの食材を持ってゴールをした後は、それを使ってみんなでカレーライスを作る。順位やタイムは競わない。今では毎年9月の恒例行事になり、町外からの参加者も増えている。端野町の農産物のPRも行われ農業振興にもつながっている。

2 音楽イベント

1. 欧米で成立・発展したミュージカル

ルネサンス末期のオペラからミュージカルへ

ルネサンス後期の16世紀末、イタリアのフィレンツェで古代ギリシャの演劇を復興しようという動きが始まった。歌うような台詞を用いる劇である「音楽的作品（Opera musicale）」が研究され、オペラの原型が生まれた。

その年の出来事について風刺的に歌や踊りで表現する「レヴュー（仏：Revue）」が19世紀から20世紀初頭にかけてヨーロッパで繁栄を極めた。アメリカでは19世紀末にレヴューや歌の間にセリフが入り、一般庶民も楽しめる娯楽的な作品である「オペレッタ」がヨーロッパから入って発展し、やがてミュージカルが生まれた。そして、音楽に合わせた華麗なダンスでドラマを演じるエンターテインメントとしてニューヨークやロンドンで花開いた。

1928年に上演された「モン・パリ」（再演）

鉄道事業を成功へ導いた集客イベントとは

１９０９（明治42）年、大阪の三越が開催した「児童博覧会」にともなって三越少年音楽隊が結成された。これにヒントを得て、阪急電鉄の前身である箕面有馬電気軌道創始者の小林一三《いちぞう》が１９１３（大正２）年に結成したのが宝塚唱歌隊である。その後、宝塚少女歌劇養成会に改称し、翌１９１４（大正３）年に開催された婚礼博覧会のアトラクションとして、初舞台を踏んだ。

オーケストラの演奏、合唱・独唱、ダンスなどが組み合わされた「少女歌劇」が人気を集め、鉄道事業にもよい影響を与えた。１９１９（大正８）年に私立学校としての認可が下り宝塚音楽歌劇学校が設立され、新たに宝塚少女歌劇団が発足した。

１９２７（昭和２）年の演目『モン・パリ』の成功によってレヴューの人気が高まり、少女が演じる男役も好評だった。一時は「男も入れるべき」という意見もあったが、歌舞伎（男性のみ）を参考に女性だけとすることにこだわった。１９３０（昭和５）年に制作したのが『パリ・ゼット』で、この作品中で歌われた「すみれの花咲く頃」は宝塚歌劇団を代表する楽曲の一つとして定着した。

レヴューの殿堂の開場によってダンス文化はどう変わったか?

1933(昭和8)年に開場した日本劇場(日劇)は、ニューヨークのラジオシティミュージックホールで人気を集めていたロケットガールのラインダンスを1936(昭和11)年に取り入れた日劇ダンシングチーム(NDT)の登場で一躍脚光を浴びた。また、1941(昭和16)年に上演された『歌ふ李香蘭』では、日劇の建物が「7周半も観客に取り囲まれた」といわれ、警官隊が出動する騒動になった。

日本劇場で上演された「ラインダンス」 写真提供:毎日新聞社

日劇は戦時中の空襲による被災や、終戦後の占領軍による接収も免れ、東宝映画と実演の2本立て興行を行い、NDTのレヴューと人気歌手のショーが注目を浴びた。1958(昭和33)年2月8日から1週間、第1回「ウエスタン・カーニバル」が開催された。これをきっかけにロックンロールにカントリーウエスタンの1種であるヒルビリーをミックスした「ロカビリー」旋風が吹き荒れた。

1981(昭和56)年に再開発により隣接する朝日新聞東京本社の旧社屋とともに解体され、48年の歴史に幕を閉じ、その後有楽町センタービル(有楽町マリオン)が建てられた。

新宿駅西口の「キャッツシアター」 撮影：山之上雅信

劇団四季が日本で成功させたロングラン方式

江戸時代に始まった歌舞伎興行の伝統が長く継承され、劇場は約1ヵ月単位で貸出スケジュールを組むため、劇場を借りてロングラン方式を採用することができなかった。そこで、1953（昭和28）年に結成された劇団四季は、1983（昭和58）年に新宿駅西口に仮設テントをつくり、ロングラン方式でミュージカル「キャッツ」を上演した。フジテレビ開局25周年およびニッポン放送開局30周年の記念事業としてマスメディアとのタイアップを実現し、また、情報誌『ぴあ』とチケットのオンライン予約システムを初めて採用し、大成功を納めた。そして、翌1984（昭和59）年には「四季の会」を設立した。

その後、劇団四季は俳優、技術・経営スタッフを含む体制で、専用劇場の全国展開へと事業を拡大している。常設の劇場でビジネスを展開することでライブエンターテインメント産業をけん引している。

2. 現代エンターテイメントの華・コンサート

ザ・ビートルズ日本公演が生んだグループサウンズのブーム

１９６２（昭和37）年に「ラブ・ミー・ドゥ」でデビューしたビートルズは、１９６６（昭和41）年に来日公演を実現した。３日間で計5回、ワンステージ各30数分で10曲余の歌と演奏は、ファンの悲鳴や絶叫でかき消され、ほとんど聞こえなかったそうである。

採算面から「1万人が収容できる大規模屋内会場」という条件で日本武道館が会場に選ばれた。しかし、１９６４（昭和39）年に開催された「東京オリンピック」の柔道会場として建設され日本の武道の聖地であることから、ここでのロックコンサートの開催に反対する人も多く、また、学校を無断で休んで来場する中学生や高校生も想定されたため、５日間で延べ約2万人の警察官が動員された。そして、アリーナ席は警察官で埋め尽くされた。

ザ・ビートルズ日本公演によって、日本武道館は武道の試合以外でも世界的に有名になり、多目的に利用されるようになった。そして、日本のグループサウンズ（エレキギターを中心としたバンドや、そのバンドが奏でる楽曲）の大流行に火をつけた。

全国を巡るコンサートツアーの誕生

今日、アーティストとファンが一体となるライブハウスから、千人規模のホール、1万人を超える規模のアリーナやドーム、スタジアム、さらに、公園や駐車場などの野外施設まで、様々な規模の会場でコンサートが開催されている。

1960年代以前、街の顔役と言われる人達や的屋《てきや》などの組織に属する人たちが興行主となって、サーカスから歌謡曲のコンサートまで、様々なイベントを仕切っていた。彼らはヒット曲などで有名になった歌手を呼び寄せ、司会者や前座の漫才師をセットにしてチケットを販売して興行を組み立てていた。

1970年代になると、自ら作詞作曲した曲を自分で歌うスタイルのシンガーソングライターが登場してきた。また、テレビやマスコミに取り上げられないアーティストや楽曲をコンサートで地方に紹介する若者が出現し、「イベンター」という呼称も生まれた。

1970年代後半には、ニューミュージックやロックが若者を中心に圧倒的な支持を得て、コンサートツアーの第1次全盛期を迎えた。アーティスト（ミュージシャン）及びアルバムのプロモーション手段としてコンサートツアーが利用されるようになった。全国を移動するツアークルーと地元のイベンターが連携してコンサートが開催されている。

大型コンサートの開催の増加

1980年代に入ると、国内だけでなく海外の有名アーティストに対する関心も高まり、大規模なコンサートを仕切ることができるプロデューサーやプロモーターの存在が重要になってきた。そして、1986（昭和61）年から1987（昭和62）年にかけて、プリンスやマドンナ、マイケル・ジャクソンが相次いで来日した。会場には数万人単位が収容可能な野球場が選ばれた。

1988（昭和63）年に開場した東京ドームは、2年後の1990（平成2）年、ロック界のスーパースターであるローリング・ストーンズを招聘し、来日公演を成功させた。これによって、東京ドームの多目的利用に関する認知を世界へ広げることにも貢献した。

ローリング・ストーンズは、1970（昭和45）年前後に照明や音響などの設備、専門のクルーを引き連れて各地を回るツアーの形態をいち早く確立した。1980年代以降はスタジアム級の会場での開催が増え、巨大バルーンによる会場装飾や観客席内のサブステージ、よりエンターテインメント性に富んだ演出などを加えた。

1990（平成2）年にコンサートツアーのプロモートを正業として取り組む企業が集まり、社団法人全国コンサートツアー事業者協会（ACPC）（現在の一般社団法人コンサートプロモーターズ協会）が設立された。

自然の中でコンサートを楽しむ「夏フェス」

１９９９（平成11）年に幕張メッセのオープン10周年とＧＬＡＹ結成10周年を記念して、幕張メッセの駐車場でコンサートが開催された。このＧＬＡＹのコンサートは、20万人の観客が集まり、１グループの有料コンサートとしては世界最大規模のものとなった。〝20万人ライブ〟と言う別称が付いたほどである。

アメリカではニューヨーク州の牧場で１９６９（昭和44）年に開催された伝説の野外ロックコンサート「ウッド・ストック」で40万人、１９７８（昭和53）年にニューヨークのセントラルパークで開催されたポール・サイモンとその仲間たちが集まった野外コンサートでは50万人が集まったと言われている。

夏フェスは緑に囲まれた開放的な空間の中で複数のステージで並行してライブを行う。イギリスのグラストンベリーフェスを参考にして１９９７（平成9）年に富士天神山スキー場で「フジロックフェスティバル」（第1回）が開催された。２回目が東京・豊洲のベイサイドスクエア、３回目から苗場スキー場を会場に日本最大規模の野外ロックフェスティバルに成長し、２０１９（令和元）年には23回目が開催された（口絵）。ゴミの分別収集など環境保護の取り組みにも力を入れ、ペットボトルをゴミ袋に、紙コップをトイレットペーパーに再生して翌年の開催で使用している。

コンテンツ産業と融合する新しいエンターテインメント

〝ウォークマン〟に代表されるオーディオ機器やソフトの普及によって、いつでもどこでも音楽を楽しむことができるようになった。今日、オーディオ・ビジュアル技術の発達は目覚しく、音楽や映画などのエンターテインメントがますます身近なものとして日常生活に浸透している。エンターテインメント産業の中で、コンサートやミュージカルなどの、ライブエンターテインメントが注目を集めている。

コンサートはポップスやクラシック、演歌・歌謡曲、民俗音楽などのジャンルに分けることができる。この中でポップスは、ロックやポップ、ソウル、レゲエ、ラップ、ダンスミュージックなどを含み、全体の8割以上の市場規模がある。

ステージイベントはミュージカル、演劇、歌舞伎／能・狂言、お笑い／寄席・演芸、バレエ／ダンス、サーカス、パフォーマンスなどのジャンルに分かれ、特にミュージカルが人気を博している。

今後、参加性やゲーム性、キャラクター性を組み込んだCGによる映像を利用したバーチャルエンターテインメントが新たなイベント産業として期待されている。そして、さらにコンテンツ産業（①図書・新聞、画像・テキスト分野、②映像分野、③音楽・音声分野、④ゲーム分野）と融合していくであろう。

3 食のイベント

1. コミュニケーションの大切さを体現する食のイベント

聖なる肉によって生かされる人間という思考を具現化した古代の食のイベントとは?

古代のギリシャでは、大切に育てられた聖なる牡牛を皆で食べる儀式が行われていた。その聖性、力、生命が最も高まる瞬間において、人々に与えられる。それは犠牲として神に捧げられるのではなく、人々が聖なる肉を食べ、血を飲むことによって、生きる力が与えられる。そして、聖なる牛はその存在の重要性から死んだのではなく、復活する存在となる。

アイヌの人々は、冬眠しているヒグマを狩る猟で、母熊といっしょに冬ごもりの間に生まれた子熊がいた場合、その子熊を集落に連れ帰る。人間の子供と同じように家の中で育て、母乳を与えることもあった。大きくなると屋外にある丸太の檻で大切に育てる。そして、イオマンテの儀式でヒグマの姿を借りてやってきたカムイを丁重にお送りする。その肉は人々にふるまわれる。

祭りの神饌《しんせん》と直会《なおらい》

日本各地の祭りでは、お米や塩、餅、酒、その地域や近隣で取れる魚や野菜、果物、菓子などの名産品、歴史的に由来がある食べ物などの供物を神前に捧げて神事が執り行われる。この供物は神饌（しんせん／みけ）と呼ばれ、その食材を使った料理が伝統料理として受け継がれ、祭りの際に振舞われている。

神饌は古くから続く伝統行事。日本の祭りの原点といってもよい

伝統料理を次の世代に伝承していく上でも、祭りは重要な役割を果たしている。京都の「祇園《ぎおん》祭《まつり》」が「ハモ祭り」と呼ばれているように、イカやウド、茄子《なす》、キュウリ、生姜《しょうが》など、神饌が祭りの名前になっている例が全国各地にある。ハモは京都の特産品ではないが、生命力が強く生きたまま京都まで運べることから京都で好まれた。

神饌を捧げて神事が終了した後、そのお下がりを祭りに参加した人たちみんなで飲食するのが直会である。神と同じ食事をすることによって、神と人とが一体となる「神人共食」という理念が込められている。また、「たべもの」は本来、「賜べ物《たべもの》」として神々からの賜《たまわ》りものと考えていた。

ココ・ファーム（栃木県足利市）の収穫祭

ユートピアが創出される収穫祭

古代から農耕社会にとって収穫祭は重要な祭りであった。そして現在でも日本各地で農業に従事する人々が収穫を歓びあったり、地域の人々への感謝を伝えたりするイベントとして継承されている。家族や仲間と一緒に食べながら話をすることは、「人から愛されたい」「何らかの集団の構成員でいたい」「自分の存在を認めてほしい」という欲求を満足させてくれる。

「日本一の芋煮会フェスティバル」は、収穫祭が県内外から多くの観光客を集めるイベントになっている例の一つである。毎年秋、山形市内の馬見ヶ崎川河川敷を会場として開催されている。直径6メートルの大鍋で約3万食の芋煮が作られる。

栃木県足利市では、毎年11月にこころみ学園のブドウ畑で収穫祭が開催されている。こころみ学園では、知的障がいや自閉症、ダウン症などの人たちが、葡萄畑や醸造場で一生懸命働き、品質の高いワインを作っている。地域の人々やボランティアの助けによって運営が支えられ、障がいの有無を超えて喜び合えるユートピアが創出されている。

全国の鍋料理が競い合うフードイベント

かつて私たちの祖先は、川の近くに住みつき、河原で石を使ってかまどをつくり、土器に食材と水を入れて鍋料理を食べたと考えられる。鍋料理は全国に1000以上あると言われ、家族や仲間で話し合いをする時、食べ物や飲み物が果たす役割が重要である。

日本では秋の稲刈りの前に体力を養い、収穫の前祝いの意味もある鍋を囲んだ集まりがあった。労働力をお互いに貸し借りする地域の人々の結束力を確認し合う。昔から集落の住民総出で助け合い、協力し合う相互扶助の精神で成り立っている「結《ゆい》」と言われる文化である。

毎年、ご当地鍋をテーマにしたイベントが和光市（埼玉県）役所内「市民広場」で開催されている。同じ芋煮でも地域によって使う肉や味付けが異なる。現在では全国各地より60鍋が参戦する日本最大級の鍋料理コンテスト「ニッポン全国鍋グランプリ」になった。鍋文化を通して地域の魅力を首都圏でPRする機会にもなっている。

もともと、和光市に伝統的な鍋料理があった訳ではないが、古くから地元にいる人の「地域を活性化したい」という思いや、地方出身者の「自分のふるさとを元気にしたい」という思いが魅力的なイベントを生み出した。家族や仲間とのコミュニケーションの大切さを訴え、地域の防災力の向上にも貢献するイベントになっている。

2. 食のイベントでは特にマーケティングが重要となる

「食」がリードするコトや体験の消費

日常的な〝食べる〟〝飲む〟という行為を、〝食べ比べる〟〝飲み比べる〟という演出を組み込むことで非日常的なイベントにすることができる。また、普段食べることができない地方や海外の料理を食べたり、痛飲飽食をしたり、様々な楽しみ方がある。

フードイベントは、「肉」や「ラーメン」、「ギョウザ」などのテーマ性、全国からの有名店の出店、投票による参加性などで、他のイベントに付随している飲食エリアや収穫祭などのイメージから脱却して進化し続けている。そして、ビジネスパーソンや若者のグループ、カップル、子育てファミリー、高齢者など、様々な人々が食事をしながらステージショーを見たり、楽しく会話したり、くつろいだりできる。また、ケータリングカーも活躍している。

人々はインターネットを利用して積極的に情報を集める〝情報の狩人〟に変身し、そして、積極的にコト体験を求めて行動する〝コトの狩人〟になった。自分の好きな食べ物を追い求め、様々なお店やフードイベントへ自ら足を運び、体験を写真に撮ってＳＮＳで発信している。

フードイベントでマーケティングの最前線に立つ

今日、ネットショッピングやレジの効率化など、流通の現場が無言化することによって、生活者の潜在的な欲求がメーカーに届きにくくなった。売れた結果は即座に把握ができるが、次にどのような商品が売れるかは分からない。元々、生活者の潜在的な欲求は「暗黙知」の状態にあり、「形式知」としての言葉になっていない。だから、言葉を書き込むアンケート調査だけでは把握することが難しい。したがって、傾聴力を発揮したコミュニケーションが欠かせない。

食は人と人とのコミュニケーションを活性化する。非日常の世界が創出されるフードイベントの独特な雰囲気によって、普段抑圧している感情が解放され、感性が豊かになる。したがって、フードイベント会場でのグループインタビューも有効である。「食」に関係する企業は、マーケティング活動の中でフードイベントを有効に活用した戦略が求められる。フードイベントは、すべての社員がマーケティングの最前線に立つことができる機会である。生活者の声を直に聴いてニーズを把握したり、試食を介して説得力のある商品説明で購入に結び付けたりできる。

フードイベントへの出展・出店は、地域との連携を活性化させる上でも欠かせない。企業は生活者だけでなく、自治体や流通関係者などの様々なステークホルダーとの良好な関係を構築することができる機会だ。

ブランド戦略にフードイベントをどう活かしていくか？

これまでのブランド戦略は、マスメディアを中心にビジュアルや音声などによって人々の視覚と聴覚に訴え、心の中に独特のイメージやムードを醸し出すことに力を入れてきた。しかし、バーチャルの世界の中では、嗅覚や味覚、触覚を満足させることができない。

もくもく手作りファーム（三重県）は、ウィンナーづくりの体験イベントを通して幼稚園児のいるお母さんたちと直に交流し、それまでの「流通が扱いやすい商品づくり」から「生活者の健康のための商品づくり」に発想を転換し、伊賀豚のブランド化に成功した。

生活者は、視覚や聴覚だけでなく実際に会って話をしたり、握手したりできるリアルな体験を求めている。フードイベントは、企業と生活者や地域の関係者が直に交流できる機会である。確かな価値と人間関係を求める時代におけるブランド戦略上、重要な役割を果たす。今後はバーチャルとリアルを統合し、体験と感動を通して信頼関係を醸成することが求められる。

大規模なフードイベントは、観光客を呼び込み、地域の食材や料理を全国にＰＲすることができる。そして、消費による経済効果を創出し、地域を活性化させる機会にもなっている。今後、日本の農業や和食のためにフードイベントが重要な役割を担うことが期待される。さらに、「食育」や「環境」「日本の農林水産業」にも貢献することができる。

4 展示系イベント

1. 近代――産業革命による工業化で展覧会が広がる

モノによって構成される世界と未来

15世紀の大航海時代、アフリカやアジア、アメリカで新たに発見された珍しい物や動植物がヨーロッパへ運ばれて来た。それらを分類する博物学が、18世紀のヨーロッパで最盛期を迎え、博物館や動物園、植物園などで展示された。そして1759年、世界で初めて展示物を一般公開する博物館として大英博物館が開館した。

また、1760年代に産業の技術的な基礎が一変する産業革命がイギリスで始まり、1830年代にかけてヨーロッパ各国に波及した。これによって、小さな手工業の作業場に変わって機械設備による大工場ができ、工業製品が大量に生み出されていった。そして、イギリスやフランスで中世から開催されていた特産品や美術・工芸品などの展覧会が工業製品にも広がった。

ロンドン万博のクリスタルパレス（ロンドン・ハイドパーク）

1849年にパリで開催された内国産業博覧会を調査したイギリスは、世界各国に参加を呼びかけ、1851年にロンドンのハイドパークで「ロンドン万国博覧会」（万博）を盛大に開催した。会場は産業革命によって大量生産が可能になった鉄とガラスでつくられた巨大な温室のような建築物で、「クリスタルパレス（水晶宮）」と呼ばれた。

そして、芸術作品や工芸品などとともに、近代のモノ社会を担う原材料や機械、工業製品などを魅力的に展示するショーケースとしての役割を果たした。また、大英帝国の植民地や自治領から持ち込まれた展示品は、大英帝国による支配を国内外に示すものであった。

1855年に開催されたパリ万博では、1851年のロンドン万博を凌ぐ工業製品と芸術作品が展示され、モノによって構成される世界と未来を人々に提示した。そして、ロンドン万博と同じように植民地の展示もあり、帝国主義のプロパガンダとしての役割も担った。

内国勧業博覧会の開催実績

	西暦	和暦（明治）	開催日数	入場者数（千人）	開催地
第１回内国勧業博覧会	1877	10	102	454	東京・上野
第２回内国勧業博覧会	1881	14	122	822	東京・上野
第３回内国勧業博覧会	1890	23	122	1,024	東京・上野
第４回内国勧業博覧会	1895	28	122	1,137	京都・岡崎
第５回内国勧業博覧会	1903	36	153	4,351	大阪・天王寺

日本の近代化のために導入された博覧会

１８６２（文久２）年のロンドン万博では、駐日英国公使であったラザフォード・オールコックが自ら収集した日本の美術品などを展示した。ヨーロッパが日本の美術に関心を寄せるきっかけの一つになり、「ジャポニズムの原点」とも言われている。万博に合わせてロンドンに滞在した文久遣欧使節の一行は何度も会場を訪れ、ヨーロッパの事情を調査した。

１８６７（慶応３）年のパリ万博に日本から徳川幕府と薩摩藩および佐賀藩が参加した。そして、明治維新以降、既に近代化の道を歩んでいる欧米に日本が追いつくためには、大成功を収めている博覧会を日本で開催し、さらに博物館を作ることが必要であると考えられた。

１８７３（明治６）年に開催されたウィーン万博に参加した明治政府の目的に一つに、日本で博覧会を開催するための調査が含まれていた。そして、１８７７（明治10）年から5回にわたって開催された内国勧業博覧会は日本の近代化に必要な殖産興業や富国強兵、民衆の教化のために重要な役割を担った。

発明品が民衆に提示した未来とは？

1876（明治9）年にアメリカ独立100周年を記念して開催されたフィラデルフィア万博では、レミントン社のタイプライターやアレクサンダー・グラハム・ベルが発明した電話、トーマス・エディソンが発明した四重電信機などが展示された。

1878（明治11）年のパリ万博では、自動車や電灯、冷蔵庫、ミシンなどが展示された。トーマス・エディソンが音声を電気信号に変えるマイクロフォンや蓄音機を展示したことでも有名である。1889（明治22）年のパリ万博では、エッフェル塔がシンボルとなり、会場はトーマス・エディソンが発明した白熱電灯を使用することで、万博史上初の夜間開場が実現した。20年後の1909（明治42）年に取り壊される予定だったエッフェル塔は、無線電信の実験が成功したため、国防上の重要な施設として存続することになった。そして1991（平成3）年、パリを代表するシンボルとなったエッフェル塔を含むセーヌ川周辺は、世界遺産として登録された。

その後も、万博で高架電気鉄道や動く歩道、エスカレーター、映画、エアコンディション、ナイロン、プラスチック製品、テープレコーダー、テレビなどが紹介されていった。戦後初の万博として1958（昭和33）年に開催されたブリュッセル万博では、ヘリコプターや人工衛星の展示とともに原子力の平和利用が紹介された。

2. 戦後―日本でも大衆文化の発展によりイベント実施数が増加

復興をけん引した見本市・展示会

1954（昭和29）年4月10日から23日まで、大阪の国際見本市会館と港区安治川埠頭で「第1回日本国際見本市」が開催された。日本の市場に強い関心を持つ海外からの出展が総小間数の36％を占めていた。数多くの日本企業が、国際見本市に出展してビジネスの種を蒔くことの重要性や、国際見本市が企業と企業の出会いの場となることを実感した。期間中に多くの成約があり、また、その後の取引が促進された。同年4月20日から29日には、「第1回全日本自動車ショウ」が東京の日比谷公園で開催された。参加企業254社が自動車からバス、トラック、オートバイまで229台を展示し、延べ54万7000人が入場した。その後、国内で自動車産業を推進することで関連産業全般も発展させ、日本経済の発展に寄与した。

見本市・展示会も博覧会と同じように、産業革命以降に大量に生産されるようになった製品を販売することを目的にしている。20世紀に入るとヨーロッパ各国で近代的な見本市・展示会を企画・主催する組織がつくられた。その場で現物を取引するのではなく、商品見本や新製品、製造技術などを展示して商談をする。

日本でも展示されたルーブル美術館のミロのビーナス

フランスのブランド戦略を担う美術展とは？

フランスは万博を開催し、優秀な製品に賞を与えることで、ルイ・ヴィトンやバカラなどのフランス製品を国際的なブランドに育て上げてきた。そして、日本の高度成長に合わせ、1960年代にはフランスのブランドが日本に上陸した。さらに、観光やブランド品の販売で経済を活性化させるフランスの国家戦略の一端を美術展が担ってきた。

1964（昭和39）年4月8日、上野公園にある国立西洋美術館で「ミロのビーナス特別公開展」が開幕した。前庭に展示用の小屋が建てられ、中央に置かれた「ミロのビーナス」をぐるりと回りながら眺める導線が作られた。そして、会場の内外では警察官が厳重な警備をした。第二会場となった京都と合わせると、74日間に延べ170万人を超える人が詰めかけた。

10年後の1974（昭和49）年4月20日、「モナリザ展」が東京国立博物館で開催され、6月10日の閉館までに150万人が訪れた。温度と湿度をルーブル美術館と同じにした特別室で、防弾ガラスに守られて公開された。

【コラム】〝メッセ〟の意外な語源

ドイツ語のメッセ（Messe）はラテン語の「ミサ（Missa）」が語源である。カトリック教会の司祭が祭礼（ミサ）の終わりに「ミサが終わった（ite Missa est）」と宣言して、市が始まったことに由来している。やがて市が定期的に開催されるようになり、13世紀前半には「定期市」としてメッセ（die Messe）と呼ばれるようになった。英語で祭日に開催される定期市や市、縁日を意味するフェア（Fair）も見本市・展示会を表す言葉になった。

「大衆消費」から「環境保護」へのシフトで展示スタイルの何が変わったか？

1964（昭和39）年の東京オリンピックの開催でテレビの普及に拍車がかかり、企業のマーケティングにとってテレビCMを利用した広報・宣伝が重要になっていった。また、多くの企業は1970（昭和45）年の日本万国博覧会「EXPO'70」（大阪万博）を、巨大な広報・宣伝の機会と捉え、優秀な人材と資金を投入した。「人類の進歩と調和」をテーマに、万博は人々を「大量生産・大量消費」ともいわれる大衆消費社会へ誘うイベントであった。

アポロ計画（NASA）によって地球に持ち帰えった「月の石」を展示したアメリカ館やソユー

大阪万博のシンボル「太陽の塔」。大阪万博は、関係機関・企業による大規模な広報・宣伝が奏功し、6400万人もの来場者を集めた

ズ宇宙船を展示したソビエト館など、多くのパビリオンに長蛇の列ができた。また、ファーストフードやファミリーレストランが出店することで、その後、日本に導入されていった。

２００５（平成17）年、「自然の叡智」をメインテーマに開催された「２００５年日本国際博覧会（愛知万博／愛・地球博）」では、冷凍のマンモスが展示された。地球温暖化によってシベリアの永久凍土が溶け、数多くのマンモスが発見されるようになった結果でもある。これまで万博が提示してきた輝かしい未来ではなく、地球温暖化に対する対策を怠れば、地球に未来が無いということを訴えたメッセージ性の高い展示であった。

なお、大阪が２０２５年に誘致を検討している万博のテーマは「人類の健康・長寿への挑戦」※である。２０１８年内にＢＩＥ総会における投票で開催地が決定する。

※有識者検討会の報告書案では「いのち輝く未来社会のデザイン」

演出技術を高め合う万博とテーマパーク

1955（昭和30）年、ロサンゼルス校外のアナハイムに、初めての本格的なテーマパークとしてウォルト・ディズニー社が映画の制作で培った様々な技術を生かした「ディズニーランド」がオープンした。テーマパークは、人々を集めてエンターテインメントを提供する常設のイベント空間である。またテーマパークは、敷地内を日常的な世界から切り離し、ショーやアトラクション、建築物、造形物、樹木、キャスト、飲食・物販など、すべての要素を特定のテーマに統一した大型のエンターテインメント施設である。来場者の視覚から聴覚、嗅覚、触覚、味覚まで、すべての五感をコントロールするように作られている。そして、銃社会のアメリカにあって、子供や孫と一緒に楽しい時間を過ごせるユートピアになっている。

1964（昭和39）年に開催されたニューヨーク万博のイリノイ州館では、ディズニーが制作したコンピューター制御によるリンカーンのフィギュアが人気を呼んだ。また、ディズニーは「イッツ・ア・スモール・ワールド」も担当した。その制御システムは「オーディオ・アニマトロニクス・フィギュア（Audio Animatoronics Figure）」と呼ばれ、音楽に合わせて人形の動きをコントロールする。1983（昭和58）年にオープンした「東京ディズニーランド」の建設で、日本はディズニーから多くの演出技術を学んだ。

© Kobe Luminalie O.C.「KOBE ルミナリエ」主催者は継続のため、1人100円の会場募金を募っている

復興を祈念して始まったイルミネーション「神戸ルミナリエ」

神戸ルミナリエ（口絵）は、1995（平成7）年1月に発生した阪神・淡路大震災の犠牲者に対する鎮魂とともに、都市の復興・再生への夢と希望を託してその年の12月に初めて開催された。その後、震災の記憶を語り継ぎ、都市と市民の「希望」を象徴するイベントとして、旧居留地内の仲町通および東遊園地で毎年開催され、神戸の冬の風物詩となっている。

「ルミナリエ」は、イタリア語で小電球などによる光の装飾（イルミネーション）を意味する。16世紀後半のヨーロッパで盛んに創られた光の魅力を駆使した建築物がその起源とされる。やがてイタリア南部において電気照明を使用した幻想的な光の芸術へと変化していった。アーチ型構造体を道路上に設置した「ガレリア」と呼ばれる回廊や、「スパリエーラ」と呼ばれる光の壁掛けなどで構成されている。

障がいのある方や車椅子での介助が必要なお年寄りとそのヘルパーの方々に、事前の試験点灯日に併せて東遊園地でハートフルデーが開催される。

新撰江戸名所両国納涼花火ノ図　国立国会図書館ウェブサイトより転載

【コラム】人々の霊を慰める花火

古くから炎や煙は、現実の世界と別の世界を結びつけると考えられてきた。炎が祭りのコンテンツとして重要な役割を担っている。花火にも亡くなった人への思いが込められ、１７３２（享保17）年、大飢饉や伝染病で無くなった人々の霊を慰めるため花火が打ち上げられたのが隅田川花火大会のルーツである。

花火の前身は7世紀の隋の時代の中国で発明され、16世紀には日本へ伝わった。イギリス人とともに徳川家康に拝啓した明の商人が花火を披露したことも記録に残されている。日本人の感性に合致した花火は、その後、急速に普及。大掛かりな仕掛け花火が開発され、多くの見物客の集まる夏の風物詩となった。

5　パレード系イベント

1．前近代から続く趣向を凝らしたパレード

守護する地域を巡る祭礼行列が日本のパレードの原点

日本の祭礼では、降臨された神をもてなすために、祭りの最中には流鏑馬《やぶさめ》や相撲競技、歌舞音曲演劇など、趣向を凝らした催しが繰り広げられる。これらの催しは、あくまで神事であり、単なる余興や娯楽ではない。その後、人々も神と一緒に催しを楽しんだり、祭りの時だけに許されるご馳走を食べたりする。

神田明神と山王権現（日枝神社）は、江戸城を守護する神社で、それぞれで開催される神田祭と山王祭は、山車が江戸城内に入って将軍に拝謁することが許されていた。山車や神輿、附祭《つけまつり》などの行列が徳川将軍や大奥、諸大名を楽しませた。（口絵）

古代日本では、自然を崇拝し、その象徴として山や森、木を神聖視してきた。人知を超えた力

江戸城へ向かう山車の行列　資料提供：神田明神

を持った神に降臨していただき、その神をもてなして精一杯の感謝をささげ、神と人とが波長を合わせて交歓する。心身をきよめた奉仕者が、神の降臨をあおぐ日を「宵宮《よいみや》」と言い、本来、祭りの中心であった。一連の儀式の流れは、「神幸《じんこう》」または「巡幸《じゅんこう》」と呼ばれる行列につながる。神の乗り物として御輿、山車、あるいは神馬が出て、守護する地域を巡る。移動舞台のようにお囃子や神楽、人形芝居などが行われる例もある。

やがて、趣向を凝らした御輿や山車は、見物客の興味を引くようになり、地域のシンボル的な存在として装飾やパフォーマンスを競うようになった。仮装などによる祝祭としての特色がつよくなったものもある。江戸時代の神田祭では、約40台もの華やかな山車があったが、明治以降は電線の設置のため姿を消した。なお、２０１６（平成28）年12月1日、山車が登場する全国33の祭り「山・鉾・屋台行事」がユネスコの無形文化遺産に登録されることが決まった。

江戸時代に定着した参勤交代も当時は一大イベントだった？

参勤交代は、豊臣秀吉の時代に始まり、江戸時代に定着した服属儀礼の一つである。莫大な費用がかかる参勤交代によって経済的な面で大名の力を弱体化させるのが目的の一つであったと言われている。

儀礼的なイベントによって、権威や権力を行使しなくても、大名が自発的に自分で自分をコントロールするようになった。しかし、倒幕のために軍を江戸へ向かわせるシミュレーションになるというデメリットもあったのだ。

このデメリット以上に江戸初期の参勤交代は、将軍の威光を日本の隅々まで伝えるメディアとしての役割が大きかった。大名が江戸と領地を行き来する姿を民衆に見せることによって、江戸幕府の力をＰＲすることができた。祭りにおける守護する地域を視覚化するパレードは、日本全土を江戸幕府の支配地域として視覚化することを参勤交代によって可能にした。

また、江戸における武士たちの生活は江戸の経済を潤し、江戸の文化が発展した。その江戸文化が地方へ伝わり、地方文化に刺激を与えた。さらに、街道の整備によって、商業や民衆の旅の発達を促した。松尾芭蕉が弟子とともに江戸を立ち東北、北陸を巡って大垣まで旅した紀行文『奥の細道』や、十返舎一九の『東海道中膝栗毛』などの文学も生まれた。

沿道の民衆を異国へと誘う朝鮮通信使も当時を代表するイベントの一つ

江戸時代初期、徳川幕府と朝鮮王朝は善隣外交を行うようになり、将軍が交代するたびに、朝鮮通信使と呼ばれる400人ほどの一行が釜山《ぷさん》を出発して江戸へ向かった。往復6ヵ月にもおよぶ行程で、彼らは日本の各地で熱烈な歓迎を受けた。鎖国政策がとられていた時代、異国の音楽や舞踊、衣装などを見ることができる貴重な機会として、民衆の関心を集めるイベントの一つだった。

この朝鮮通信使が唐人行列として日本のまつりに組み込まれていった。明治時代になると、国家神道に反するとして禁止されたが、岡山県牛窓・紺浦の疫神社の秋祭りに神事として奉納される唐子踊りをはじめ、三重県津市の唐人行列、鈴鹿市の唐人踊りなど、現代まで継承されている。

2015（平成27）年は日韓国交正常化50周年に当たり、11月1日には瀬戸内市牛窓で瀬戸内牛窓国際交流フェスタが開催された。カラフルな衣装に身を包んだ朝鮮通信使行列は、牛窓地区の公民館を出発し、朝鮮通信使の接待所となっていた本蓮寺までの約2キロを行進した。

「瀬戸内牛窓国際交流フェスタ」の朝鮮通信使行列　写真提供：瀬戸内市観光協会

2．バリエーションが大きく増えた戦後のイベント

親善大使として活躍した象のインディラ

１９４９（昭和24）年９月23日、インドのネルー首相（当時）からプレゼントされた象のインディラがインドから約１ヵ月の船旅を終えて東京港芝浦新岸壁に到着した。９月25日午前零時、芝浦を出発し、約９キロを歩いて午前２時40分に上野動物園に到着したが、沿道や動物園の前は見物人でいっぱいだったそうである。

10月１日に上野動物公園で贈呈式が行われ、ネルー首相から「私の願いはインドの子供たちや日本の子供たちが成長した時に、自分たちの立派な祖国の為ばかりでなく、アジアと世界全体の平和と協力の為にも尽くして欲しい」というメッセージが寄せられた。

翌１９５０（昭和25）年４月28日から約半年間、インディラは移動動物園として他の動物たちと一緒に北は旭川、南は静岡まで延べ３５００キロを移動した。

国内外で有名になった「よさこい祭り」

よさこい祭り（高知県高知市）は、１９５４（昭和29）年に高知商工会議所が、戦争で高知に疎

開してきた作曲家の武政英策に依頼し、鳴子（作物を狙う鳥を追い払う道具）を持って踊る「よさこい鳴子踊り」を作詞作曲した。その後、ペギー葉山が歌った『南国土佐を後にして』が全国的に大ヒットし、日活映画にもなり、よさこい祭りが全国で知られるようになった。四国に阿波踊り（徳島県徳島市）というライバルがいたこともよさこい祭りが発展した要因の一つと考えられる。

「第１回よさこい祭り」の賑い　写真提供：よさこい祭振興会

１９９２（平成４）年６月に「第1回 YOSAKOI ソーラン祭り」が開催され、北海道・札幌の初夏を彩る風物詩として定着した。YOSAKOI ソーラン祭りは、高知県の「よさこい祭り」と北海道に古くから歌い継がれてきた「ソーラン節」がミックスされて生まれた新しい祭りである。参加のためのルールは2つで、手に鳴子を持って踊ることと、曲のどこかにソーラン節をワンフレーズ取り入れることである。

２００１（平成13）年8月には、原宿表参道元氣祭・スーパーよさこい（口絵）が開催された。明治神宮や代々木公園、表参道を会場によさこい鳴子踊りが披露されている。海外のチームも参加するイベントに成長している。

2014年には現在の上皇陛下と美智子妃のご成婚50周年を記念して各種イベントが実施された。写真は東京タワーで行われた「天皇皇后両陛下ご成婚50周年記念ダイヤモンドヴェール」

報道合戦が過熱した「ご成婚パレード」

１９５８（昭和33）年11月27日の皇室会議で建国から初めて民間出身者（庶民）を皇太子妃にすることが決定し、婚約が発表された。それ以来、マスコミの報道合戦が巻き起こった。

翌１９５９（昭和34）年4月10日「結婚の儀」が執り行われた。前日からの雨が止み、快晴となったご成婚パレードの沿道には、国民の休日になったこともあり53万人（警視庁調べ）の人が集まった。皇居から渋谷の東宮仮御所までの約8キロを4頭立ての馬車が通り抜けた。

多くの国民は民間から選ばれた美智子妃に親近感を覚え、マスコミ報道によって加熱したミッチー・ブームが、この時頂点を迎えた。海外でも「日本の伝統を破ったロマンス」として報じられた。パレードに先立ってテレビのメーカー各社が競って宣伝したため、多くの国民が実況生中継を見るためにテレビを購入した。そして、ＮＨＫの受信契約数が一気に増加した。

信玄公への熱い思いが伝わる「信玄公まつり」

1966（昭和41）年に「第1回甲府信玄祭り」が地域イベントとして開催された。その後、1969（昭和44）年に上杉謙信を主人公に川中島の戦いを描いたNHK大河ドラマ『天と地と』の好評を受けて観光イベントとして力を入れ、その翌年からは信玄公まつりと名称を改め、民間企業も協賛している。

「信玄公まつり」の騎馬行列出陣の様子　写真提供：公益社団法人やまなし観光推進機構

信玄公の館跡つつじヶ崎（現在の武田神社）の桜がさきほこる4月、信玄公の命日である4月12日の前の週末、甲府市中心部を会場に信玄公まつりが華やかに行われる。甲府盆地には「風林火山」の旗がはためき、人々を戦国時代へのタイムトラベルに誘う。

土曜日の夕方からは、県内各地から1500名の軍勢が舞鶴城公園に集結し、川中島に向け出陣する様子を再現する。信玄公をとりまく勇猛果敢な武田二十四将とともに執り行う出陣の儀式・三献の儀から「風」「林」「火」「山」の各軍団の出陣へと続く。華麗な中にも勇ましい一大戦国絵巻が繰り広げられ、その規模は世界最大級で、ギネスブックにも登録されている。

原宿で誕生した日本の「ハロウィーンパレード」

代々木公園（東京都渋谷区）には、第2次世界大戦後に接収され、しばらくの間アメリカ軍の軍人が住むワシントンハイツがあった。彼らに雑貨や玩具を売る店が1950（昭和25）年に表参道にできた橋立書店で、後のキデイランドである。海外の文化を日本に紹介するなかでハロウィーンの関連グッズも販売するようになり、1983（昭和58）年10月にパレードを開催した。1990（平成2）年には原宿シャンゼリゼ会（現・商店街振興組合原宿表参道欅会）が主催するイベントとして、表参道のパレードが始まった。

仮装した親子と音楽隊や着ぐるみが表参道にあふれ、毎年恒例になった原宿表参道のハロウィーンパレードには、千人以上の仮装した子供たち（12歳以下）が参加する。殿《しんがり》には、NPO法人green birdを中心とした清掃隊パレードが続き、その後速やかに交通規制が解除される（口絵）。

ハロウィーンは、古代ケルト人の収穫祭が起源とされるキリスト教の祭りの一つである。古代ケルトの暦で大晦日にあたる10月31日に行われる。その夜、死者が現生に戻ってくると言われ、お化けに仮装した子供たちが「トリック・オア・トリート（何かくれないと悪さするぞ）」と言って近所の家々を回ってお菓子をもらう。

優勝パレードが開催を後押しした「ひろしまフラワーフェスティバル」

1975（昭和40）年に、広島市の平和大通りでプロ野球広島東洋カープのセントラル・リーグ優勝パレードが行われ、当時としては驚異的な30万人を動員した。

その数年前から、中国新聞社は平和大通り一帯を会場にした新しい祭りの構想を練っていた。そして、広島市商工会や広島市と折衝を重ね、この優勝パレードに後押しされて、1977（昭和52）年にひろしまフラワーフェスティバルを開催した。平和大通りの田中町から平和記念公園前までが会場で、3日間で計125万人を集めて大成功を収めた。2016（平成28）年で40回目となり、最終日の5月5日の「きんさいYOSAKOI」には札幌のYOSAKOIソーランと高知のよさこい祭りで大賞を獲得したチームと、東日本大震災の被災地である岩手県、宮城県、福島県の3県のよさこいチームが招待された。

なお、2016年11月5日、広島東洋カープのプロ野球セ・リーグでの優勝を祝うパレードが41年ぶりに広島市中心部で繰り広げられ、約31万人が集まった。

「花車」も行き交う「ひろしまフラワーフェスティバル」　写真提供：ひろしまフラワーフェスティバル企画実施本部

【コラム】オリンピック東京大会の前景気を盛り上げるパレード

２０１６（平成28）年10月7日、オリンピック・パラリンピックのリオデジャネイロ大会のメダリストによる凱旋パレードが実施された。虎ノ門ヒルズの近くで出発式の後、銀座８丁目を出発して、中央通りを日本橋の室町３丁目まで約２・５キロで、87人の選手たちが赤や白のジャケット姿でバスやトレーラーから、約80万人（主催者発表）の参加者に手を振った。

オリンピック招致の機運を盛り上げるために行われた２０１２（平成24）年のパレードは、オリンピック選手だけで８月下旬に実施された。２０１６年は、パラリンピックの閉幕を待って合同でパレードを実施した。

沿道ではウエラブルカメラを装着した警視庁の警察官がテロの警戒にあたった。また、伊勢志摩サミットでも警備にあたった緊急時初動対応部隊（ＥＲＴ＝Emergency Response Team）も付近に待機した。ＥＲＴの隊員は銃器系の犯罪に対応する銃器対策部隊の中から選抜された精鋭で編成されている。命中精度が高い短機関銃（サブマシンガン）ＭＰ５を装着し、素早く現場を制圧する。

第5章　最新の演出技術を活用しよう

1 音響

1．拡声器はイベント成否のカギを握る

電気による声の拡声でイベントの可能性は飛躍的に拡大

かつて、スポーツイベントでは、観衆の声援や歓声などが競技場に響き渡り、アナウンスのために大きなメガホンが使用されていた。しかし、歓声によってアナウンスがかき消されてしまうことに悩まされていた。そして、１９２４（大正13）年に開催された「パリオリンピック」で、電気を利用した拡声装置（Microphone／マイクロホン）が初めて使用された。これがＰＡ（Public Audience／Public Address）の始まりである。

その後、多くの民衆を集めた演説でも利用されるようになった。マイクで集音した音をパワーアンプ（Power Amplifier）で増幅してスピーカー（Speaker）から出す音響技術の発達によって、より多くの観客を収容するイベントでＰＡが利用されている。

音響の発達でミュージカルが生まれる

ギリシャの演劇の進行は、俳優の対話と歌手による合唱が基本だった。ギリシャの一万人以上が入る半円型の野外劇場では、中央の床に落としたコインの音が周囲の客席に反響して最上段まで聞こえるそうである。観客が入った場合は音響効果が低下すると考えられるが、劇場自体が一つの音響装置だったのである。

オペラの劇場も天井や壁が生の声や楽器の演奏を反射し、観客席全体に伝わるように設計されている。芝居の筋を歌で運ぶやり方が16世紀末のイタリアで研究された。そして、オペラ歌手は母音を基本にした美声を、客席に向かって会場内に響かせるように発声する。

1935（昭和10）年にアメリカで初演された『ポーギーとベス』以降、オペラに音響技術が導入された。これをきっかけに、娯楽性を重視するミュージカルが生み出された。生の声を基本にしたオペラに対してミュージカルは、心地よいメロディと、拡声およびエフェクトなどの音響技術によって、音が補強・演出されている。

弱い声でも子音を響かせて語ることで人の心を掴むことが可能になった。さらにワイヤレスマイクによる集音は、踊りながら横や後ろを向いていても観客に歌が聞こえるなど、自在な演技も可能にした。

なぜハウリングの防止が必要なのか？

ＰＡオペレーターは、マイクやパワーアンプ、そしてスピーカーをつないで、観衆が聞きやすい音を創出する。マイクは、空気の振動を機械振動として受け取り、それを電気信号へ変換する。パワーアンプはマイクから受け取った電気信号を増幅してスピーカーを鳴らすための機材である。スピーカーは、電気信号を物理振動に変えて、再び空気を振動させて音声や楽器の音などを拡声する。

ＰＡを使用するイベントの現場で特に注意しなければならないのがハウリング（Howling）である。ハウリングは、スピーカーからいきなり「キ～ン」や「ボア～ン」などの大きくて不快な音が鳴る現象である。スピーカーから出た音の一部をマイクが拾い、その音がまた同じスピーカーから出るフィードバック現象が繰り返されることで発生する。過大な信号の入出力となるため、機器に負担がかかりパワーアンプやスピーカーが破損する原因ともなる。

ハウリングはマイクとスピーカーの位置を離したり、マイクの向きを変えたりすることである程度回避することができる。さらに、様々な効果を出すために使用されるイコライザー（Equalizer）やリミッター（Limiter）、ディレイ（Delay）などのエフェクター（Efects unit）で発生を防止することが可能である。

会場のエリア毎に音を届けるための技術にはどんなものがあるのか?

大型のイベントにおけるスピーカーの設置方法は、ステージの上に積み上げていくスタッキング(Stacking)と、天井やイントレを組み上げたタワーの上部から吊り下げるフライング(Flying)の二つに大きく分かれる。アリーナやドームなどの大型の会場で開催されるイベントでは、より多くの席からステージが見えるようにフライングが採用されるようになった。

また、スタッキングでは、後方の席に座っている観客へ十分な音を届かせるために、前方の席の音がどうしても大きくなってしまう。これに対して、垂直方向への音の拡散を減らし、水平方向へ広く拡散させることができるラインアレイ(Line array/線音源)型のスピーカーをフライングで使用することで、アリーナ席の前方や中間、後方、2階席、3階席などにエリアを分けて同じ音圧で音を届けることができるようになった。

Line array 型スピーカー

これによって、屋外で開催されるコンサートの音響が、騒音として周辺に与える影響も少なくなった。しかし、コンサートの開催について周辺住民の理解を得ることも大切である。特に音が伝わる地域に病院がある場合は注意してほしい。

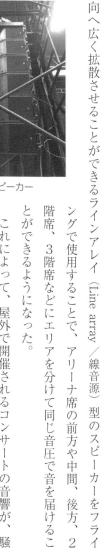

２．様々な音響効果

音響に効果を加える音響機器はどんな活用法があるのか？

マイクやＣＤプレーヤー、ＭＤデッキなどからの入力信号を増幅し、出力先へ出すのがミキシングコンソール（Mixing Console／コンソール／ミキサー）である。

音響に様々な効果（エフェクト）をかける装置がエフェクターである。周波数ごとのレベルを増減できるのがイコライザー（Equalizer）、反響音（Echo／エコー）をつくり出すのがディレイ（Delay）、クラシック音楽に欠かせない残響（reverberation）を付加するのがリバーブレーター（Reverbrator／リバーブ）である。

ハウリングが発生する特定の周波数帯域を探し出して、イコライザーによってその音量（出力）を下げることで、全体の音量を下げずに回避することができる。その他、リミッター（Limiter）で音量を制限したり、少しディレイをかけたりする方法がある。

イコライザーは本来、スタジオで録音した音とコンサートで出す音を均一化（equalize）するものとして、全体的な音質の補正に使用されていた。しかし、今日では積極的な音づくりにも利用されている。

また、スタジアムやドーム、アリーナなどで開催される大型コンサートでは、会場の隅々まで音楽が自然で明瞭に届くように機器を配置してシステムを組む必要がある。しかし、視覚に情報を伝える光と聴覚に情報を伝える音のスピードが異なる。光や電波のスピードは秒速約30万キロで、1周が4万キロの地球を1秒間に7回り半できる速さである。電気は光や電波とほぼ同じ速さと言われている。

メインスピーカーから聞こえてくる音と、会場後方席用のスピーカーからでる音のタイミングを合わせなければ、音がずれて聞こえる。したがって、音の速度が秒速約340メートルであるから、170メートル離れている場合はディレイによって0・5秒遅らせる必要がある。

音響装置の数々。イベントの成功に音響装置は重要な位置づけを占める　写真提供：セカンドステージ

音が様々な場所で反射を繰り返し、反射音が長く残る現象が残響である。クラシック系のホールは、残響が長く残るように作られている。仮設の会場では、クラシックに合う残響時間を確保することはできない。マイクで集音すると当然のことであるが残響が無いので、そのまま拡声すると味気の無い音になってしまう。そこで、リバーブによって残響を付加する。

リハーサル風景　写真提供：セカンドステージ

イベント会場で再生されるスタジオ収録による音

コンサートや夏フェスなどの音楽イベントに来場する観客は、CDやDVD、デジタルオーディオプレーヤーなど、最新のデジタル技術で制作された音楽を聴いている。そして、ライブやイベントの会場では、より魅力的で迫力のあるパフォーマンスが期待される。

しかし、会場ごとに音響の条件が異なり、声や音楽を補強・増強（sound reinforcement）することによって、低音と高音の聞こえ方が変わってくる。また、楽器の音量が大きく、ボーカルの音が小さいとマスキングされて音声が聞こえづらくなることもある。

また、広いステージを移動しながら歌手が歌う場合、両サイドにあるスピーカーから出す音によって、音像を歌手の位置に合わせなければ違和感が出てしまう。したがって、会場の環境や規模、音響特性によって、出演者のニーズに応じて様々な音響システムが利用されている。

観客に聞こえている音のフィードバック

音響設備を使用することで、スピーカーを通して観客側に聞こえている音をフィードバック（モニター）するシステムが必要になる。演奏者同士も他の演奏者が出している音をモニターして聴くようになった。なお、モニタースピーカーへ音を送ることやモニタースピーカー自体、さらに、モニタースピーカーから出る音を指して「返し」と呼ぶ。

モニタースピーカーは、ステージ上に置かれたり、ステージの両サイドに設置されたりするが、最近では、ヘッドホンやイヤーモニター（Ear monitor／イヤモニ）も広く普及するようになった。

ワイヤレスのイヤモニを用いることで、ミュージシャンはステージ上を移動しても常に一定のフィードバックを得ることができる。また、スピーカーから出る大きな音から聴覚を保護するためにも使用されている。イヤモニは観客に聞こえない情報をMCやミュージシャンへ送ることができるので、様々な用途に利用されている。

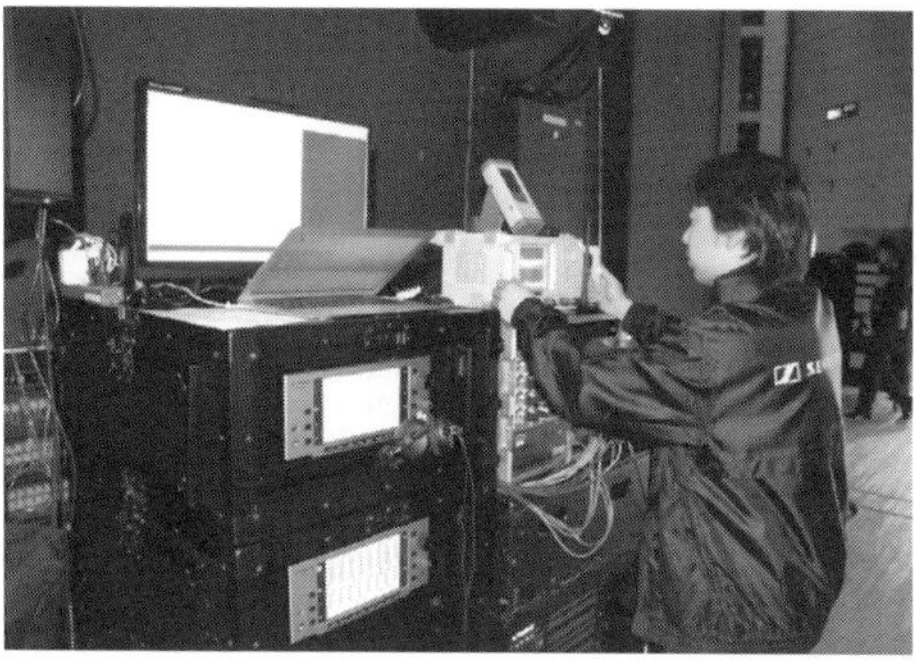
無線装置をセッティングするスタッフ　写真提供：セカンドステージ

イベントの可能性を広げるワイヤレスシステム

ワイヤレスマイクによって、歌とダンスパフォーマンスを一体的に演出することができるようになった。一つのステージやイベントで100以上の音声をワイヤレスで管理することができる。演劇やミュージカルなどのステージエンターテインメントや、スタジアムや公園などの広い屋外で開催されるコンサートやイベントでは、混信や途切れが許されない。したがって、総務省が発行する「無線局免許」が必要なA型ワイヤレスマイク（特定ラジオマイク）を使用する。今後、ワイヤレスで音響を管理することがますます重要になる。

【コラム】理解しておきたい電波法

電波法は、電波の公平且つ能率的な利用を確保することによって、公共の福祉を増進することを目的としている。広い会場や複数の開場を結んだイベントの開催などでの通信手段としてトランシーバーを利用する時は、注意が必要である。日本国内で免許不要で使えるトランシーバーには技術基準適合証明マークが貼られている。総務省の免許を受けないまま日本国内で使用すると、違法・不法無線局として罰せられる。

2 照明

1. 照明による演出にもプランニングが重要

イマジネーションの世界へ誘う演出照明

高度に演出された照明は、〝光の芸術〟とも呼ばれ、ライブパフォーマンスの雰囲気を盛り上げ、観客をイマジネーションの世界へ誘う。イベントにおける照明とは、空間を光でデザインすることである。光の照度や陰影、方向、変化、色彩などを組み合わせてプランをつくる。

真上から真下に向けて基本となる明るさを出すのが「地明り」である。また、「バックライト」として被写体に後ろから光を当てることで、奥行き感を出すことができる。登場人物の真後から観客席に向けて点灯することで、シルエットだけを見せて尊厳なイメージを醸し出す。被写体に斜め横から当てる光は「ブッチ」と呼ばれ、被写体の幅や立体感を出す。

さらに、照明と音響、特殊効果などを組み合わせた様々な演出が工夫されている。

無限に広がる空間を創出するホリゾント

客席とステージを額縁のように区切る枠は、プロセニアムアーチ（Proscenium arch）と呼ばれている。このプロセニアムアーチの向こう側は、観客がいる世界から切り離された異次元の世界である。

限定された劇場のステージ空間で、遥か遠くの水平線や地平線（Horizon）を表現しなければならない。時空を超えて無限に広がる空間を創出するために利用されるのが、ステージの最後部にある壁面や幕のホリゾント（Cyclorama）である。なお、ステージの最後部の下に設けられた溝をホリゾントと呼ぶこともある。

広く壁面を照らすことができるウォッシュタイプのLEDランプで、光の三原色であるRGB（さらにY）を組み合わせることで、ホリゾントを様々な色に染めることができるようになった。そして、ステージの奥で夕日が沈み宵の明星が輝くシーンや、月が出るシーン、夜が明けるシーンなどが表現される。

また、エフェクトマシーンによって、雨や雪、流れる雲、炎、星、花吹雪などを映し出すこともできる。エフェクトマシーンは、種板を入れて模様を映し出したり、回転するディスクに光を当てて反射させたりすることで様々なイメージを生み出す。

配線を画期的に簡素化したデジタル制御

かつて、照明効果の制御はアナログ信号によって行われていた。1つの照明器具にケーブルが1本必要だったため、配線がとても複雑になっていた。デジタル通信にすることで複数の制御信号を同じケーブルで送る事ができるようになった。また、コンピューターなどによる制御も容易になった。

米国劇場技術協会（USITT）の技術委員会は、デジタル通信方式を定める規格である「DMX512」の開発を1986（昭和61）年に始めた。1本のデジタルケーブルで512チャンネル分の照明制御データのやり取りが可能で、また、各チャンネルの信号を256段階で制御することができる。

灯体の調光、ムービングライトの水平移動（パン）や垂直移動（チルト）、絵柄、色を制御することができる。さらに、ストロボやスモークマシーン、ミラーボールなどの特殊効果も制御することができる。

デジタル制御の技術を駆使した上海万博のステージイベント

プランニングから本番・撤去まで

楽曲や台本に沿ってステージや会場の空間を照明でデザインすることがプランニングである。観客に伝えたいイメージを、空間の染め方、光のラインや色、変化などで表現する。全体のストーリーの中でメリハリを考え、しっかりと見せ場をつくることが大切である。

照明を変化させるきっかけごとのデータをキューシート（Cue sheet）に書き込んで行く。キューシートは、演劇、テレビ番組などのタイムテーブルとしても使用されている。操作は、F.I（フェイドイン／Fade in）やF.O（フェイドアウト／Fade out）、C.O（カットアウト／Cut out）、O.L（オーバーラップ／Over lap）などで表現される。

照明技術者は、キューシートを基に照明の回路を表す仕込み図を書く。コンピューターでステージ平面図の上にセット図、照明や吊元となるバトンやトラスと共に照明をレイアウトして行く。音響や映像などの機材も図面上に落とし込むことができる。照明のクルーは、作成された図面にしたがって、機材を積み込み、会場まで運搬し、搬入、セッティング、リハーサル、本番（オペレーション）、撤収、そして再び運搬して倉庫に戻すまでの業務を担う。

また、歴史的な建物や建造物、橋や塔、自然景観などのライトアップなどでも照明演出が活躍している。

2. 灯体の種類や特性を理解する

ミュージカルのリハーサル風景　写真提供：セカンドステージ

役割に応じて開発された様々な灯体

照明の灯体は、レンズが付いているものとレンズが無いものに大きく分けることができる。レンズスポットは、レンズと電球（ランプ）、反射板（リフレクター）で構成されている。そして、ランプを前後に動かすことで焦点（フォーカス）距離を変化させることができる。

レンズには凸レンズ（Convex Lens）とフレネルレンズ（Fresnel Lens）がある。ランプはハロゲンランプが主に使用される。スポットライトの場合は更に明るいキセノンランプが使用される。レンズの無い灯体の代表格がパーライト（Parabolic Aluminized Reflector）である。パラボラ状の反射板の大きさや形状、光源の位置などによって明りが広がる角度が異なる。

様々な機能を有するムービングライト

ステージ用の演出照明機材の中でも遠隔制御型のムービングライトが人気である。コンサートや演劇などのライブエンターテインメント、披露宴会場、テーマパーク、テレビ番組制作などでの利用に限らず、商業施設やショールーム、ＰＲ施設、文化施設などにおける照明演出にも利用されている。

ムービングライトは、様々な方向へ明りの向きを変えるだけでなく、装置の中に種板やカラーフィルターが入っていて、それらの組み合わせで複雑な模様を出すことができる。昔のカラーフィルターはゼラチン質で出来ていたが、今はポリカーボネートのフィルムになった。

明りの向きを動かす方法は、灯体自体を動かすタイプと、レンズの前に取り付けたミラーを動かすミラースキャンタイプがある。ランプは長寿命のＬＥＤが主流になってきた。これにより、灯体の大きさもコンパクトになり、取り付けやすくなった。さらに、モーターが出す駆動音や発生する熱も軽減された。

なお、ムービングライトにはスポットタイプと、ＲＧＢ（Ｙ）を組み合わせて光を拡散させるウォッシュタイプがある。ウォッシュタイプのムービングライトは、色を無制限に作り出すことができる。

会場全体を一体化するペンライト

ペンライトは、コンサートを始めとするイベントで、観客の参加性を高めるグッズとして数多く利用されている。ソニーエンジニアリング株式会社と株式会社ソニー・ミュージックコミュニケーションズが共同開発した無線制御型ＬＥＤライトシステムFreFlow®（フリフラ）は、大規模なコンサートなどのイベントで、観客が持つＬＥＤライトを無線で様々な色に発光させることができるシステムである。

ステージ上の演出と組み合わせて会場全体を１００万色の色と明るさ、点滅をリアルタイムにコントロールすることができる。そして、視覚に入るスタンドで映像スクリーンの様にパターンを作ることができる。これによって、アーティストやパフォーマーと観客との一体感を創出することができる。なお、無線制御下ではない時は、観客が発光色を選択できるタイプもある。

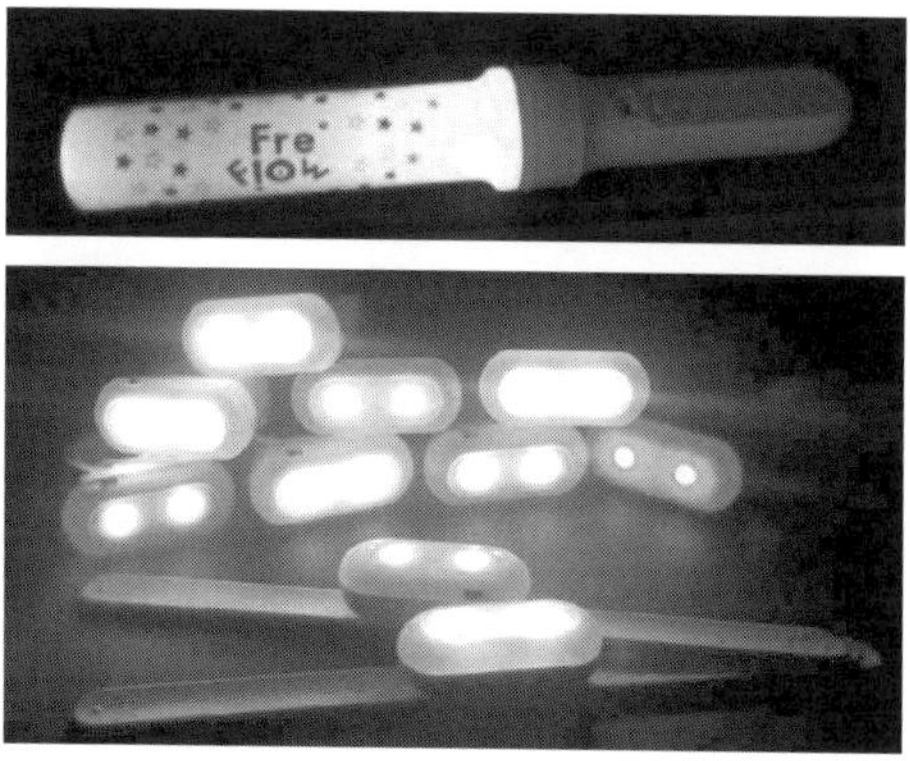

（上）ペンライトも近年大きく普及している（下）リストバンド型ライト（Light Capsule）　写真提供：ソニーエンジニアリング（２点とも）

3 映像

1．疑似体験を可能にする映像の力

疑似体験を可能にする映像への感情移入

私たちは、演劇やミュージカルなどのステージイベントで演じられた物語に感情移入し、あたかも主人公や出演者になったような疑似体験をすることができる。近代になって発明された映画は、製作者が人々に提供する疑似体験に新しい可能性を広げた。

1895（明治28）年、フランスのリュミエール兄弟がパリに映画館をつくり映画を上映した。当時、突進してくる汽車の映像を見た観客がパニックを起こしたそうである。リュミエール兄弟は1900（明治33）年のパリ万国博覧会（Exposition Universelle de Paris 1900）でも映画の上映を行い、大勢の観客を魅了した。

映画は、私たちが光によってつくられた像を見た後、その像が消えても短い時間は像が残っている

イベントで活躍している主な映像装置

タイプ	分類	特徴	備考
ディスプレイ	TVディスプレイ	大きさは100インチ程度まで。液晶（LCD）のバックライトとして冷陰極蛍光ランプ（CCFL）やLEDを使用。主に屋内で使用する。明るさは300~700cd/㎡程度。太陽光の下では見えにくい。	近年、有機ELを使用したディスプレイの開発が進んでいる。
ディスプレイ	LEDウォール	ユニットを組み合わせて大型のビジョンを作り上げる。街頭テレビでは500インチから600インチもある。LED素子のピッチは1~20mm。明るさは屋内タイプが1000~1500cd/㎡で、屋外タイプが3000~5000cd/㎡。太陽光の下でもはっきりと見える。	高精細化・軽量化が更に進むと考えられる。
投影（プロジェクター）	DLP	DLPプロジェクターは光源から放たれた光をDMDというミラー型素子に反射させて映像化する。	光源はランプとレーザーに区分される。レーザーは寿命が長く、光量が低下するカーブも緩やかである。イベントで使用されるプロジェクターの多くは明るさが1万ルーメンを超える。4万ルーメンの製品もある。
投影（プロジェクター）	LCD	LCDプロジェクターは光源から放たれた光を、液晶板を通過させて映像化する。	

株式会社映像センターの資料を参考に作成

ように見える〝残像現象〟を利用している。映像によって再現されたことでも、私たちは実際に体験しているように感じて反応する。

　この映画の技術は驚く速さで日本に伝わり、1903（明治36）年には、浅草に日本初の映画常設館「電気館」ができた。

映像による疑似体験で記憶を提供する時代

20世紀に入ると、アニメーションによって映画が製作されるようになった。１９３７（昭和12）年にはウォルト・ディズニーが初の長編カラーアニメーションで『白雪姫』を製作・公開して大成功を収めた。１９５０年代にはコンピューターによるアニメーションの製作が始まり、ＣＧ（Computer Graphics）の可能性が広がって行った。

１９９０（平成２）年に公開された『トータル・リコール』では、記憶を売ることがビジネスとして登場するが、現代は映像による疑似体験で「記憶を提供する時代」と言える。

そして、２００１（平成13）年にはＣＧで古代ローマの建築物を再現した『グラディエーター』がアカデミー賞視覚効果賞を獲得した。２００９（平成21）年に公開されたジェームズ・キャメロン監督による３Ｄ映画『アバター』は、自分の分身となるキャラクターである「アバター」としての疑似体験を提供した。キャッチコピーは「観るのではない。そこにいるのだ」であった。

また、現実の風景に様々なデジタル情報を重ね合わせて表示する技術である拡張現実（AR／Augmented Reality）が進化し続けている。さらに、シースルーのモバイルビューアーを利用することで、現実の光景とバーチャルな映像が融合するミックスドリアリティ（Mixed reality）も可能になった。失われた建築をリアルに見ることができる。

2. 技術の進歩

視野全体をカバーする大型映像

20世紀後半、大型映像によって、臨場感がますます高まっていった。1970（昭和45）年に開催された「日本万国博覧会」（大阪万博）では、カナダのアイマックス社が開発した大型映像の「アイマックス（IMAX）」を初め、様々な映像が人々を驚かせた。そして、1981（昭和56）年に神戸で開催された「ポートピア'81」では、全天周映像の「オムニマックス（OmniMax）」が人気を博した。

「科学万博ーつくば'85」で展示使用されたソニーのジャンボトロン

1985（昭和60）年に開催された「科学万博ーつくば'85」では、スクリーンが70ミリ映画の3倍になる「アイマックス」や、1秒間に60コマを映し出す「ショースキャン」、ソニーの「ジャンボトロン」、3D映像など、様々な映像技術が紹介された。

今日、大型映像を見ることができる常設の映画館が世界各国にできている。

視差を利用して開発された3D映像

私たちは、左右の目の視差によって見えている物体までの距離を把握する。明治から大正に変わった1912年、視差を利用した色メガネ式（赤と青または緑）による立体映像がアメリカで製作された。そして1982（昭和57）年、最新の展示・映像技術を駆使してエンターテインメントを提供するディズニーのテーマパークの1つであるエプコットセンター（EPCOT CENTER）がアメリカのフロリダにオープンした。コダック社が提供するパビリオン（Journey into Imagination）で偏光式の3Dシステムを利用して70ミリ映画が上映された。

偏光式の3Dシステムは、光が波の性質を持つことを利用している。波の向きが縦横90度異なる映像を投影し、偏光フィルターを縦横にずらしてメガネにセットし、左右の目に視差のある映像を見せる。これによって脳に立体映像が浮かぶのだ。

「科学万博―つくば'85」では、富士通が色メガネ式の3Dシステムでドーム状のスクリーンに立体映像を映し出した。さらに、1990（平成2）年に大阪で開催された花の万博では液晶シャッター式の3Dシステムでカラーの全天周立体映像が上映された。液晶シャッター式は、コマごとに左右それぞれの目に見せる映像を投映し、左右のフィルターを交互に遮光することで、左右の目に異なる映像を見せる。

様々な被写体を利用できるプロジェクションマッピング

これまで、歴史的な建築物や建造物をライトアップしたり、ＬＥＤで装飾したり、レーザーでイラストを描いたりするイベントが数多く開催されてきた。

そして最近、投影面となる建造物のデザインや素材に合わせて映像を貼り合わせるように製作するプロジェクションマッピング（Projection Mapping）が注目されている。対象が持つ形や凹凸、材質などの条件をうまく利用してＣＧを製作することで、不思議な立体感や、被写体自体が動き出すような感覚を与える。

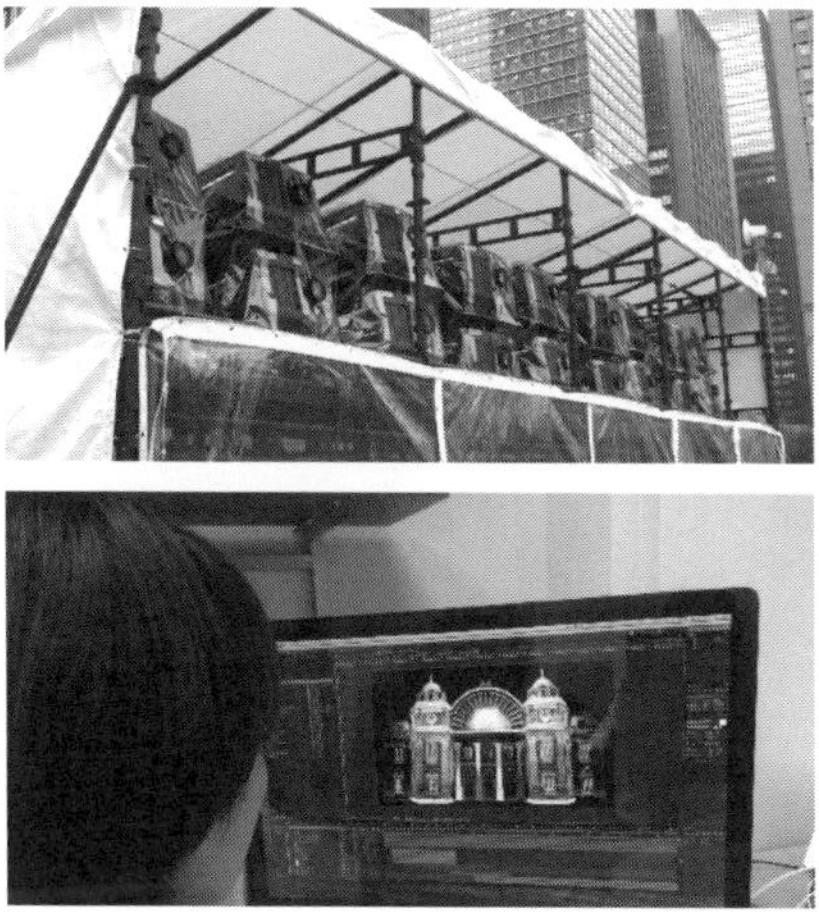

プロジェクションマッピングを支える各種機材
写真提供：レイ　イベント事業部

プロジェクションマッピングで効果を出すためには、映像の明るさが重要である。２５０ルクス以上の明るさを確保することが望まれるため、複数台のプロジェクターを利用して映像を重ねることで明るさを確保する。

これまで私たちは、スクリーンやディスプレイの中の映像を見ることに慣れていた。しかし、屋外の建築などの外壁に明るい映像を映すことができるようになり、特定の画面に限定されない映像の可能性が生まれた。プロジェクションマッピングはスタジアムでの大型イベントやステージイベント、ブライダル、レストラン、ホテル等、様々な空間の演出にも広がっている。

フルハイビジョンから8Kへ進化する高精細画像

「科学万博—つくば'85」ではハイビジョンの実験放送も行われ、その後、デジタル技術や撮影技術などの進歩によって、高精細で魅力的なソフトがつくり出されている。

現在主流のフルハイビジョンテレビの画素数は、横（水平画素）1920×縦（垂直画素）1080で、縦横合計で207万3600である。そして、4Kテレビは、横3840×縦2160で合計829万4400で、フルハイビジョンの4倍の画素数になる。横4千×縦2千前後の解像度に対応した映像に対する総称として、1000を表す「キロ」の意味でKをつけて「4K」と言う。

東京国立博物館の東洋館にあるミュージアムシアターでも、300インチ大型スクリーンに4K映像で様々なソフトが提供されている。また、テーマパークでも屋内型のダークライド系アトラクションでも4K映像を使うようになり、広がりを見せている。さらに8K映像を撮影するカメラや伝送するシステム、投映するプロジェクターやディスプレイの開発が進められている。

4 特殊効果

ステージ上や会場全体の演出技術はどのように活用するか

オリンピックの開会式や様々なパレード、ステージエンターテインメントなどで、高圧ガスの力で「飛ばしネタ」を会場の空中に放出する装置がキャノン砲である。テープやクモ糸、金箔、銀箔、紙吹雪、色紙、ボールなど様々な「飛ばしネタ」がある。

この他、ステージ上や会場全体に飛ばす演出技術には、水や雪、シャボン玉、バルーン（風船）などがある。天井からたくさんのバルーンをいっせいに落とす演出は迫力がある。また、バルーンに空気より軽いヘリウムガスを入れて空中に浮かせることもできる。

迫力のあるシーンを演出するために低温度花火や煙火（パイロ）が使用される。高さや色、火花の散らばりなど、様々な演出が可能である。

照明やレーザーを当てることで効果を発揮するスモークの基本がドライアイスを使用したスモークである。かつては蒸気が使用されたこともある。水を沸騰しない程度に温めた中にドライ

スモークを使用したステージ　写真提供：酸京クラウド

アイスを投入することでスモークが発生する。上から下に滝のように落としたり、床を這うように広げたりすることができる。床が濡れるため注意が必要である。

油や水溶性の溶液を使用してスモークを出す装置もあり、消防署への申請が必要なものと不必要なものがある。スモークの輪を飛ばす装置も開発されている。また、炭酸ガスを勢いよく噴射してスモークを出し、照明と連動させることで煙火のような効果を出すこともできる。

ステージを神秘的にするレーザー

レーザーを使用した演出は、展示会や販促イベント、PRイベント、コンサート、テレビ番組、テーマパークなどで利用されている。2枚の反射ミラーの角度をコンピューターで制御することによって、レーザーで壁に文字を書いたり、イラストを描いたりすることができる。

更にスモークやミストなどを使用することによって、空間の中にシャープな線や不思議な面を光らせることができる。様々なイベントやテーマパークのダークライドなどで利用されている。

なお、レーザー光が目に入ると目を損傷することがあるので、注意が必要である。1997（平成9）年のプロ野球公式戦では、マウンド上の投手の顔面をレーザーポインターで狙うという事件が発生したこともある。

人を魅了する香り

古代のイベントでは、香る花や香料がふんだんに使用された。エジプトのクレオパトラがローマからマルクス・アントニウスを迎えるために、数多くの香炉を使い、餐宴の会場の床にバラの花びらを敷き詰めたことは有名である。

香りには会場に集まる人を楽しませ、強い印象を与えると共に、幻想を抱かせ、集団としての結束力を高める効果もある。また、香りを知覚することで関連する記憶や感情を思い出すことにつながり、イベントの演出では重要な役割を果たす。

果物や花などが登場する映像のシーンに合わせて、そのシーンにふさわしい香りを出すことができる。しかし、シーンが変わった時にその香りを消すことが難しい。また、会場の外への香りの影響にも注意が必要である。

言葉にも影響を与えた舞台装置

江戸時代の１６０３（慶長８）年、出雲の巫女《みこ》を名乗るお国が京で「かぶき踊り」を踊ったのが歌舞伎の始まりと言われている。その後、歌舞伎の言葉が日常用語として使われるほど、歌舞伎は社会的な影響力を持つようになった。たとえば回り舞台やセリは、ダイナミックな演出として観衆を魅了したが、それらの演出は、舞台下で待機している者たちが人力で操作していた。このことから「縁の下の力持ち」という言葉が生まれた。

また、現代でも仕事や物事が大きく変わってしまうことを「どんでん返し」と言うが、歌舞伎の舞台転換の時に、太鼓を「ドンデン」と打ち鳴らしたことからきている。蝶や小鳥、小動物、鬼火などは、「差金」と呼ばれる先に針金の付いた黒い竹棒で操作するが、このことから陰で人を操る行為に使われるようになった。態度や物腰などが、その職業の地位などに相応しくなることを「板につく」と言うが、板は舞台のことで、芸が舞台に調和している様子から来ている。「楽屋」や「裏方」「黒幕」「花道」「幕の内」なども歌舞伎の用語である。

仮装やメイクによる正装

未開の人々に残されていた獣の踊りは、獣や鳥、魚などが自分の仲間であるということを人々が心から信じていた時代に生まれた。「トーテム」という言葉は部族を意味するが、その部族とは人間はもちろん動物の部族でもあった。

カンガルー部族には人間もカンガルーも含まれ、自分が真にカンガルーであるという心からの自然の喜びでまさしく踊ったり跳ねたりした。演じる者は刺青をしたり、獣の皮や鳥の羽を身にまとったり、仮面をつけたりする。それは、自分自身ではない何かを模倣するためではなく、自分自身の個性を強調し、拡大し、高揚するためである。仮装することは物真似をすることではなく、正に正装することである。

現代のフェスティバルやカーニバルなどのイベントでは、参加者が仮装をして楽しむことが許される。仮装によって貧富や社会的地位、年齢、職業、男女などの差別が無くなり、ユートピアが創出される。普段は他人の前で自分の心に背いて別の自分を演じているが、仮装して仮面をつけることで本当の自分を表出することができる。それによって、心が解放され精神的なカタルシス効果が生まれる。

江戸時代から興業として成立していた歌舞伎。現代も衣装やメイクは当時のスタイルを踏襲している。国立国会図書館ウェブサイトより転載

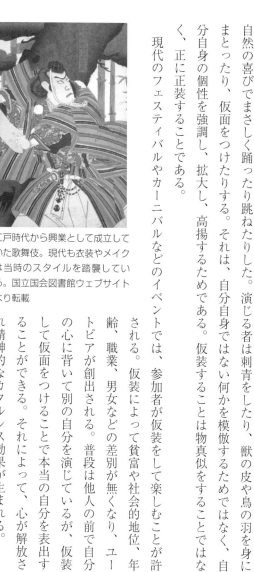

出場者と観客との一体感

スポーツイベントでは、サポーターや観客がチームのユニフォームを着たり、イメージカラーの応援道具を使ったり、フェイスペインティングをしたりすることによって、選出との一体感が生まれている。

ライブエンターテインメントでは、衣装デザイナーによって舞台衣装がデザインされると、そのデザインを出演者が着られるようにデザインし直し、照明の特性を理解した上で、材質感が出る生地が選ばれる。そして、強い照明の中や屋外でも映え、衣装に負けないメイクが必要となる。また、ダンスコンテストやよさこいのコンテストなどでも衣装と共にメイクが重要である。

【コラム】コスミックとコスメティック

私たち人間は自然のモノに手を加えることで生活をより良く変えていく。また、自らの身体にも手を加え、化粧をしたり、飾りをつけたり、加工したりする。目の周囲にアイシャドーを塗る、唇に紅を引く、耳にピアスをつける、指にリングをはめるなど、特に感覚器官に手を加える傾向があると言われる。自分と自分を取巻く自然や宇宙（コスミック）とをつなぐ感覚器官に力を与えるために化粧（コスメティック）すると考えられる。

第6章　コンペでイベント業務を獲得する

1 コンペティション

1．コンペ参画はイベント業務の第一歩

コンペに勝てなければ仕事がない

今日、生活者の意識やニーズが多様化・成熟化しながら縮む日本の中で、企業や地域の生き残りをかけた戦いはますます厳しくなっていくことが予測される。魅力的なエンターテインメントも市場にあふれ、イベントを取り巻く環境の厳さも増していくであろう。マンネリ化したコンテンツでは評判を落とし、目標や目的を達成することはできない。そして、イベントの主催者は、イベントを実施する会社を選考する提案競技であるコンペティション（以下コンペ）への参加を広告会社やイベント会社へ依頼する。競争社会の中で、企画だけでなくプレゼンが上手くできなければ、コンペで競合他社に負けてしまい、業務を受注することができない。情報収集から企画、プレゼンまでの総合的なコミュニケーション能力が求められる。

「腑に落ちる」状況を生みだす総合力

コンペで企画やプレゼンを担当する人は、普段からコンペを想定した情報収集（Input）が欠かせない。そして、できるだけ早く企画作業（Process）に着手できるようにする。企画作業では、まず外部環境の変化を予測し、その変化に対応するための組織の〝あるべき姿（理想像）〟を想定することで、解決すべき課題を明確にする。

この課題を解決する手段として活用を検討するのがイベントの企画である。特にイベントの企画は新規性が求められるため、論理的に理解できる連続性のある改善型の提案より、飛躍的な発想の改革型の提案が求められることが多い。

さらに、プレゼン（Output）では、採点表にある項目で高い点を獲得すると共に、提案先の心の中にある感覚的な〝評価のモノサシ〟でも高く評価され、理解できるだけでなく、「腑に落ちる」といった状況を生み出し、決定を促さなければならない。

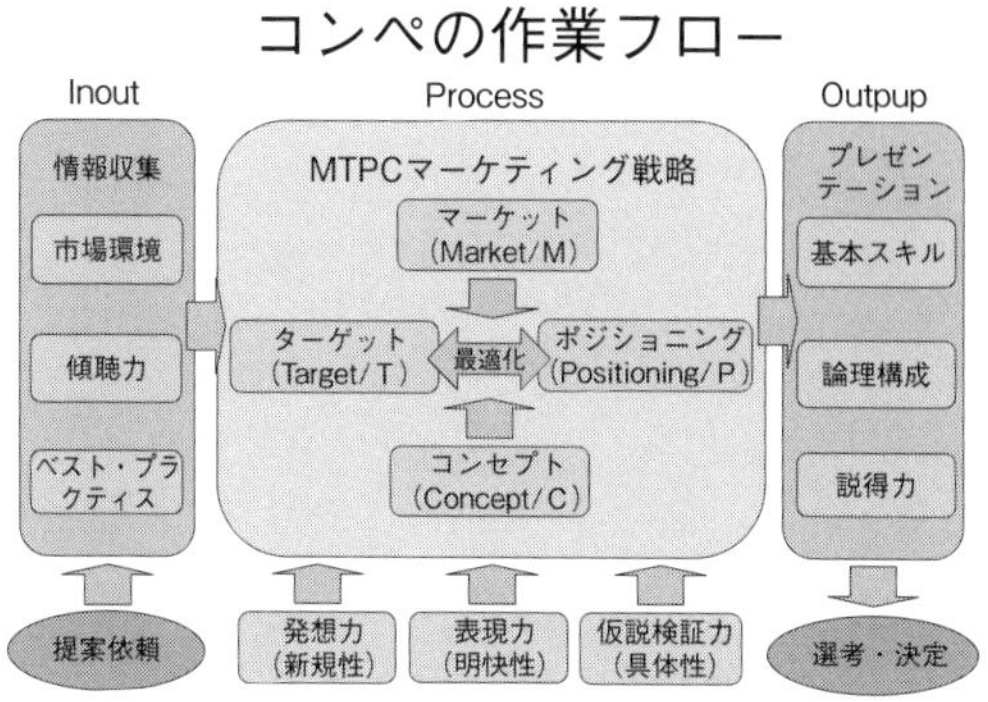

2. 積極的思考でクライアント目線の提案を行う

カウンターパートナーとしての役割

提案者は、提案先と価値観や主義、信念を共有し、提案先の夢を一緒に実現するためのパートナーである。しかし、提案者が提案先と同じ立ち位置で同じ目線や視野で考えたのでは、斬新な発想は期待できない。企業や組織の課題を解決するヒントは、生活者の意識や欲求の中にある。モノが売れない場合は、「なぜ、売れない」ではなく、消費者となるはずの生活者が「なぜ、買わない」という目線で調査することが大切である。

今日のように成熟化した社会においては、人々は常に何らかの閉塞感をもっている。そして、「少子高齢化」や「人口減少社会」などの言葉が、未来に対して暗いイメージを与えている。マイナス成長への対策を考える方向のネガティブな思考が蔓延し、未来のイメージが暗くなっている。「閉塞感を払拭したい」という思いを実現するため、ポジティブな発想によるイベントで企業や地域のブランド価値を上げ、成長路線を切り開きたい。正論だけでなく逆転の発想によって、目から鱗が落ちるような提案が求められている。

ネガティブな発想を排除する

硬直化した組織では、与えられた目標やテーマに対してできない理由を上手に説明する人がたくさんいる。また、メリットよりもデメリットを強調して反対の意思を表明する。しかし、コンペの企画でできない理由を考えるのでは意味がない。「どうしたらできるか」をポジティブに考えることが大切である。また、依頼のあったコンペに対して、企画を担当するスタッフが「既に結果が決まっているコンペではないか」と考える必要はない。

ネガティブな気持ちは、人から人へ伝染していくため、コンペでは企画からプレゼンまで、ネガティブな発想を避けなければならない。たとえ、オリエンテーション（オリエン）からプレゼンまでの期間が短い場合でも、「時間が短かったので、十分に検討ができていませんが」などとプレゼンの場で言っても意味が無い。逆に、普段からの情報収集や準備が不十分であったことを反省し、できる限りの努力をしたことを伝えればよい。

また、プレゼンに与えられた時間が短い場合に、「時間が無いので簡単に説明させていただきます」と言うと、ここには2つのネガティブな表現が入ってしまう。これを「貴重な時間ですので、ポイントを絞って（または、コンパクトに）説明します」と言うと、「時間が無い」が「貴重な時間」に、そして、「簡単に」が「ポイントを絞って」と、ポジティブな表現になる。

2 情報収集

1. 様々な方向にアンテナを張り傾聴力を磨く

情報の新陳代謝で発想力を鍛える

普段から新聞や雑誌などの記事を得意先に関連するテーマ毎にクリッピングする。例えば、「健康」や「環境」「食」「花緑」「歴史」などテーマに関連する記事を、関心と疑問を抱きながらクリッピングすることで、価値のある情報として脳裡に記憶され、それらを束ねることで新しい解釈や見方、考え方などが生まれる。また、人々の欲求の変化が見えてくる。音楽に関連する人々の欲求は、「聴きたい」から「演奏したい」「歌いたい」へと変化し、更に「創りたい」「育てたい」「プロデュースしたい」などへと変化してきた。

さらに、クリッピングした情報を定期的に読み返し、価値が無いと思われるものは捨てて新陳代謝させる。これによって、必要な情報が引出しやすくするだけでなく、新しい発想も生まれる。

潜在的な欲求に関する情報を傾聴力で把握する

私たちは普段、見えない仮面をかぶって周りの人とコミュニケーションをしている。また、「本音と建て前」という言葉があるように、ありのままの自分を表に出すことを避ける。さらに「周囲の人からこのように見られたい」、また、「周囲の人は自分に対してこのような期待をしている」と言った自分を演じる。したがって、アンケートやヒヤリングなどの調査では、人は本当のことを書いたり話したりするとは限らない。

本音や潜在的な欲求を把握するために役に立つのが傾聴力である。傾聴力は、先入観や偏見を捨てて相手の話に耳を傾け、心と心が共鳴し合えるような信頼関係を築くコミュニケーション能力である。相手が普段は閉ざしている心の扉を開き、心の底にある思いを浮かび上がらせ、安心して話せる状態をつくることが大前提となる。

心の底で思っている潜在的な欲求は、言葉にならない「暗黙知」であるため、伝えることができない。また、自分自身の本当の欲求に気付いていない場合さえある。人々の心に響くキャッチフレーズやコピーを書くコピーライターも、無から有を生み出しているのではない。広告主や生活者の潜在的の思いを、傾聴力を活かして聞き取り、言葉を駆使して表現するのである。このコピーによって多くの生活者の心を抑圧から解き放ち、「カタルシス効果」を生みだす。

2．過去の成功事例からイベントのニーズを探る

普段からのトレーニングで傾聴力を高める

相手の話を聴く時は、自分の価値観で相手の話を判断したり、話の内容を評価したり、咎めたり、否定したりしない。相手を認め、自分の意見は脇に置いて相手の立場に立って聴き、相手が話す事実や意見、考え、感情などに対してオウム返しをする。

また、相手の呼吸に合わせてあいづちを打ちながら、「なるほど」「そうなんだ」「知らなかったよ」「確かに」などと相手の話に理解を示す。「それは無理ないね」や「辛かったね」「許せないね」と相手の気持ちも理解してある。さらに、「思いやりがあるね」「勇気を出したね」など、相手の性格や個性、行動などを含むパーソナリティ全体を称賛してあげる。

相手が自己理解をするために、「こう言う理解でいいかな？」と聞いてみることもある。この時、相手の話を単に要約したり、話していることが事実なのか、または、思いや考えなのかを無理に確認したりするのは避けたい。「〜についてはどう思う？」、「その時、どんな気持ちだった？」のように尋ねて確認する。また、自己の経験や意見を開示する場合は、短めに終わらせる。

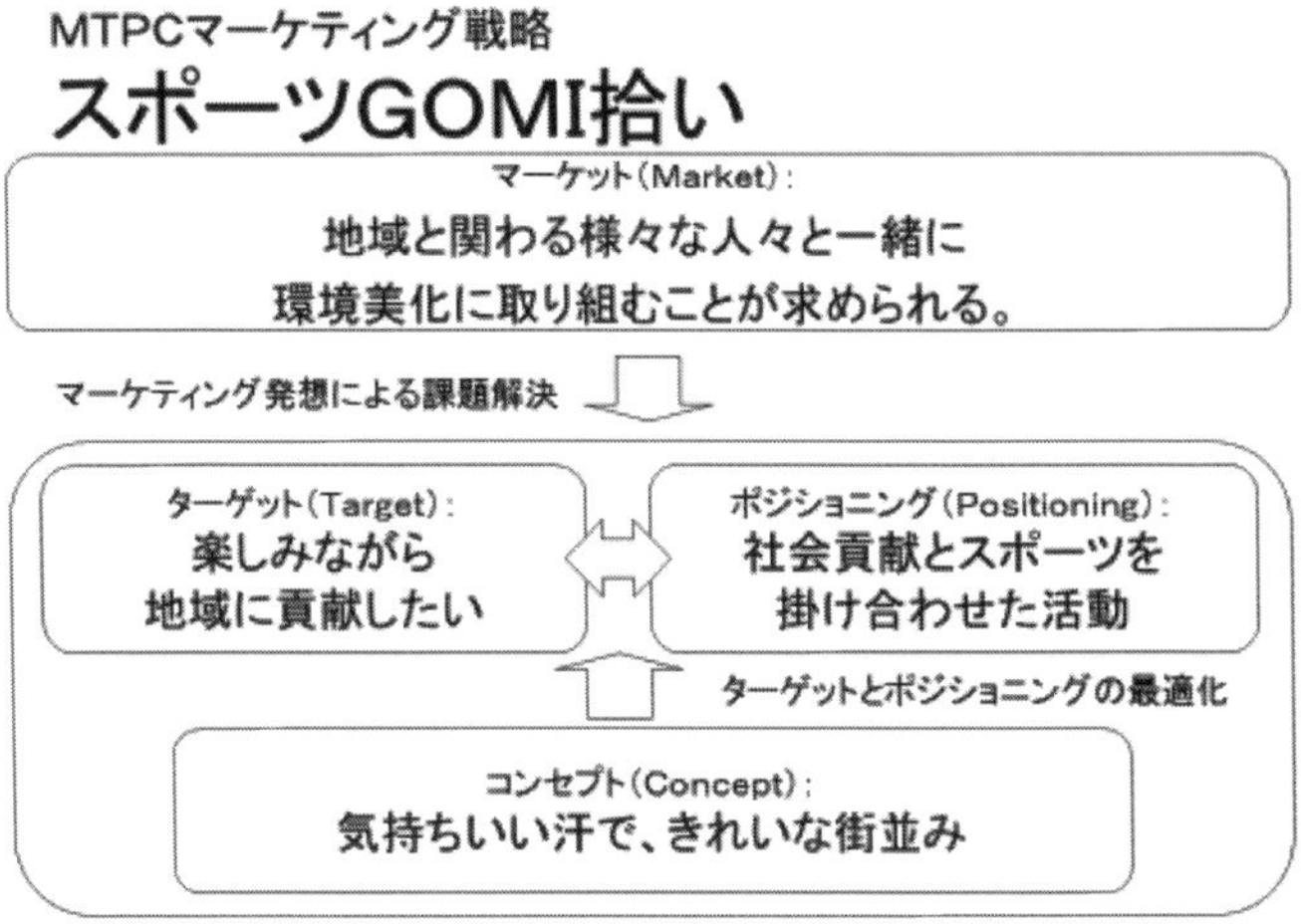

MTPCマーケティング戦略
スポーツGOMI拾い
マーケット（Market）：
地域と関わる様々な人々と一緒に
環境美化に取り組むことが求められる。
マーケティング発想による課題解決
ターゲット（Target）：
楽しみながら
地域に貢献したい
ポジショニング（Positioning）：
社会貢献とスポーツを
掛け合わせた活動
ターゲットとポジショニングの最適化
コンセプト（Concept）：
気持ちいい汗で、きれいな街並み

「なぜ、成功したか」を考える

ベストプラクティス（成功事例）に関する情報を集めるにあたっては、必ず、「なぜ、成功したか」を考えること大切である。そして、MTPCマーケティング戦略として整理してほしい。特に新しいスポーツとして着目されているスポーツGOMI拾いや、社会実験として取り組みが広がっている打ち水大作戦、キャンドル・ナイトなどが参考になる。

テーマパークやアニメ、ゲームなど、様々なヒット商品についても成功した理由を自分の言葉で表現できるようにしたい。メディアミックスやクロスメディアなどの戦略に着目するのではなく、「コレクションしたい」「育てたい」「戦わせたい」「持ち歩きたい」「認められたい」など、人間の根源的な欲求に着目することが大切である。

3 企画

発想力・表現力・仮説検証力で企画を裏打ちする

「1.コンペティション」で示したように、イベントの骨子となるＭＴＰＣマーケティング戦略を裏打ちするのが、発想力（新規性）、表現力（明快性）、仮説検証力（具体性）である。発想力は、既存の事例や考え方に縛られない新しいアイデアを生む力である。また、表現力は、図や表、スケッチなどを利用して〝見える化〟する力である。そして、仮説検証力は、役割分担、スケジュール、予算を統合して、イベントが実施できることを証明する力である。

ＭＴＰＣマーケティング戦略で最も重要な要素がコンセプトである。コンペの参加者は、イベントの主催者に代わってコンセプトを考えて提案する。主催者の顧客としてイベントの来場者となる生活者やビジネスパーソンにとっての意味や価値、メリットを明快な言葉で表現しなければならない。コンセプトが主催者の〝評価のモノサシ〟となる感性に響く明快な言葉で表現することが大切である。

企画演習：国際的なイベントの開会式のアトラクション

企画の演習として国際的なイベントのアトラクションについて考えてみたい。オール・ジャパンを国内外にPRするため、演出のキーワードを「縄文」とする。今から約1万6500年前から約3000年前（紀元前10世紀）にかけて縄文人の暮らしがあった。縄文遺跡は、南の沖縄から北の北海道まであり、縄文海進の時代に海岸線だったところで多くの貝塚が発見されている。

プレートテクトニクスによって形成された日本列島は、地震が多発する地域であるばかりでなく、造山運動によって形成された山脈に日本海や太平洋の蒸気でできた雲がぶつかり、たくさんの降雨がある。この降雨によって豊かな緑が育まれ、その実りによって多様な生物が生息している。地球上で日本のように積雪がある地域に猿が生息している地域は他にない。

著者の想像であるが、海底に堆積した粘土層が、造山運動で地表に現れ、火山の噴火によって飛んで来た火山弾が、この粘土層に突き刺さり、粘土が器状に焼けた。そして、縄文人は自然から土器の作り方を学び、神を敬うための道具として発展させた。しかし、弥生人の侵略によって芸術性が高い縄文土器が作られなくなった。岡本太郎氏が「東京国立博物館で自ら発見した」と語った火炎土器の芸術性の謎に迫る。

4 プレゼンテーション

1. 事前準備の重要性を知ろう

基本的なスキルを身につける

携帯電話やインターネットなどによるコミュニケーションは得意でも、「人前に立つと極度に緊張してしまう」「コンペに勝つ自信がない」と言う人も多い。このような人に共通しているのが、「え～」「あの～」「ま～」などの繰り返しである。これを改善するためには、「また」「さらに」「なぜなら」「しかし」「ただし」「したがって」など適切なつなぎの言葉を予め用意しておく。

流暢に話をしていても、提案先の理解が伴わず、「立て板に水」というような状況にならないようにメリハリのある話し方を心掛けたい。実際のプレゼンテーション（以下プレゼン）では、図や写真などを使うが、提案先が目をつむっていても伝わるように、提案先が理解しやすい論理構成を選択し、頭の中に絵や地図を描くようにプレゼンすることが大切である。

声を相手の身体と心に響かせる

相手が聴き取りやすい声を出すためには、腹式呼吸が重要な役割を担っている。胸式呼吸は、空気中の酸素を取り込むため、肺をつつむ肋骨を広げて空気を吸い込むことにウエイトがある。これに対して腹式呼吸は、胸とお腹を仕切っている横隔膜を上下に動かすことで声を出すための吐く息をコントロールすることができる。

まず、背骨が自然のカーブを描いて、骨盤の上に無理なく乗っている状態をつくる。そして、お臍やお臍の下の丹田を意識し、口角挙筋をはじめとする表情筋を上げて、口腔や鼻腔の中の空気を振動させて声を増幅する。これによって、相手の身体と心に響く声が出る。

また、プレゼンでは十分に口を開いて一語一語を明快に発音しなければならない。練習方法の一つである〝母音法〟では、「おはようございます」を「OAOUOAIAU（オアオウオアイアウ）」と発音する。「よろしくお願いします」は、「OOIUOEAIIAU」となる。また、「ドレミファソラシド」を「OEIAOAIO」と発声することで、自分の声の響きが確認できる。

さらに、「OOIUOEAIIAU」に子音をつけてカ行からラ行まで練習して滑舌を良くする。これらの練習よって、「声が小さい」「声が通らない」「語尾がはっきりしない」などの聞き取りにくい状況や、生理的に嫌われる濁声、キンキンする高い声などを改善することができる。

2．プレゼンの実践的なテクニックを学ぶ

目でコミュニケーションをする

プレゼンテイターは、まず、意思決定に大きな影響があるキーマンに視線を合わせる。親しい人に話しかけるように、自信と誠意を持って相手の目を見ることで、信頼を獲得したい。キーマンから別の相手に視線を移す場合、必ず一つのセンテンス（まとまった文章）が言い終わってからにする。若い人や女性に同意を求めるような内容は、プレゼンに参加しているすべての人と視線が合うようにしたい。最適な相手を選ぶ。大事なポイントを話す時は、キーマンに視線を戻す。

相手の目を見ながら反応を観察することも重要である。提案に対する提案先の反応（理解度、疑問、反感、同意、受容など）や無意識の心の動きを目から収集する。反応によっては、もう一度、繰り返したり、分かりやすい言葉で言い換えたりするなど、反応をフィードバックしながら臨機応変な対応が必要である。

なお、提案者側で同席をしている人は、提案先がプレゼンのどの部分でどのような反応をしたかをチェックし、質問があった場合にプレゼンテイターをフォローできるように準備する。

ジェスチャーで言葉をフォローする

ジェスチャーは、話している内容をフォローするように使うことが大事である。形や大きさ、行動などを、手と身体で表現（再現）する。特に時間や関係性、感情などの抽象的な概念を視覚的にフォローし、印象を強くする。

特に、「ビジュアル・ハンド」という言い方があるように、手の動きが大切である。「必ずこうなる」というような強い考えを伝える時、両手を頭の上から下におろしながら話す。これは重力に対する人間の感覚を利用したジェスチャーである。

一方、手を鼻へ持っていったり、手を揉んだり、頭を掻くなど、自信が無さそうに見える仕草は、改善しなければならない。また、身体全体や手が変な動きをすると、その動きに気を取られ、話しに集中できなくなる。ステージの上を歩きながら話す演出もあるが、大事なことを言う時は身体の動きを止める。

プレゼンのスキルを活かしたセミナー

提案内容に合った論理構成を選ぶ

時間的な流れに沿って話を進めるのが「時間的順序（Time order）」である。過去（由来）から現在（今）、そして未来（将来）へと話を進める。例えば、「戦後の高度成長期、そして社会が成熟化した現在、さらに今後は…」と言った構成である。「空間的パターン（Space pattern）」には、「場所の移動」と「スケールの変化」の2つがある。「場所の移動」は、「インドから中国、そして日本」や「山から平野、そして海」などである。「スケールの変化」は、「太陽系から地球、日本、そして東京」や、「細胞から葉、そして木、森」などである。

「演繹法《えんえき》」と「帰納法《きのう》」が「論理的構成法」として有名である。「演繹法」の一つである「三段論法」は、一般的にすぐに合意ができる考え方を述べ、より高度な判断を要する内容へと話を進めていく。「帰納法」は、個々の具体的な事例から結論を導き出す流れをつくり、提案先にも一緒に考えてもらう手法の一つである。「地球は丸い、月も丸い、太陽も丸い、したがって、宇宙にある星はすべて丸い」といったような論理構成である。この場合、取り上げた具体的な事例に偏りがあると、間違った結論が導き出されてしまう。

第3章の「広報コミュニケーション」で解説した心理の変化を捉えるAIDSCA（アイデスカ）も有効に利用して欲しい。

「AREA」で「三方よし」の提案をする

人は一度に多くのことを覚えることはできないため、記憶に残りやすいのは、初めと終わりの部分である。伝えたい事をしっかりと記憶に留めてもらうプレゼンの構成の一つに「AREA」がある。これは、「主張（Assertion）」「理由（Reason）」「例証（Evidence）」の後にもう一度「主張」を繰り返す。「○○すべきです。なぜなら……だからです。その根拠は……です。したがって、○○すべきです」と話を進める。

主張のアサーションは、提案先に対する攻撃的（Aggressive）な主張ではない。パワハラで部下を服従させることはできても、説得したことにならない。説得では外見的な変化よりも、まず、認知的な変化が重要である。

また、アサーションは提案先に迎合した主張でもない。「売り手よし・買い手よし・世間よし」の「三方よし」を信条にすることが大切である。提案相手の思いに寄り添い、さらに、イベントの来場者となる生活者やビジネスパーソンにも十分な意味や価値、メリットがある企画が求められる。

結論（point）から理由（reason）そして、具体例（example）を示し、最後にもう一度結論（point）を言う、「PREP」も類似の論理構成である。

“1分自己PR”で好印象を獲得する

プレゼンでは説明と質疑応答を決められた時間内に終わらせなければならない。コンペでは提案者が複数になるため、短い時間でプレゼンすることが求められることが多い。プレゼンを時間内に終わらせるために、まず、1分の長さを感覚で分かるようにすることが大切である。

初対面での第一印象は、「1分から1分半で決まる」と言われてので、プレゼンの最初の1分が重要である。まず、1分で自己PRをする練習から始めてほしい。1分間に話せる文章量は人によってかなり差が出るが、一般的に聞き取りやすい量は、仮名漢字交じりで約300〜400字である。自己PRの文章は、「起承結」や「結起承結」など、3つから4つの構成要素でまとめると覚えやすい。自分に合った文字数をそれぞれの構成要素に割り振って、文章をつくる。

自己PRは単に自分に関する情報を提供するだけではなく、相手が感情移入しやすい内容にしたい。「自分が普段から心掛けていること」、「具体的な事例」、「このことを活かして、これから何にチャレンジしたいか」などの構成で未来の夢を語り、立派な経歴よりも未来の可能性に魅力を感じてもらえるように工夫する。

学生は、1分自己PRを就職活動に生かしてほしい。文章の構成や内容を少しずつ改良しながら100回程度練習すると完全に暗記することができる。

プレゼンに欠かせない信頼の獲得

新規性が求められるイベントの提案では、連続性のある改善型の提案ではなく、非連続性のある改革型の提案が求められる。広告と同じ様に100％の確証を示すことができない場合が多く、理性だけでなく、感性にも訴える説得力が必要になる。何らかのリスクがあっても、チャレンジする価値を伝え、共感を創出して信頼を獲得したい。

信頼を獲得する要素には、「安全（safety）」と「適格（qualification）」「ダイナミズム（dynamism）」の3つがあると言われている。「安全」には「親切」や「気持ちの良い」、「公正および公平」、「手厚い」、「気が利く」、「面倒見がいい」などのイメージが含まれる。逆に、「押しつけがましい」や「無愛想」などは、マイナスのイメージを与えてしまう。

「適格」には「プロらしい」や「経験豊富」「知識がある」「資格を持っている」「市場に詳しい」などのイメージが含まれる。逆に、「専門用語の多用」や「知識のひけらかし」「質問に分かりやすく答えない」などと思われないようにしなければならない。

そして、「ダイナミズム」には「自信に満ち溢れている」や「エネルギッシュ」「積極的」「熱心」などが含まれ、一生懸命さや明るさ、勢いが大切である。「事務的」や「マニュアル通り」「自信がなさそう」などの印象を与えないように心掛ける。

3．事前準備と事後総括も重要

相手にとっての意味や価値を伝える

言葉に思いを込めるトレーニング方法の一つに、自分をモノに例える方法がある。まず、「メガネ」「槍」「杖」「ケータイ」「孫の手」「傘」「ベルト」「アンテナ」「貝」「岩」「海」「太陽」「丸」「1（イチ）」など、様々なモノを表す言葉から自分自身とイメージが重なるモノを選ぶ。

相手にとって「自分は何であるか」、「どんな役割をするか」という視点で、自分のイメージに合ったモノを選ぶことが大切である。「私はメガネです」と言う時、「私をかけることによって世の中がクリアに見えます」という役割や期待される効果を重ねる。また、「私は盾です」と言う時は、「槍のように飛んでくる様々なリスクからあなたを守ります」が役割や期待される効果になる。

さらに、自分のイメージとして相応しくないモノを考え、「私は××ではありません。私は◯◯です。」という文章をつくる。この文章を、相手の目をしっかりと見て、思いを込めて発声する。少し間を置いて、「なぜなら、……」と説明することで、相手から「なるほど」という言葉を引きだす。このトレーニングで、語尾がハッキリと伝わるようになり、自信も相手に伝わる。

読み合わせで全てのミスを洗い出す

企画書がほぼ出来上がったら数人で読み合わせをする。目で追うだけでは必ずミスが出るため、声を出してチェックする必要がある。誤植が無いようにすることはもちろんであるが、相手に不快感を与える要素はすべて排除する。提案先が喫煙家の場合、「タバコの弊害」は「タバコの影響」と言い直すなどの工夫が必要である。

心に響く文章になっているかどうかチェックすることが重要である。意志や思いを乗せることができる言葉を選択することで、説得力のあるプレゼンになる。また、目を閉じて聞いてもらい、頭の中に絵が描かれていくかどうかを確認する。

全体を通して一貫性とメリハリを確認し、提案するイベントのUSPと、採用することによるメリットが明快に伝わるかどうかチェックする。提案先の五感を刺激する表現も大切である。形や色だけでなく、音（ゴォーン、ギシ、爆弾が破裂したような）や香（金木犀の、秋刀魚を焼く、カレーの）、肌触り（ざらざらとした、シルクのような、硬い）、味や食感（ピリッとする、キレのある、サクッとした）など、五感で感じ取ってもらう。

なお、読み合わせには、作業に加わっていない人にも参加をお願いする。なぜなら、一緒に作業している人は内容が頭に入っているため、聞きとりづらい言葉でも判断できてしまう。

リハーサル

リハーサルをしないでいきなりプレゼンをした場合、極度に緊張してしまうことがある。その結果、企画書の棒読みになり、メリハリが無く説得力に欠けるプレゼンになってしまう。リハーサルをすることで、適度な緊張感を保ち、本番で100%以上の力を出したい。

リハーサルは、プレゼンをする部屋の広さやレイアウトなどを事前に確認し、入室から退室までの一連の流れをすべてチェックする。提案先の目をしっかりと見て、「おはようございます」などの挨拶をしてからお辞儀をする。提案先に唇の動きが良く見えるようにすることも大切である。挨拶の後は、まず、プレゼンの機会をいただいたことに対して感謝の意を伝える。

また、想定される質問に対する回答をすべて準備して置く。この準備が不十分な場合、予想外の質問を受け、極端な場合は頭の中が真っ白になり、どのような回答をしたか、後で思い出せないことさえある。

リハーサルをビデオで撮影し、再生して見ることで、自分の姿や提案内容を客観的にチェックする。例え話やユーモアが適切であるかもチェックする。一生懸命さ、明るさ、勢いも大切である。「視線が定まらない」「視線が斜め上に行く」「瞬きが多い」「姿勢が良くない」「身体が変な動きをする」など、ふさわしくない癖は直すように普段から心掛けたい。

提案内容を評価する提案先がプレゼンの主役

提案先は過去の経験や知識などによって、心の中に説得のために提示されたメッセージを分析・判断する〝評価のモノサシ〟を持っている。多くの場合〝評価のモノサシ〟は「暗黙知」として心の中にあり、明快な言葉としての「形式知」になっていない。

したがって、論理的に説明されても、「腑に落ちない」と言った思いが残る。提案先の〝評価のモノサシ〟を、傾聴力を生かしたコミュニケーションで感じ取ることができれば、提案で「なるほど」、「それが、正に自分が言いたかったことだ」と思ってもらえる。

プレゼンは、この「なるほど」と思ってもらうためのメッセージを、ストーリー仕立てで書き、それを演じるように話す。演劇のように俳優と観客との間に共感と一体感を生みだす。しかし、演劇で主人公を演じる俳優のようにプレゼンテイターが主役でない。プレゼンでは、提案内容を評価する提案先が主役である。

提案先を受け身の存在にしておくのではなく、プレゼンに参加してもらうことが大切である。そのため、その場で答えてもらう必要のない質問を敢えて投げかけるなどして、提案先を心理的にプレゼンに引き込む。例えば、「訪日観光における最大のリスクはなんでしょう?」「そう、感染症です」である。なお、この手法で、相手の〝評価のモノサシ〟に影響を与えることもできる。

［コラム］プレゼンのスキルを活かす歴史観光ガイド「大山巌の二つの奇跡」

時代の変遷にともない、東京はこれまで多くの歴史的な遺産を失ってきた。しかし、切絵図や『江戸名所図会』、浮世絵、古写真などのビジュアル資料をパワーポイントでまとめることで、タイムトラベル体験を提供するガイドが可能になる。歴史観光ガイドでは、相手に行動を促すような説得力は必要ないが、歴史に対する知識だけでなく考え方や感じ方に変化を与えることが重要である。

皇居周辺には、靖國神社や九段会館、千鳥ケ淵戦没者墓苑、東京国立近代美術館工芸館など、第2次世界大戦の歴史に関係する施設がたくさんある。九段下公園にある大山巌の銅像の前では、「2つの奇跡」について解説する。一つ目の奇跡は、大山巌の銅像は軍服姿であるにも関わらず、奇跡的にGHQによる破却処分を免れた。

もう一つの奇跡は、薩摩藩出身の大山巌が再婚した相手が会津藩士の家に生まれた山川捨松であることだ。幕末、薩摩藩は会津藩を裏切って長州藩と手を組み、会津藩を朝敵に落とし入れ、会津の人に対して酷い行為が行われた。この銅像は、「過去の禍根を乗り越えて未来を創造することが可能か？」という問いを、私たちに投げかけている。

資料編

イベント周年未来カレンダー

「周年」を機に過去を振り返り、未来を展望する

企業の設立や施設のオープンなど、様々な出来事があってから10年や20年、50年、100年などの周年のタイミングで様々なイベントが企画されている。有名人の生誕や市町村合併、鉄道の開業、偉業達成など、歴史を振り返ればイベントを企画するネタは尽きることが無い。2003（平成15）年には「江戸開府400年祭」（東京都）、2010（平成22）年には「平城遷都1300年記念事業」（奈良県）、2014（平成26）年には東京駅開業100周年で記念ICカード（Suica）の販売があった。

2019（平成31／令和元）年は、ベルリンの壁が崩壊してから30年、任天堂の携帯型ゲーム機「ゲームボーイ」が発売されてから30年、米国のアポロ11号による月面着陸から50年、マイケル・ジャクソンさんと忌野清志郎さんが亡くなられてから10年、『少年マガジン』と『少年サンデー』の創刊から60周年であった。

前年の2018年11月11日は、第一次世界大戦が1918（大正7）年に終了して100年であり、式典で、「自国の利益が第一で他国は構わない」という態度はやめ、「平和を最優先しよう」

とフランスのマクロン大統領は訴えた。翌１９１９（大正８）年に締結されたベルサイユ条約の締結で、屈辱を味わったドイツは、その後ヒットラーが政権を握り、第２次世界大戦につながった。

２０２０（令和２）年は、明治神宮が創建されて１００年である。明治神宮の御苑東門の近くに「代々木」の由来となったモミの大木があったが明治時代に枯れ、さらに、１９４５（昭和２０）年５月の東京大空襲で撃墜したＢ29がそこへ墜落したと言われている。２０２０年は東京大空襲や第２次世界大戦が終了してから75年の節目であり、過去を直視して平和の大切さを世界にも伝えたい。

２０２１年は、東日本大震災が発生してから10年、２０２２年は、新橋～横浜間に鉄道が開通してから１５０年、２０２３年は、関東大震災が発生してから１００年など、歴史の大きな節目となる。首都圏直下型地震や南海トラフ大地震に対する防災意識を高めることがイベントに期待される。

また、周年のタイミングは企業や組織、地域などのブランド価値を高めることができる絶好のチャンスである。この「周年未来カレンダー」や筆者のウエブサイト（「宮地克昌」で検索）を参考にして、周年事業としてイベントを企画し、ステークホルダーと共に喜び合える未来を創造して欲しい。

MTPCマーケティング戦略

2022年鉄道開通150周年

マーケット（Market）：
人口減少が進む国内の旅客市場は放置すれば縮小しかねない。
縮むニッポンにどう寄り添い、成長路線を切り開く。

マーケティング発想による課題解決

ターゲット（Target）：
乗車すること自体が楽しい鉄道の旅を堪能したい。

ポジショニング（Positioning）：
車内で沿線の自然や文化を堪能できる体験型列車。

ターゲットとポジショニングの最適化

コンセプト（Concept）：
「走るミュージアム」で感動体験

2022年　新橋～横浜間　鉄道開通150周年

２０２２年、新橋～横浜間で１９７２（明治５）年10月13日に御成列車が走り、翌日の正式開通から１５０周年になる。これを機に、鉄道の歴史を振り返り、未来に向けてお客様や地域の人々などを含むステークホルダーと共に喜び合える周年事業が望まれる。

人口減少が進む国内の旅客市場は放置すれば徐々に縮小してしまう。縮むニッポンにどう寄り添い、成長路線を切り開くかが課題となっている。したがって、人口減少社会を克服しなければならない。鉄道は目的地までの移動手段としての役割だけでなく、乗車自体が目的となる交通機関でもある。

そこで、〈「走るミュージアム」で感動体験〉をコンセプトに、手段から目的へ昇華した鉄道の旅を提供するイベントを開催したい。

MTPCマーケティング戦略

2023年関東大震災発生100年

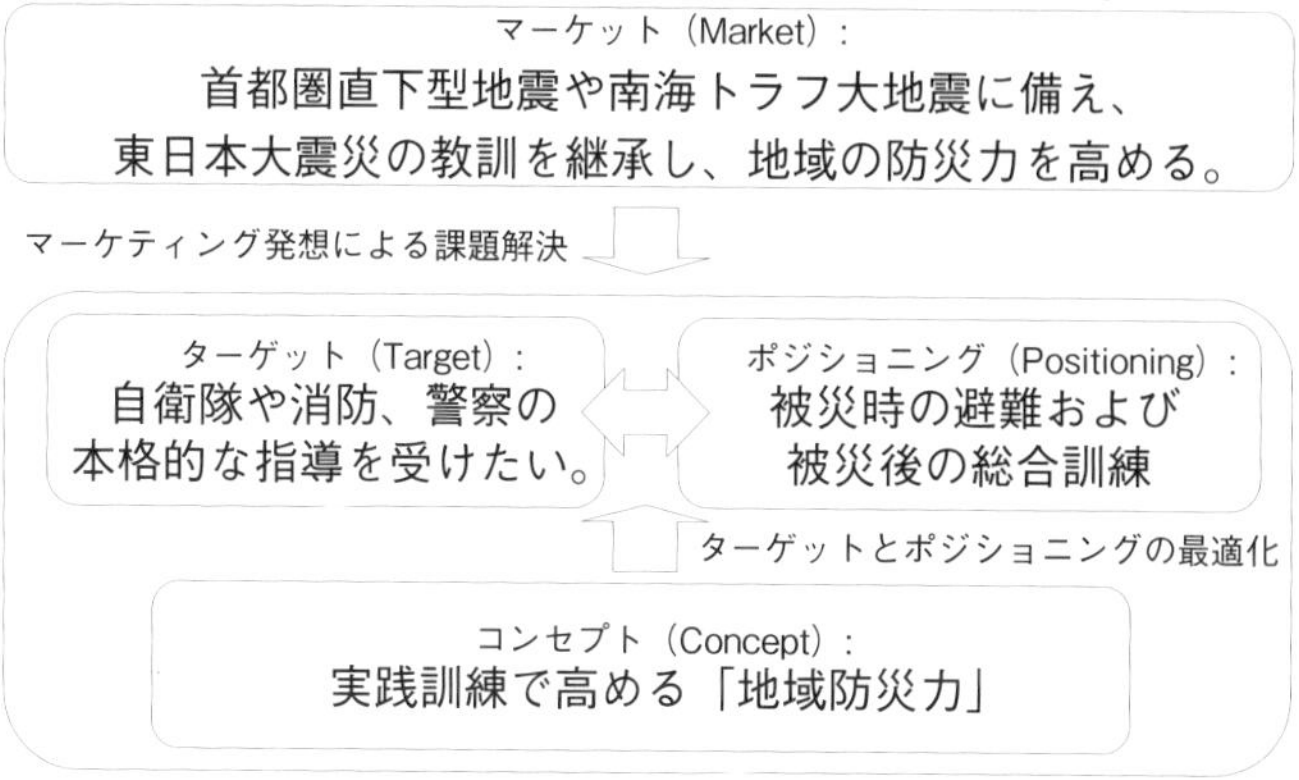

マーケット（Market）：
首都圏直下型地震や南海トラフ大地震に備え、
東日本大震災の教訓を継承し、地域の防災力を高める。
マーケティング発想による課題解決
ターゲット（Target）：
自衛隊や消防、警察の
本格的な指導を受けたい。
ポジショニング（Positioning）：
被災時の避難および
被災後の総合訓練
ターゲットとポジショニングの最適化
コンセプト（Concept）：
実践訓練で高める「地域防災力」

2023年　関東大震災　発生から100年

静岡県の駿河湾から九州東方沖は、海側の岩板が陸側の岩板の下に沈み込んでいるために、海底に深さ約4000メートルのくぼみ（トラフ）があり、「南海トラフ」と呼ばれている。「最悪の場合にM9・1の地震が発生し、30メートルを越える津波が日本の太平洋沿岸に押し寄せる」という予測が発表され、無力感も広がった。しかし、数メートルの津波の発生になることもありえる。私たちは思考停止に陥ることなく、家具の固定や食料の備蓄、防災訓練など、できることから始めることが大切である。

2023年は、1923（大正12）年に関東大震災が発生してから100年の節目となる。地震や津波による被害を最小限にとどめる取組みを着実に前進させていかなければならない。

MTPCマーケティング戦略

2024年阪神甲子園球場100周年

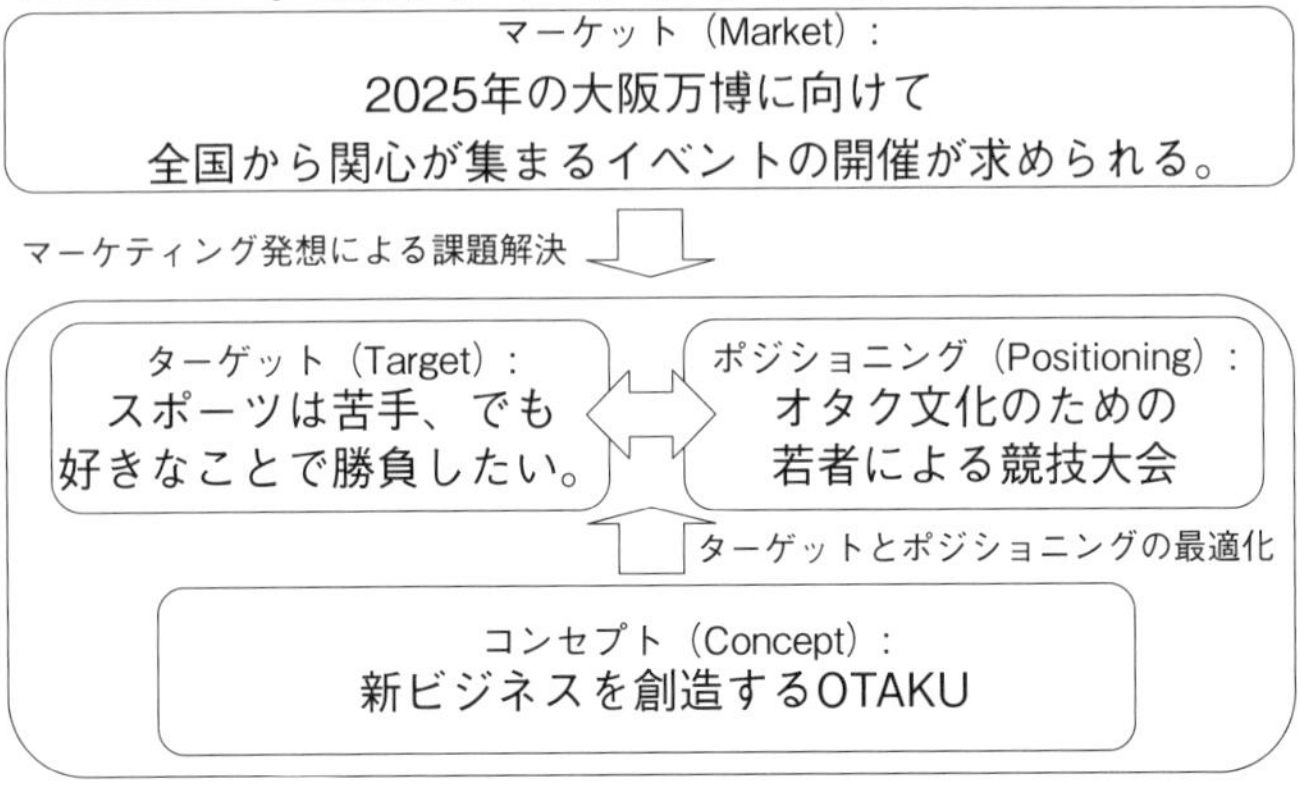
マーケット（Market）：
2025年の大阪万博に向けて
全国から関心が集まるイベントの開催が求められる。
マーケティング発想による課題解決
ターゲット（Target）：
スポーツは苦手、でも
好きなことで勝負したい。
ポジショニング（Positioning）：
オタク文化のための
若者による競技大会
ターゲットとポジショニングの最適化
コンセプト（Concept）：
新ビジネスを創造するOTAKU

2024年　阪神甲子園球場　開場100周年

　阪神甲子園球場は、全国中等学校優勝野球大会の開催を主目的として、１９２４（大正13）年に西宮市に建設された日本で最初の大規模多目的野球場である。そして、２０２４年は、２０２５年に「いのち輝く未来社会のデザイン」をテーマに夢洲《ゆめしま》で開催される大阪万博の1年前である。

　そこで、大阪万博の1年前イベントの企画を考えたい。高校生の中にはサッカーや野球のようなスポーツは苦手だけれど、「趣味の世界なら自信がある」という学生も多い。そこで、世界が注目する日本のオタク文化にスポットを当て、全国の高校生が競う大会を開催する。サイバー空間（仮想空間）とフィジカル空間（現実空間）が高度に融合する社会。サイバー空間内で仕事をして生計を立てることもできる未来を創造する。

2027年 「青い目の人形」歓迎式典 開催100周年

昭和初期、日米の対立が表面化してきたことを懸念したアメリカ人宣教師のシドニー・ギューリック博士は、緊張を文化的にやわらげようと「世界の平和は子供から」をスローガンとした親善活動を行い、1万2739体の青い目の人形を日本に贈った。そして、1927（昭和2）年3月3日に、東京の日本青年館や大阪の大阪市中央公会堂で歓迎式典が行われ、全国各地の幼稚園・小学校に配られた。

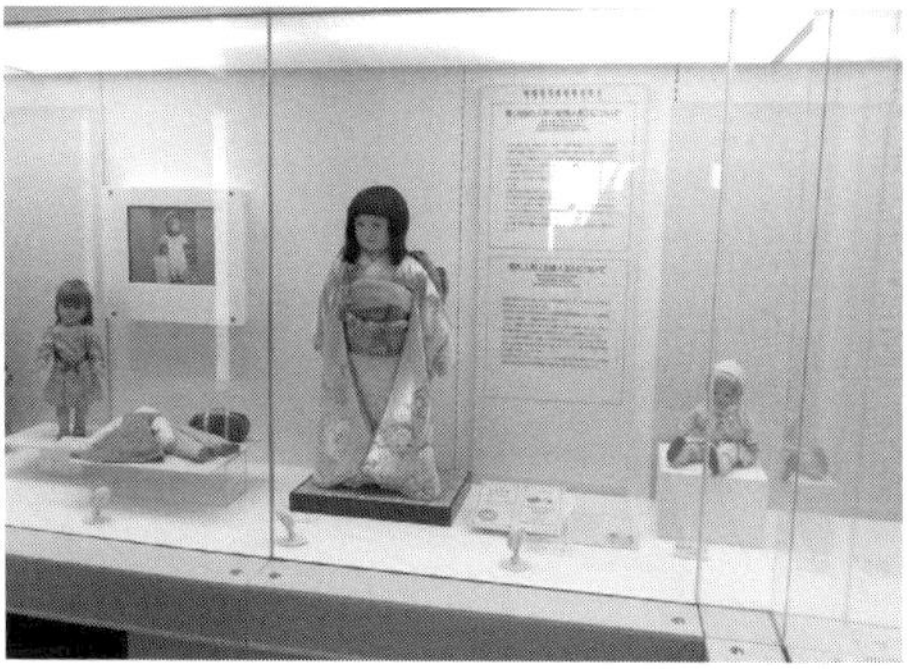

「青い目の人形」と「答礼人形」（横浜人形の家）

返礼として、渋沢栄一（財界人）を中心とした日本国際児童親善会による呼びかけで、人形が贈られた幼稚園・小学校の児童から集められた募金をもとに「答礼人形」と呼ばれる市松人形58体が製作された。同年11月にアメリカに贈られた。しかし、第2次世界大戦に入り、多くの青い目の人形は敵国のシンボルとみなされ、竹槍訓練の標的にされたり、焼却されたりした。2027年は青い目の人形が贈られてきて100年になる。全国に残されている青い目の人形を一カ所に集めて「国際人形フェスティバル」と題したイベントを実施したい。

周年未来カレンダー（1）

※＝出来事があった年月日

西暦	月日	周年	出来事	西暦※	和暦※	備考
2020年						
2020年	1月30日	100	東洋工業（マツダ）設立	1920年	大正9年	
2020年	2月1日	100	日立製作所　設立	1920年	大正9年	
2020年	2月9日	100	高砂香料工業　設立	1920年	大正9年	
2020年	2月11日	100	市制施行（今治）	1920年	大正9年	
2020年	2月14日	100	箱根駅伝　創設	1920年	大正9年	
2020年	2月15日	130	市制施行（高松）	1890年	明治23年	
2020年	3月15日	100	鈴木式織機（スズキ）設立	1920年	大正9年	
2020年	5月2日	100	三盛舎（レンゴー）設立	1920年	大正9年	
2020年	5月19日	100	瀧井治三郎商店（タキイ種苗）設立	1920年	大正9年	
2020年	6月10日	100	時の記念日 制定	1920年	大正9年	
2020年	8月6日	130	田口参天堂（参天製薬）設立	1890年	明治23年	
2020年	11月8日	100	帝国活動写真（松竹）設立	1920年	大正9年	
2020年	12月1日	100	横河電機製作所（横河電気）設立	1920年	大正9年	
2020年	12月19日	100	田中車両（近畿車輛）創業	1920年	大正9年	1939（昭和14）年11月18日設立
2020年		600	雪舟　生誕	1420年	応永27年	
2021年						
2021年	1月1日	100	市制施行（千葉、足利）	1921年	大正10年	
2021年	3月1日	100	市制施行（桐生）	1921年	大正10年	
2021年	5月13日	100	小松製作所　創立	1921年	大正10年	1894（明治27）年創業
2021年	5月20日	100	市制施行（那覇、首里）	1921年	大正10年	
2021年	5月29日	100	サクラクレパス　創業	1921年	大正10年	日本クレイヨン商会
2021年	6月5日	50	京王プラザホテル　開業	1971年	昭和46年	
2021年	8月1日	100	市制施行（宇和島）	1921年	大正10年	
2021年	9月1日	100	市制施行（一宮）	1921年	大正10年	
2021年	9月1日	100	大塚製薬工業　創立	1921年	大正10年	
2021年	11月1日	100	市制施行（宇部）	1921年	大正10年	
2022年						
2022年	2月11日	100	江崎グリコ　創業	1922年	大正11年	グリコ発売
2022年	3月8日	100	水木しげる　生誕	1922年	大正11年	
2022年	3月10日	150	文部省博物館　開館	1872年	明治5年	東京国立博物館
2022年	5月2日	150	樋口一葉　生誕	1872年	明治5年	
2022年	5月15日	50	沖縄返還	1972年	昭和47年	
2022年	6月12日	150	品川駅～横浜駅（現·桜木駅）仮開業	1872年	明治5年	
2022年	8月1日	100	市制施行（札幌、函館、小樽、室蘭、旭川、釧路）	1922年	大正11年	

2022年	8月1日	100	土佐電気鉄道　設立	1922年	大正11年	
2022年	9月3日	100	鹿島参宮鉄道(関東鉄道)　設立	1922年		
2022年	9月17日	150	資生堂　創業	1872年	明治5年	
2022年	10月14日	100	新橋－横浜間鉄道　開業	1872年	明治5年	10月15日開業
2022年	10月14日	100	鉄道記念日(鉄道の日)　制定	1922年	大正11年	
2022年	10月31日	150	日本初ガス事業　開始	1872年	明治5年	横浜
2022年	11月4日	150	富岡製糸場　操業開始	1872年	明治5年	
2022年	11月9日	100	市制施行(岸和田)	1922年	大正11年	
2022年	12月1日	100	市制施行(川越)	1922年	大正11年	
			2023年			
2023年	1月25日	100	池波正太郎　生誕	1923年	大正12年	
2023年	3月27日	100	遠藤周作　生誕	1923年	大正12年	
2023年	3月	100	ホーユー(朋友商会)　設立	1923年	大正12年	1905(明治38)年 水野甘苦堂　創立
2023年	4月4日	100	中村屋　設立	1923年	大正12年	1901(明治34)年創業
2023年	6月	150	日光金谷ホテル　開業	1873年	明治6年	
2023年	7月1日	100	市制施行(沼津)	1923年	大正12年	
2023年	8月7日	100	司馬遼太郎　生誕	1923年	大正12年	
2023年	8月29日	100	富士電機　設立	1923年	大正12年	富士電機製造
2023年	9月1日	100	関東大震災　発生	1923年	大正12年	
2023年	11月14日	50	関門橋　開通	1973年	昭和48年	
			2024年			
2024年	2月1日	100	市制施行(清水)	1924年	大正13年	
2024年	2月11日	100	博報堂　設立	1924年	大正13年	1895(明治28)年創業
2024年	3月7日	100	阿部公房　生誕	1924年	大正13年	
2024年	3月17日	100	豊橋電機軌道(豊橋鉄道)　設立	1924年	大正13年	
2024年	4月1日	100	市制施行(別府、宮崎、都城)	1924年	大正13年	
2024年	5月11日	150	大阪駅　開業	1874年	明治7年	
2024年	7月1日	100	市制施行(川崎)	1924年	大正13年	
2024年	8月1日	100	阪神甲子園球場　開場	1924年	大正13年	7月31日完成
2024年	9月1日	100	市制施行(郡山、戸畑)	1924年	大正13年	
2024年	10月1日	100	市制施行(鶴岡)	1924年	大正13年	
2024年	11月15日	100	高知駅　開業	1924年	大正13年	
2024年	11月20日	100	ブルボン(北日本製菓商会)　設立	1924年	大正13年	北日本製菓商会
			2025年			
2025年	1月14日	100	三島由紀夫　生誕	1925年	大正14年	
2025年	1月17日	30	阪神淡路大震災　発生	1995年	平成7年	
2025年	1月29日	100	武田薬品工業　設立	1925年	大正14年	武田長兵衛商店

周年未来カレンダー（2）

※＝出来事があった年月日

西暦	月日	周年	出来事	西暦※	和歴※	備考
2025年	3月7日	100	小湊鉄道線　開業	1925年	大正14年	1928(昭和3)年全通
2025年	3月10日	50	山陽新幹線　全通	1975年	昭和50年	1972(昭和47)年3月15日開業
2025年	4月1日	100	市制施行(西宮)	1925年	大正14年	
2025年	4月17日	100	三菱鉛筆　設立	1925年	大正14年	1887(明治20)年創業
2025年	6月10日	100	雪印乳業(雪印メグミルク)創業	1925年	大正14年	
2025年	8月26日	100	アース製薬　設立	1925年	大正14年	1892(明治25)年　木村製薬所創業
2025年	11月1日	100	山手線環状運転　開始	1925年	大正14年	1885(明治18)年開業
2025年	12月17日	100	味の素　設立	1925年	大正14年	1909(明治42)年　鈴木商店創業
2025年	12月25日	100	野村證券　設立	1925年	大正14年	
2026年						
2026年	1月12日	100	東レ　設立	1926年	大正15年	東洋レーヨン
2026年	3月31日	100	集英社　創業	1926年	大正15年	1949(昭和24)年　設立
2026年	5月	150	上野恩賜公園　開園	1876年	明治9年	1924(大正13)下賜
2026年	6月24日	100	クラレ　設立	1926年	大正15年	倉敷絹織
2026年	9月1日	50	国営沖縄記念公園(海洋博覧会地区)　開園	1976年	昭和51年	
2026年	9月6日	100	星新一　生誕	1926年	大正15年	
2026年	9月10日	120	加賀屋　創業	1906年	明治39年	
2026年	9月15日	100	練馬城址　豊島園　部分開業	1926年	大正15年	
2026年	9月18日	100	富士急行　設立	1926年	大正15年	
2026年	9月21日	100	ブルドックソース　設立	1926年	大正15年	ブルドツクソース食品
2026年	9月21日	100	イオン　設立	1926年	大正15年	岡田屋呉服店
2026年	10月23日	100	明治神宮野球場　開場	1926年	大正15年	
2026年	11月18日	100	豊田自動織機　設立	1926年	大正15年	豊田自動織機製作所
2026年	11月30日		日本ラグビーフットボール協会創立	1926年	大正15年	
2026年	12月25日	100	大正天皇　崩御	1926年	大正15年	
2027年						
2027年	2月15日	150	西南戦争　勃発	1877年	明治10年	9月24日まで
2027年	3月3日	100	青い目の人形歓迎式典　開催	1927年	昭和2年	
2027年	5月30日	100	ポリドール　設立	1927年	昭和2年	日本ポリドール蓄音器商会
2027年	6月19日	150	大森貝塚　発見	1877年	明治10年	エドワード・S・モース
2027年	7月10日	100	岩波文庫　創刊	1927年	昭和2年	漱石「こゝろ」他

2027年	7月24日	100	芥川龍之介　死去	1927年	昭和2年	
2027年	8月21日	150	第1回内国勧業博覧会　開幕	1927年	明治10年	上野公園
2027年	9月1日	100	宝塚少女歌劇レビュー　初演	1927年	昭和2年	『モン・パリ』
2027年	9月21日	100	ファッションショー　日本初開催	1927年	昭和2年	日本橋三越呉服店
2027年	12月30日	100	東京メトロ銀座線　開通	1927年	昭和2年	上野・浅草間
2028年						
2028年	1月12日	100	大相撲ラジオ実況放送　開始	1928年	昭和3年	
2028年	4月4日	50	横浜スタジアム　開場	1978年	昭和53年	
2028年	4月6日	50	サンシャイン60　開館	1978年	昭和53年	
2028年	5月14日	150	紀尾井坂の変(大久保利通暗殺)	1878年	明治11年	
2028年	5月21日	50	成田国際空港　開港	1978年	昭和53年	新東京国際空港
2028年	5月26日	100	第1回全日本学生陸上競技大会開催	1928年	昭和3年	明治神宮競技場
2028年	7月15日	150	富士屋ホテル　開業	1878年	明治11年	
2028年	8月12日	50	日中平和友好条約　調印	1978年	昭和53年	
2028年	9月23日	120	横浜線　開業	1908年	明治41年	
2028年	11月3日	100	手塚治虫　生誕	1928年	昭和3年	
2029年						
2029年	1月31日	150	高橋お伝　斬首刑	1879年	明治12年	
2029年	2月14日	100	聖バレンタインデーの虐殺	1929年	昭和4年	
2029年	4月7日	50	機動戦士ガンダム　放映開始	1979年	昭和54年	
2029年	4月15日	100	阪急百貨店　開業	1929年	昭和4年	
2029年	7月3日	150	グラント前米大統領　来日	1879年	明治12年	9月3日まで
2029年	7月14日	150	コレラ予防規則　公布	1879年	明治12年	検疫記念日
2029年	8月1日	150	東京海上保険　設立	1879年	明治12年	
2029年	11月18日	50	第1回東京国際女子マラソン開催	1979年	昭和4年	
2029年	12月3日	150	小説家永井荷風　生誕	1879年	明治12年	1959年　没
2030年						
2030年	1月12日	100	第1回全日本フィギュアスケート選手権大会　開催	1930年	昭和5年	青森県八戸市
2030年	4月1日	100	上野駅地下商店街　誕生	1930年	昭和5年	
2030年	4月10日	100	銀座三越　開店	1930年	昭和5年	
2030年	5月26日	50	豊島園　開園	1980年	昭和55年	
2030年	11月5日	100	大原美術館　開館	1930年	昭和5年	岡山県倉敷市
2030年	11月15日	100	第1回全日本柔道選手権大会開催	1930年	昭和5年	武道館
2030年	12月8日	50	ジョン・レノン銃殺事件　発生	1980年	昭和55年	

イベント用語事典

イベント業界に就職したり、イベントに携わる仕事を担当したりする前に、基本的なイベント関連用語を学んで欲しい。イベント関連用語の中には、日本の伝統的な祭りや歌舞伎、見世物などがルーツの用語がある。

これに、国際会議、オリンピック、万国博覧会、展示会・見本市、ミュージカルやコンサートなどのライブエンターテインメントの開催に伴い、規定やビジネスのやり方、演出方法などの導入とともに欧米の用語が使われるようになった。

企業のマーケティング活動を支える販売促進(セールスプロモーション)やPRイベントのノウハウもアメリカから学ぶことで、多くの用語とその概念が導入されている。

イベント関連用語（1）

用語	英語	解説
アースワーク	earth work	自然の中や都市空間に大規模なアート作品を創出する芸術活動およびその作品。
IR（アイアール）	investor relations	「投資家向け広報」とも訳される。ホームページ上での情報開示、各種イベントの開催、広報誌の刊行などの活動。
ID カード	ID card	イベント会場に出入りする様々なスタッフやクルーの身元が識別できるようにするカード。
合い番	numbering	分割して製作した大道具などを組み立てやすいように合わせ目の裏側につけられた番号や文字の印。
アカウンタビリティ	accountability	イベントの資金を提供してくれるスポンサーや投資家などに対する主催者の説明責任。
明転（あかてん）	scene change with lights on	舞台の上が明るい状態で場面転換をすること。
あごあし（まくら）	meal allowance and transportation	「あご」は食事、「あし」は旅費。「まくら」は宿泊。「あごあし付き」は食事と旅費が報酬とは別途支給される。
アテンダント	attendant	イベント会場で、印刷物やノベルティの配布、商品説明、接客業務などを担当するスタッフ。コンパニオン。
アニメーション	animated cartoon	動画。少しずつ変化している絵を、つなぎ合わせることによって動画をつくる映像技法。CGによる制作が進んでいる。
アポロ計画	Apollo program	アメリカ大統領ジョン・F・ケネディが1961年に発表した人間を月に到達させる計画。1969年にアポロ11号が月の石を持ち帰った。
アリーナ	arena	プロセニアムアーチや幕もなく、競技・演技スペースを囲んで観客席が階段状になっている競技場や演技場、劇場など。
アンカー	anchor	造作物を固定するために、地面に埋め込んだフックやボルト、またはウェイト（おもり）。リレーの最終走者。
行灯	light box	木や竹の枠に紙を貼って、内部に明りを入れた照明器具。内照式のサイン。

イコライザー	equalizer	可聴周波数帯域をいくつかに分解し、帯域ごとに独立してレベルを調整できる音質調整器。
板つき	stand-by	幕が開いた時、あるいは舞台が回ってきた時、舞台上にいる役者。スタートする時、所定の位置に立っていること。
イニシエーション	initiation	特定の集団のメンバーとして加入する際に行われる儀礼。成人式などの通過儀礼。
イルミネーション	illumination	建物や街路樹などをたくさんの電灯をともして飾ること。一般的に LED が使用される。
色校（正）	color proof	試し刷りをして、各色の版、色、ズレが無いかどうか確認する作業。
インカム	intercom	インター・コミュニケーション・システムの略。舞台袖と音響室、調光室などとの連絡ツール。
インセンティブ	incentive	人々の欲求に刺激を与えて、行動を動機づけること。動機づけの効果を組み込んだ仕組み。
インタラクティブ	interactive	情報を相互に交換しながらやり取りするコミュニケーション。デジタル化によってマスメディアの双方向性も高まっている。
イントレ	scaffold	スチール製の仮設足場。照明器具やスピーカー、テレビカメラなどを乗せる櫓（やぐら）や屋外ステージとして使用される。
インフラ／インフラストラクチャー	infrastructure	道路や鉄道、上下水道、電気・通信網など、都市生活の基盤となる施設。
裏方	backstage crew	幕の裏側で働く舞台技術者、大道具、小道具、衣装、床山、音響、照明、舞台監督など。
運営マニュアル	operation manual	現場での準備から本番、撤収まで、時間の流れに合わせて、それぞれの担当者の業務を詳細に示してあるマニュアル。
AD（エイディ）	assistant director	アシスタント・ディレクター。演出助手。助監督。監督を補助して出演者やスタッフとの調整や段取りを行う。
AED（エイイーディ）	automated external defibrillator	自動体外式除細動器。特に一般の参加者が多いスポーツイベントでは欠かせない心臓電気ショックの機器。
エクスカージョン	excursion	会議イベントなどに付随して実施される小旅行。
エデュテインメント	edutainment	教育を意味するエデュケーションとエンターテインメントを融合させた言葉。楽しみながら学ぶことができる手法。
SNS（エスエヌエス）サポーター	SNS-supporter	インターネットの SNS を利用して好意的な情報を伝えるオピニオンリーダーやボランティア。
NPO（エヌピーオー）	Non-profit organization	非営利(利益を配当しない)で活動する民間組織。ファウンドレイジングや社会実験でイベントを主催する。
FRP（エフアールピー）	fiber-einforced plastic	ガラス繊維で強化したプラスチック。立体的な造形物を作ることができる。
エフェクト・マシーン	effects machine	ネタを動かして、雨や雪が降ったり、雲が流れたり、火が燃えたりする様子を表現する特殊照明装置。

イベント関連用語（2）

MA（エムエー）	multi audio	編集が終了した画像に、音楽やナレーション、効果音などを入れる作業。
MC（エムシー）	master of ceremonies	マスターオブセレモニー。出演者と観客を結び付けてイベントや番組を進行する人。
LED（エルイーディ）	light-emitting diode	発光ダイオード。電気を通すと豆電球のように発光する半導体で従来の照明よりも省エネ効果が高い。
遠近法	perspective	背景画を距離感がでるように描き、舞台の奥行きを豊かに表現する手法。
演出	stage direction	台本や筋書きを具体的な形で芸術的かつ技術的に統合する仕事。この仕事をする人が演出家。
エンターテインメント	entertainment	楽しみで人々を喜ばすこと。娯楽。心を開放し、気晴らしになるコンテンツ。
オーガナイザー	organizer	会議やパーティ、旅行などをアレンジする人や組織。
オーディオアニマトロニクスフィギュア	audio animatronics figure	ディズニーが開発した演出技術で、アトラクションに登場する人形の動きを音楽と連動させるシステム。
オーディション	audition	歌手や俳優などを選出するために実施される実技テスト。
大道具	scenery/set scene	建物や木などの比較的大きなセットや道具。また、それらの製作や調達の担当者。
オピニオンリーダー	opinion leader	マスメディアやインターネットなどで世論（オピニオン）を導く人。他人の考え方や行動に対して大きな影響を持つ人。
表方	staff	プロデューサー、営業、案内、チケット販売、宣伝などスポンサーやメディア、観客に接するスタッフ。
オリエンテーション	briefing	企画の依頼などの際に行われる説明。プロジェクトをスタートさせる際の関係スタッフへの説明。
オンデマンド	on demand	利用者の注文に応じて、ネットワークを利用して指定された画像や印刷物などを提供するサービス。
カウンターウエイトシステム	counterweight system	ステージ上部の吊りものと同じ重さのウェイトでバランスを取り、軽い力で速やかに上下させるシステム。
返し	monitor system	観客に聞こえている演奏や歌をステージ上の演奏者や歌手に聞かせるためのモニタースピーカー。
書割	painted drop	風景や建物などが描かれた大きな板または張り物で、舞台の大道具として利用される。
瑕疵	flaw	法的に何らかの欠陥、欠点があること。引き渡し後でも工事を請負った側に修繕をする義務がある。
カスタマーディライト	customer delight	顧客が期待する以上のサービスを提供することで、予想外の歓びや感動を与える。
仮設建築物	temporary structure	イベントのために期間を限定して建設される大型テントやパビリオン。基礎、柱、屋根がある。
カタルシス	katharsis（希）	ギリシャ語で「浄化」を意味する。抑圧された心理状況を解放することで感情が浄化される。

カッティングシート	cutting sheet	裏側に糊がついたシートで、切り文字や看板製作などに使用される。
かぶりつき	front row seat	最前列中央の席。かぶりつくように見る、または水や砂などがかかるため被りものをつけることから。
上手（かみて）	stage left	ライブエンターテインメントで客席からステージを見た時の右側。撮影ではカメラのファインダーから見て右側。逆は下手（しもて）。
カンプ	comprehensive layout	コンプリヘンシブ。完成に近い状態で広告主が確認する印刷物の見本。
冠イベント	title sponsorship event	タイトルに特別協賛企業（冠スポンサー）の社名やブランド名を出すイベント。
基礎小間	shell scheme booth	展示会の出展スペースの基本単位。国際規格では約３メートル×３メートル。
ギブアウェイ	give-away	無料で配布するグッズ類。広報コミュニケーションのツールの一つとして利用する。
キャッチフレーズ	slogan/catchphrase	特定の対象者に呼びかけたり、不特定多数の人を引きつけたりする短いコピー。
キャットウォーク	catwalk	舞台や客席の上に作られた狭い通路。ファッションショーなどで客席に突き出した細長いステージ。
キャノン砲	Confetti Channon	炭酸ガスの圧力を利用して、テープや紙吹雪などを飛ばす特殊効果。天井が高い会場で効果を発揮する。
キャプション	subtitles/caption	展示物のタイトルや作者などを紹介するプレート。映像では画面上に映っているものを説明する文章。
ギャラ	guaranty	通常は出演者と前もって契約された出演料や謝礼金、契約料。保証金、保証書、保証の意味もある。
キャンペーン	campaign	認知度アップや販売促進など、期間を限定して実施・展開する広報コミュニケーション活動や営業活動。
キュー	cue	本番で出演者やスタッフ、クルーに対して出される合図。
QCD（キューシーディ）	QCD	仕事に求められる品質（Quality）、コスト（Cost）、納期（Delivery）のバランスをとること。
キュレーター	curator	博物館や美術館などの学芸員。館長。展覧会のディレクター。
経師	wall paper hanging	造作物や板に紙を貼って仕上げる作業。その作業をする職人。塗装しないため、現場作業の効率がいい。
切り出し	cutout	ベニヤ板、ブリキ、ボール紙などをいろいろな形に切り抜いた平面的な大道具。
切文字	cutout	樹脂や金属、木材など、厚みのある板を切り抜いて作られた文字。薄い金属の下に発泡スチロールで厚みを持たせるものもある。
クーポン	voucher/coupon	新聞や雑誌の広告スペース、チラシなどの一部が、切り取り式の優待券や割引券、粗品引換券、見本請求券などになっている。
クチコミ	bush telegraph/word-of-mouth	オピニオンリーダーをネットワークして、対象者に確実に情報を伝える戦略的な広報コミュニケーションの手法。

イベント関連用語（3）

グッズ	goods	イベントで販売する記念品。チケット収入以外で収益を上げるために重要。
グラビア	gravure/ photogravure	凹版印刷の一種で、写真を再現するのに最も効果的な印刷方法の一つ。
クリエーター	creator	イベントおよびイベントのコンテンツの制作に関わる作家や著作者、芸術家、企画原案者、プランナーなど。
クリティカルパス	critical path	作業の開始（スタート）から終了（ゴール）まで、最も時間がかかる作業のルート。
グルイン	group interview	グループインタビュー。7～8人程度の参加者が自由に話をする形式の調査方法。
クルー	crew	音響や照明、映像、特効など演出技術に関わる技術者および技術集団。
クロスメディア	cross media	テレビアニメ、ゲーム、映画、イベントなどの表現媒体を駆使して効果的なコミュニケーションをする仕組み。
クロマキー	chroma key	青または緑の壁や幕の前の人や物を撮影し、別の画面に合成する方法。
ケータリング	catering-service	指定された場所に出向いて提供する飲食サービス。出演者やスタッフなどの食事の手配。
ゲネプロ	Generalprobe（独）	演劇やオペラ、舞踊などで本番と同じ手順と段取で行う総合リハーサル。
ゲラ	galley	指定通りの字句、字間、行間、体裁で版ができているかチェックするための印刷物。
懸垂幕	vertical banner	標語や広告文などを書いて、建物の上から垂らす帯状の布。百貨店の催事でよく利用される。
興行	show/perform-ance/perform	スポーツやステージイベントなどのライブエンターテインメントのチケットを販売してショービジネスをすること。
校正	proofreading	文字や内容の誤りを正し、体裁を整えること。
香盤表	casting list	演劇やミュージカル、映画などで、場面ごとに出ている出演者が分かる配役一覧表。
杮落とし（こけらおとし）	formal opening of a theater	木材を削った時にでる切り屑を落として工事が完了することから、完成後初めての興行のこと。
コストパフォーマンス	cost performance	かけた費用に対して、どの程度の効果が出たかの割合。単に利益や来場者数だけでなく、広告効果も加えて評価する。
小間割り	booth allocation	展示会の出展スペースである小間を、出展者ごとに割りつけること。
コンクール	concours（仏）	音楽や絵画、写真、映画などの作品や、演奏、演技などを競う大会。コンテスト。コンペティション。
コンシェルジュ	concierge	ホテルなどの接客係。宿泊客の要望にできるだけこたえるための情報とネットワークを持っている。
コンセプト	concept	既成の概念にとらわれない新しい考え方。顧客やイベントの対象者が得られる意味や価値、ベネフィットを短い文章で表現する。

（309ページに続く）

コンテ	continuity	コンティニュイティの略。映画やテレビ番組の撮影台本。場面のつながりを理解することができる。
コンテンツ	content(s)	電子媒体を通してやり取りされる情報の中身。イベントやエンターテインメントの出し物。
コンパニオン	companion/ hostess	催し物などで、案内や接客を担当する女性。アテンダント。
コンパネ	combination panel	イベント会場の床を保護するために敷く合板。コンクリート打設用の型枠用合板。
コンベンション	convention	会議、集会、大会など。人が集まり交流する機会。地域活性化の中心にコンベンション施設を建設する例もある。
コンペ	competition	企画を数社の企業や組織などに競わせて、優れた案を採用する手法。
梱包	packing	紙やエアパッキンなどで包み、ダンボール箱の中に入れるなどして荷造りすること。
サウンド・エフェクト	sound effects	イベントや映画の臨場感を高めるために、収録した音やシンセサイザーによって制作・合成された音響による効果。
さくら	audience plant	客を集めたり、客の購買意識などを扇動したりする役割をもったスタッフ。「ただで桜を見る」→「芝居の無料見物」
サムネイル	thumbnail	広告制作の過程で、イラストやコピーなどの配置を簡単に視覚化したもの。カンプの一つ手前の作業として制作する。
参勤交代	daimyo parades by hostage system	豊臣秀吉の時代に始まり、江戸時代に定着した服属儀礼。藩と江戸を二つの住居とし、半年ごとに移動する。人質制度。
サンプリング	sampling survey	データとして必要なサンプルを集めること。街頭や店舗などで宣伝物や試供品を配布すること。
ジオラマ	diorama	対象物とその周辺の環境や背景を、立体的で奥行きがあるように表現する展示手法。
式年遷宮	regular shrine removal	神社等において、周期を定めて社殿を更新し、新たな社殿に神体を移すこと。伊勢神宮は20年ごと。
仕込み	setup	イベントの開演に向けた現場または現場に入る前の準備作業。
シズル	sizzle	人間の欲望、希望、恐怖に根ざしたセールス・ポイント。肉が香ばしく焼ける音から。
実行委員会	executive	行政や企業、市民団体、競技団体などが資金や人を出しあってイベントを実施するために結成した組織。
シナリオ	scenario	映画や演劇などの場面の順序、俳優の台詞、動作などを書いた台本や脚本。
シノプシス	synopsis	筋書き。シナリオよりも内容を簡単かつ簡潔に書いたもの。
社会実験	social experiment	未来における社会のあるべき姿（理想像）を検証するために、大勢の人が参加して行われる活動。
シャトルバス	shuttle bus	イベント会場へ観客を効率的に輸送するため、駅や駐車場から短い間隔で運行するバス。

イベント関連用語（4）

紗幕	scrim	折り目が粗く、網上になっている布。紗幕に映像を投影したり、紗幕の裏側にある舞台を見せたりする。
収益率	an earning rage	収益を売上で割って 100 をかけ、売上に対する収益をパーセンテージで表した数字。利益率とも言う。
仕様書	specifications/ specs	設計図面に明示できない構造や施工方法、材料、部品、設備、仕上げなどを指示する図書。
什器	fixture/ furniture	展示会のブースや店舗などに設置されるガラスケースやテーブル、スタンドなどの動かせるもの。
集団的没我	collective ecstasy	同じ情念を持つ大勢の人々が、一緒に声を出したり、体を動かしたりすることで生まれる没我状態。
巡行	junko parade	神の乗り物として御輿、山車、あるいは神馬が出て、守護する地域を巡ること。
招聘（しょうへい）	courteous invitation	礼を尽くして（海外から）アーティストやタレント、有識者などを招くこと。
ジョン・グッドマンの法則	John Goodman's law	ジョン・グッドマンがクチコミ効果と、苦情および処理による再購入についてまとめた経験則。
進行台本	progress script	イベントの本番における時間の流れに沿って詳細な演出内容を示した台本。
シンポジウム	symposium	さまざまな課題を解決する方法を専門家が話し合う会議。古代ギリシャでは一緒にお酒を飲みながら議論した。
スカート	skirting	ステージの蹴込やテーブルの腰などを装飾的にふさぐ布。
スケープゴート	scapegoat	他人の罪を追わされて身代わりとなる本来無関係な個人や集団、動物など。
スケルトン	skeleton/ frame	中身が見えるような半透明の素材を使用したもの。骨組み。プログラムの大まかな構成。
スタイリスト	stylist	出演者の表情を最も生かすファッションや小道具などをコーディネートするスタッフ。
ストーリーボード	story-board	アトラクションのストーリーや構成、演出などを関係者に分かりやすく説明するためにイラストなどで表現したボード。
スペクタクル	spectacle	大がかりな装置や大勢の出演者が登場する映画や演劇、ダイナミックな演出など。
スポークスパーソン	spokesperson	組織の代表者に代わって報道機関などからの取材に対してコメントをする役割の担当者。
墨出し	chalk line	設置物の配置が分かるように現場で線を引くこと。大工さんが墨つぼと糸を使って木材や現場で線を引いたことから。
スモーク	smoke	演出に使用する煙。ドライアイスを使用する場合と、オイルや化学薬品を気化燃焼させるスモークマシンを使用する場合がある。
スローガン	slogan	企業や商品、サービスなどに関する標語で、反復利用されることが前提となる。
セグメンテーション	segmentation	新しい商品やサービスを創造するために、市場や生活者のニーズを区分すること。

設営	installation/ install	イベント会場や展示会のブースなどを作り上げたり、展示物を設置したりする作業。
セットバック	setback	敷地や展示会の小間の境界線から、建築や設営物を後退させて設置すること。
迫（せり）	lift	奈落から舞台の上へ役者や大道具を上げたり、下げたりできるように、一部の床に取り付けられた昇降機。
組織委員会	organizing committee	大規模なイベントを準備し、運営するために複数の企業が組織、自治体などが共同で設立する組織、
ゾーニング	zoning	建物や空間を、機能や用途、観客やスタッフの動線などを考慮して、幾つかの区域に分けること。
即興	improvisation	音楽やダンス、演劇の世界で、型にとらわれず、その場で音や動きをつくり上げていく手法。
損益分岐点	break-even point	収益事業で、利益も損失も発生しない売上高のこと。損益分岐点を超えると利益がでる。
ターゲット	target	新しい商品やサービスを生み出すために絞り込まれた対象者やそのニーズ。
台本	script/ scenario/book	セリフ、ト書きなどがまとめられ、上演に必要な条件、指示などが記入してある脚本。
タイムテーブル	timetable	時間に沿ってプログラムの内容を示した表。複数のステージで同時にプログラムが進行するフェスティバルなどでは欠かせない。
ダフ屋	scalper	転売目的でイベントのチケットを入手し、入手したい人に売りさばく人や業者。インターネットを利用する例も出ている。
多目的ホール	multipurpose hall	演劇や音楽、スポーツ、展示会、講演会など、様々なイベントで使用することができるホール。
チャリティ	charity	社会福祉や災害被害者の救済などを目的にした活動。寄付金や支援物資を集めるイベントも開催される。
チューニング	tuning	楽器の音程を正確に合わせること。特定の放送局に周波数を合わせて選択すること。
著作権	copyright	音楽や舞踏、映画などの「著作物」を、創作した「著作者」が独占的に利用できる権利。
チラシ	flier	ビラ。フライヤー。イベントに関する情報を印刷した一枚刷りの紙。
通過儀礼	rite of passage	出生、成人、結婚、死などの人間が成長していく過程で、次の段階に新しい意味を与える儀礼。
テーマパーク	theme park	敷地内を日常的な世界から切り離し、すべての要素を特定のテーマに統一した大型の常設エンターテインメント施設。
デジタル アーカイブス	digital archives	デジタル技術によって作成された記録や資料を収集・保存する組織や施設。アナログのフィルムもデジタル化している。
DM（ディエム）	direct mail	ダイレクトメール。個人宛に直接郵送する宣伝広告。個人情報の保護に注意が必要。
ディスプレイ	display	企業や商品のイメージアップや販売促進につなげる展示や陳列。テレビやパソコンの表示画面。

イベント関連用語（5）

ディテール	detail	施工方法や装飾などの詳細。詳細設計図。ストーリーや話、契約内容などの詳細。
ディレクター	director	映画監督。舞台監督。番組の主担当者。責任者。イベントを作品として価値を高める責任者。
テクニカル ディレクター	technical director	音響や照明、映像、特効など、技術的な演出を総合的に担当する責任者。
デモン ストレーション	demonstration	商品の性能や使用方法など、ショーとして演出を工夫して分かりやすく見せる実演。
動員	mobilization	イベントへの来場を促すこと。集められた人たち。強制的に人をイベントへ行かせること。
投影図	projection	物体に光を当てて、紙の上に影を作るように表現した、投影図法による図面。
透視画法	perspective	投射線が一点から発するように描く画法。遠近感を表現することができる。
蕩尽	waste	財産などを使い尽くすこと。需要と供給との関係を基礎にした考え方では、理解できない消費の形態。
動線（導線）計画	passage plan	来場者や会場運営スタッフが移動するルートに関する計画。ゾーニングを検討する時に活かす。
ト書き	stage direction	戯曲や脚本（台本）にあるセリフ以外の登場人物の動きや情景、照明、音響などの書き入れ。
特殊効果	special effect	来場者の視覚や聴覚などの五感を刺激して、演出効果を高める特殊な仕掛け。
とび	rigger	足場の組立や解体、建築の高所作業などに従事する職人。昔、鳶口を持っていたことから。
ドライリハーサル	dry rehearsal	映画やテレビ番組でカメラなしで行う下稽古。本番の衣装をつけずにやる稽古。
トラス	truss	鉄やアルミで、並行する２本のパイプの間を、三角形を作るにように短い棒につなぎ合わせて強度を高めた部材。
ドレスリハーサル	dress rehearsal	本番直前に本番と同じ衣装をつけて行う通し稽古。ゲネプロ。
内覧会	exhibition preview	イベントの開幕や施設のオープンに先立って、関係者やマスコミ、地元住民、障がいを持つ人を対象に実施される見学会。
奈落	trap-cellar	日本の劇場における舞台の下の空間。回り舞台や迫などの装置がある。華やかな舞台の上の対比で仏教の地獄から。
ネットワーク	network	前作業と後作業の関係を整理してすべての作業単位をつなぎ合わせた工程表。
ネーミングライツ	naming-right	競技場や駅などに企業名を入れる権利で、施設の運営費などに充てられる。
ノウハウ	know-how	製品開発・製造などに必要な技術や知識などの情報で、簡単にまねることができないやり方。
ノーマライ ゼーション	normalization	障がいをもっていてもごく普通（ノーマル）に生活ができるように社会を変えていくこと。

ノベルティ	novelty	主催者や出展者が来場者に進呈する贈り物の総称。通常、イベント名や企業名や商品名、ブランド名などが印刷してある。
パース	perspective	遠近法で空間全体を立体的に表現した絵。
場当たり	scene check	ステージ上の立ち位置や出入りの段取り合わせをすること。
ハイリスク・ハイリターン	high-risk, highreturn	高い利益を見込めると同時に、投資したお金が返ってこないリスクがあること。
ハインリッヒの法則	Heinrich's law	労働における災害の発生確率を調査した結果を経験則としてまとめた法則。
バーチャルリアリティ	virtual reality	現実には存在しない状態や空間をコンピューター内に再現し、擬似体験ができる装置。
ハーフミラー	half mirror	ある程度光を透過する鏡。マジックミラーや無限反射などの演出に利用される。
ハウリング	howling	スピーカーから出た音が再びマイクロフォンに入り、急激に音が増幅される現象。
箱馬	riser	ステージや物を載せる台として、平台の下に重ねて入れて高さを出すための箱状の台。
裸火（はだかび）	open flame	松明や篝火、ろうそくなど、覆いや囲いが無く炎が露出している火。
バックステージパス	backstage pass	コンサートなどで主催者や関係スタッフ、記者や報道関係者などが舞台裏に入るための通行証。
バトン	batten	照明器具や幕、書き割りなどを吊る金属製の棒。ステージの上部にあり昇降させることができる。
バナー広告	banner advertisement	ホームページの上やサイドに掲出してある帯状の広告で、その企業やイベントのホームページに飛ぶことができる。
パネルディスカッション	panel discussion	予め決められたテーマについて少人数の専門家や関係者が壇上で発表し、それを基に議論する形式の会議イベント。
パノラマ	panorama	背景を曲面に描き、その前に立体的な模型を配置して、実景を見るかのように情景を表したもの。
パビリオン	pavilion	展示用に仮設で建てられた建物や展示館、展示場。展示会の共同出展スペース。
パフォーマンス	performance	ステージやフロアで披露される様々なライブエンターテインメント。身体を使って表現する芸術や演技。
パブリシティ	publicity	企業や団体が情報をマスメディアに提供し、それを報道や記事として取り扱ってもらうための活動。
ばみる	marking	舞台稽古の際に、小道具を置く位置や出演者の立ち位置を決めて、その位置に粘着テープなどで印をつけること。
ばらす	remove/ cancellation	撤収作業。大道具を解体したり、照明や音響を元の状態に戻したりする。打合せをキャンセルすること。
バリアフリー	barrier-free	高齢者や障がいのある人の妨げなる状態（バリア）が無くなるように改善する対策。

イベント関連用語（6）

張子（はりこ）	paper-moche	張りぼて。竹や木、針金などでつくられた骨組に紙や布を張り合わせて作った立体物。
ハレーション	halation	映画やテレビ、写真などの中で、特定の被写体がまぶしく光り、その周囲が白くなったり、光の点や輪ができたりする現象。
パンチ・カーペット	needle punch carpet	ステージ上や会場の床などに仮設で使われる毛足の短いカーペット。
PR（ピーアール）	PR/public relations	企業や組織、個人などがステークホールダー（利害関係者）との相互理解のために行う広報コミュニケーション活動。
PA（ピーエー）	public address system	音声を観客にしっかりと届けるための音響設備。音響設備のセッティングやオペレーションを担当するクルー。
POP（ピーオーピー）	point of purchase advertising	購買時点広告。小売店で消費者が接する広告で、店舗の屋外サインやスタンド、ショーウインドウ、店内ディスプレイを含む。
PCO（ピーシーオー）	PCO(Professional Congress Organizer)	国際会議や学会で、主催者の業務を総合的に支援する組織や人材。ミーティングプランナー。
BGM（ビージーエム）	background music	連続的あるいは断続的に音楽を流すことで、音楽を背景化して空間を演出したり、シーンを効果的にしたりする。
ピクトグラム	pictogram	文字に代わって情報や概念を伝えるために作成された絵文字や図形。
ピット	pit	穴、くぼみの意。展示会場の床にある設備用の溝。電気、ガス、上下水道、通信ケーブルなどを通す。
避難通路（避難路）	emergency route	イベント会場で火災が発生したとき、すべての来場者やスタッフなどが避難できるように設けられた通路。
平台	platform	舞台を高くしたり、段を作ったりする台。通常約 90cm× 180cm、高さ 12cm。
ピンスポ	pinpoint spotlight	ピンスポット。対象物にピンポイントで光を当てることができるスポットライト。
VIP（ビップ／ブイアイピー）	very important person	最重要人物。特定の待遇を要する人。皇室や政治家、著名人、海外からの賓客など。
ブース	booth	展示会場などで、出展者が利用する間仕切りされた空間。ブースの定型サイズが基礎小間（こま）。
フェイルセーフ	fail-safe	故障や事故が発生した時、大きな事故にならないように予め対処方法を検討して準備すること。
フェスティバル	festival	ラテン語で神聖な饗宴を意味する「festum」から派生した言葉。会場内に複数のステージや出し物がある大型のイベント。
フェードイン、フェードアウト	fade-in/fade-out	音響や照明が徐々に大きく（明るく）したり、徐々に小さく（暗く）したりする。同時の場合はクロスフェード。
フォーラム	forum	公共のテーマについて、それに関心のある参加者が自由に討議する形式の会議。
フォローアップ	follow-up	マーケティングにおけるキャンペーンの一環で、展示会の来場者に対して行われる成約に向けた営業活動。

ブッキング	booking	アーティストなど出演者に対する出演交渉作業。日程、拘束時間、出演料などの条件を確認して契約を取り交わす。ホテルや会場などの予約。
プライベートショー	private show	企業が自社の商品やサービスをPRするために単独で開催する展示会。
ブラックライト	black light	蛍光塗料や蛍光剤が入った物質にブラックライト蛍光灯が出す紫外線が当たると光を放つ。
ブランド	brand	特定の商品やサービスを識別し、競合相手との差別化をする名称、言葉、シンボル、デザインなど。生活者の心の中に形成されるイメージ。
ブレインストーミング	brainstorming	アイデア出しの段階で行われる会議の形態。参加者が自由に発言し、知識や情報の幅を広げ、突然の閃きによる名案を導く。
プレスリリース	press release	報道関係者に向けての発表。そのために配布する印刷物。ニュースリリース。
プレミアム	premium	珍しいもの、目新しいものの意味。最上級。消費者が積極的なアクションを起こして入手するもの。
プロジェクションマッピング	projection mapping	屋外の建築や建造物などに明るい映像を映すことで、特定の画面に限定されない映像。
プロセニアムアーチ	proscenium-arch	客席と舞台を仕切る枠で、絵画の額物にあたる。現実の世界と創造の世界の堺となる。
プロダクトプレイスメント	product placement	映画やゲーム、書籍、イベントなどの中で、出演者が商品を使用して好感度を高めたり、使用方法を伝えたりする手法。
プロデューサー	producer	イベントや映画、番組、広告などの制作に関する責任者。作品を商品としてビジネスを成立させる。
プロデュース	Produce	ライブエンターテインメントやスポーツなどのイベントや映画などを製作すること。
プロトコール	protocol	外交などの国際儀礼。国際的なイベントを開催する時の接遇の基準で国旗の並びや代表者の並びなどが規定されている。
プロパガンダ	propaganda	オリンピックや博覧会、マスメディア、ネットなどを利用して行われる国家宣伝。
プロモーション	promotion	顧客に商品やサービスを知ってもらい、購入したいという欲求を喚起し、購入を促す活動。
プロモーター	promoter	アーティストやスポーツ選手を招聘してイベントを開催する興行主。
プロモート	promote	事業や計画を推進・促進すること。興行を企画・主催すること。
ページェント	pageant	壮大なスケールで展開する野外イベント。華麗な衣装を着けた行進や野外劇など。
ホールインアンカー	hole-in anchor	造作物を床や壁に固定するために、コンクリートに穴をあけてボルトまたはナットを埋め込むアンカー。
ポジショニング	positioning	市場における競合する商品やサービスに対する位置付け。他では代替えできないポジショニングを獲得することが重要。
ポスト	post	来場者の誘導や解説などを定位置で担当する運営スタッフの持ち場。

イベント関連用語（7）

ホスピタリティ	hospitality	訪問者の気持ちや痛み、苦しみなどを感じ取って丁重にもてなすこと。顧客満足に大きな影響を与える。
ポップアップ	pop-up	絵本などで開くと絵が立体的に飛び出す仕掛け。カバンから取り出して簡単に組み上がる商品説明用ディスプレイ。
ボランティア	volunteer	他人に強要されず自発的に行動する人。自己の利益を目的にせず利他的に行動することで生きがいを感じる。
ホリゾント	cyclorama	舞台最後部の壁面や幕、または、舞台と壁面の間に設けられた溝。水平線や地平線の無限の広がりを演出する。
MICE（マイス）	MICE	Meeting, Incentive tour, Convention（Conference）, Exhibition & Event の頭文字をとった造語。
ミックスド・リアリティ	mixed-reality	モバイルビューアー（スマートグラス）を利用して、現実の光景にバーチャルな映像を組み合わせた拡張現実の一つ。
マーケティング	marketing	生活者のニーズを満足させる商品やサービスをつくり、市場を創造すること。
マーチャンダイジング	merchandising	限定グッズの開発から品揃え、数量、価格設定など総合的に検討すること。
まき	speed up	予定の時間をオーバーしているために、進行をスピードアップすること。
マジックミラー	one-way mirror	ハーフミラーを利用して、虚像を空間に浮かびあがらせる展示手法。
マスキング	masking	塗装の際、色を塗らない部分を保護するために、粘着テープなどを貼ること。他の音で特定の音が聞こえなくなる現象。
マルチメディア	multimedia	様々なメディアを組み合わせて総合的なメディアとして利用すること。
マンセル記号	Munsell system	赤Ｒ、オレンジＹＲ、黄Ｙ、黄緑ＹＧ、緑Ｇ、緑青ＧＢ、青Ｂ、紫青ＰＢ、紫Ｐ、赤紫ＲＰの１０種類の基準色で表記する。
マンネリ	mannerism	コンテンツが型にはまって新鮮味が無くなり、飽きのくる状態。リピーターは期待値を上げる傾向があるため注意が必要。
見切れる	gap in the masking	客席から舞台の袖や大道具の影になっていなければならない物や人が観客に見えてしまうこと。
ムービングライト	moving light	光の方向や色、拡散などを変化させることができるライト。ミラースキャンとムービングヘッドの２タイプがある。
名義主催	titular promoter	本来のイベントの主催者がマスメディアに名義料を支払い、名目上の主催者になってもらうことでブランド価値を高める。
メーリングリスト	mailing list	特定のグループに属する人々に対し、電子メールを同時に送信する仕組み。
メディア	media	人と人との間に立って仲立ちをする機能やシステム、コンテンツなど。
メディアミックス	media mix	メディアそれぞれに対象者や伝達能力が異なるため、特性を活かした組み合わせ、広告効果が上がるようにすること。

メリハリ	strength and weakness	台詞を言うときの抑揚。「めり」は力を弱くして「減入る」を意味し、「はり」は力を入れて「張る」を意味する。
メルマガ／メールマガジン	email newsletter	イベントのコンテンツに関する情報を、購読を希望する人に対して定期的に発信すること。
メンテ／メインテナンス	maintenance	正常に作動させるために行う日常的な保守作業。不具合が出た箇所を修繕すること。
モアレ	moirē	印刷の網点の上に別の網点が重なることで、干渉しあってできる模様。
モデレーター	moderator	調停者。仲裁者。問題の解決方法を協議する会議などの司会者。
USP（ユーエスピー）	unique selling proposition/unique selling point	競合する商品やサービスとの違いを明快にするユニークな特徴。
ユニバーサルデザイン	universal design	性や年齢、障がいの有無を越えて、できるだけ多くの人々が利用できるように考えられたデザイン。
養生	protection	イベント会場の床や壁、柱などを傷つけないように保護材を取り付けること。
読み合わせ	read through	出演者が台本にある各自の役を詠みながら進める稽古。演技を伴わない台詞だけの稽古。
ライトアップ	illuminate	光や照明を当てて建築物やモニュメント、自然の景観などを印象的に見せること。
ライド	ride	ストーリー性のあるシーンを座ったまま移動しながら見学ができる乗物。乗物を利用したアトラクション。
リクープ	recoup	資金提供者に利益をもたらすために、投資した金額を回収すること。
リハ／リハーサル	rehearsal	放送や映画、ライブエンターテインメント、アトラクションなどの下稽古。
リピーター	repeater	毎年開催されるイベントに再訪してくる人。期待値を上げるリピーターを満足させるコンテンツを検討することが重要。年に数回再訪してくれる人。
レーザー	laser	波長を揃えた人工的な光で、広がらずに直進する性質を持つ。スモークとの併用で幻想的効果が発揮される。
ロイヤリティ	royalty	著作権使用料、印税、特許権使用料、マーチャンダイジング権使用料など。ブランドに対する忠誠心。
ロゴ	logo	社名や商標などのデザイン化された文字。
ロジスティックス	logistics	参加者や招待者の移動や宿泊の手配、ＶＩＰの接遇の準備などの後方支援業務。
ロングラン	long-run	ミュージカルで次の興行の予定を入れず、利益があがる間は興行を続ける方式。
ワークショップ	workshop	実習を伴う会議やセミナー。参加者同士で課題解決をする会議。
割り付け	layout	印刷物の紙面の仕上がりを考えて、タイトルや文章、写真、図などのレイアウトを指定すること。

イベント歴史年表（1869［明治2］年以降）※敬称略

西暦	和暦	新暦	イベント、メディア他
1869	明治2	11月7日	世界初の自動車ロードレース開催（パリ〜ルーアン）
1871	明治4	1月28日	横浜毎日新聞創刊（日本初の日本語日刊新聞）
		5月4日	アメリカでプロ野球リーグ初試合開催
1873	明治6	5月1日	ウィーン万国博覧会開幕（〜10月31日）明治政府公式参加（184日間）
1876	明治9	5月9日	上野公園開園式
		5月10日	フィラデルフィア万国博覧会開幕（〜11月10日）。アメリカ独立100周年記念（185日間）
1877	明治10	3月4日	チャイコフスキーバレエ「白鳥の湖」初演（ボリショイ劇場）
		7月9日	第1回ウィンブルドン選手権開幕（〜7月19日）（10日間）
		8月21日	第1回内国勧業博覧会開幕（〜11月30日）（上野／102日間）
1878	明治11	5月20日	パリ万国博覧会（〜11月10日）自動車、電灯、蓄音機、冷蔵庫などが展示（195日間）
1879	明治12	7月3日	グラント将軍（前米国大統領）来日（〜9月3日）
1880	明治13	8月14日	ケルン大聖堂完成（着工1248年）（10月15日献堂式典）
1881	明治14	3月1日	第2回内国勧業博覧会開幕（〜6月30日）（上野／122日間）
1882	明治15	3月20日	上野動物園開園
		5月5日	嘉納治五郎が講道館設立
1883	明治16	7月7日	鹿鳴館落成（開館式11月28日）
		7月25日	岩倉具視の国葬（初の国葬）
1884	明治17	6月12日	日本初のバザー開催（〜6月14日）（鹿鳴館）
1886	明治19	10月28日	自由の女神像完成（ニューヨーク）
1888	明治21	3月22日	英国でフットボールリーグ創設
1889	明治22	3月31日	エッフェル塔落成式（開場5月6日）（パリ）
		5月6日	パリ万国博覧会開幕（〜10月31日）（179日間）
		8月26日	江戸開府300年祭開催
		9月24日	第1回国際度量衡会議開幕（〜9月28日）（パリ）
		11月21日	歌舞伎座開場（東京市京橋区）
1890	明治23	4月1日	第3回内国勧業博覧会開幕（〜7月31日）（上野／122日間）
		5月1日	第1回国際メーデー
		11月3日	帝国ホテル落成（7日開業）
1891	明治24	3月28日	第1回ウエイトリフティング世界選手権開催（ロンドン）
		5月5日	カーネギー・ホール開場演奏会（ニューヨーク）
1892	明治25	11月23日	ピエール・ド・クーベルタンがオリンピックを提唱
		12月18日	チャイコフスキーバレエ「くるみ割り人形」初演（マリインスキー劇場）
1893	明治26	3月5日	大村益次郎銅像除幕式（日本初の西洋式銅像）（靖國神社）
		5月1日	シカゴ万国博覧会開幕（〜10月30日）観覧車、高架電気鉄道、動く歩道が設置（アメリカ大陸発見400周年）（183日間）
1894	明治27	6月23日	国際オリンピック委員会設立（スイス・ローザンヌ）
1895	明治28	4月1日	第4回内国勧業博覧会開幕（〜7月31日）（京都岡崎／122日間）
1896	明治29	4月6日	第1回夏季オリンピック開幕（〜4月15日）（アテネ／10日間）
1898	明治31	12月18日	西郷隆盛銅像除幕式（上野公園）
1900	明治33	4月15日	パリ万国博覧会開幕（〜11月12日）トーキー映画初上映。（212日間）

		5月14日	パリオリンピック開幕（〜10月28日）（万博の付属大会として／15日間）
		8月8日	第1回国別テニス大会（後のデビス・カップ）開幕（〜8月10日）（ボストン／3日間）
		12月31日	欧州の首都の広場で大群衆が新世紀到来を祝う
1901	明治34	4月3日	花見を兼ねた第1回日本労働者大懇親会始まる（メーデー、向島）
		11月9日	上野不忍池畔12時間競走（時事新報）
		12月10日	第1回ノーベル賞授賞式（ストックホルム）
1902	明治35	1月1日	第1回ローズボール開催（パサディナ）
1903	明治36	3月1日	第5回内国勧業博覧会開幕（〜7月31日）（大阪府天王寺市153日間）
		6月1日	日比谷公園開園
		7月1日	第1回ツール・ド・フランス開幕（〜7月19日）（19日間）
		10月1日	野球の第1回ワールドシリーズ開幕（〜10月13日）
		11月21日	第1回早慶対抗野球試合（三田綱町球場）
1904	明治37	4月30日	セントルイス万国博覧会開幕（〜12月1日）。ルイジアナ購入100周年（216日間）
		7月1日	セントルイスオリンピック開幕（〜11月23日）（万博の付属大会）
1905	明治38	5月27日	日露戦争日本海海戦（海軍記念日）
		11月	野獣派による展覧会（マチス、デュフィ、ルオーら）が開催され話題となる（パリ）
1906	明治39	6月26日	第1回自動車グランプリレース（〜27日）（フランスのルマン2日間）
		12月24日	アメリカで初のラジオ放送「クリスマスおめでとう」が放送される（マサチューセッツ）
1908	明治41	1月20日	吉沢商店が東京の目黒に映画撮影所を開設
		2月11日	日本初フィギュアスケート大会（下駄式スケート）（長野県諏訪湖）
		2月12日	ニューヨーク―パリ自動車レース開幕（横浜〜敦賀）（7月30日ゴール）
		3月18日	世界周遊ツアー（横浜を出航）（朝日新聞社97日間）
		4月26日	第1回国際精神分析学会（フロイトを中心）（ザルツブルク）
		6月1日	初のアメリカ大陸横断自動車レース
		11月22日	第1回日米野球開催
1909	明治42	3月21日	神戸―大阪間長距離競争「マラソン」
		6月2日	両国国技館開館（回向院境内）
		8月22日	世界初の国際飛行大会（フランスのランス）
1910	明治43	5月14日	日英博覧会（〜10月29日）（ロンドン169日間）
		5月19日	ハレー彗星出現（欧米では18日）
1911	明治44	3月1日	帝国劇場開場（日本初の洋式劇場）
		5月30日	第1回インディアナポリス500マイル自動車レース
		10月1日	日本橋の白木屋に回転ドアとエレベーターが設置される
1912	明治45	5月5日	ストックホルムオリンピック開幕（〜7月27日）日本初参加（23日間）
1914	大正3	3月20日	東京大正博覧会開幕（〜7月31日）。観覧ケーブルカーが人気、日本初のエレベーター（上野公園134日）
		4月1日	宝塚少女歌劇養成会が初舞台
		5月9日	アメリカで「母の日」が祝日に
		10月1日	第1回二科美術展覧会開催（上野竹の台陳列館）
1915	大正4	2月8日	『国民の創生』封切。新しい技法駆使（ニューヨーク）
		6月27日	第1回漫画祭

		8月18日	第1回全国中等学校優勝野球大会開幕（～8月23日）（大阪朝日新聞　豊中球場／6日間）
1916	大正5	1月1日	第2回ローズボウル（アメリカンフットボール／カレッジフットボール）（パサデナ　以降毎年開催）
		4月1日	日本でもエイプリルフールが流行
		4月10日	第1回ゴルフトーナメント開催（ニューヨーク）
1917	大正6	4月27日	東京奠都（てんと）50周年記念「東海道駅伝徒歩競走」開幕（～4月29日）（3日間）
1918	大正7	1月12日	第1回全国蹴球大会（豊中グランド）
1919	大正8	5月4日	第1回全国中学校陸上競技選手権大会（東京帝大）
		5月9日	東京市奠都50年祝賀会（上野公園）
		11月10日	帝国美術院設立。第1回美術展覧回開催（初代院長森鴎外）
1920	大正9	1月15日	両国国技館再建開館
		10月1日	第1回国勢調査実施
		2月14日	第1回東京箱根間往復大学高専駅伝競走開催（報知新聞）
		5月2日	日本初のメーデー（上野公園）
1921	大正10	9月7日	第1回ミス・アメリカコンテスト（アトランティックシティ）
1922	大正11	3月10日	平和記念東京博覧会開幕（～2月20日）（上野／22日間）
		11月17日	アインシュタイン来日、各地で講演する
1923	大正12	4月14日	3階席のあるヤンキー・スタジアムがオープン（ニューヨーク）
1924	大正13	1月25日	シャモニーオリンピック開幕（～2月5日）（第1回冬季）
		5月5日	パリオリンピック開幕（～7月27日）（マイクロホン使用／23日間）
		8月1日	阪神甲子園球場開場（日本初の大規模多目的野球場）（西宮市）

		10月12日	荒川放水路通水式（岩淵水門完成）
		10月30日	第1回明治神宮競技大会
1925	大正14	2月15日	全日本スキー連盟創立
		3月1日	東京放送局ラジオ放送開始（東京の芝浦）
		3月	山田耕筰、近衛秀麿らが日本交響楽協会設立
		4月1日	新橋演舞場開場（中央区銀座）
		9月20日	東京六大学野球連盟結成
		12月28日	大日本相撲協会（後の日本相撲協会）設立
1926	大正15	10月5日	新交響楽団（後のNHK交響楽団）結成
		11月30日	日本ラグビーフットボール協会設立
1927	昭和2	3月3日	「青い目の人形」歓迎会（日本青年館）
		3月15日	ミュージカル「ショウ・ボート」初演（ブロードウェイ）
		5月28日	第1回全日本オープンゴルフ選手権大会（程ヶ谷ゴルフ場）
		7月31日	大日本排球協会（後の日本バレーボール協会）設立
		8月3日	第1回全日本都市対抗野球大会開催（神宮球場）
		8月13日	第13回全国中等学校優勝野球大会（初のラジオ実況中継）
		9月1日	宝塚少女歌劇レビュー「モン・パリ」初演（宝塚大劇場）
		9月21日	日本橋三越で日本初のファッションショー開催
1928	昭和3	1月12日	大相撲ラジオ中継放送開始
		7月28日	アムステルダムオリンピック開幕（～8月12日）織田幹雄三段跳で金メダル（16日間）
		11月1日	ラジオ体操が初登場
1929	昭和4	3月20日	『アサヒグラフ』「現代の女性美大募集」
		5月16日	第3回アカデミー賞授与式

		7月10日	エノケンの劇団「カジノ・フォーリー」登場（浅草）
		8月3日	第1回全国都市対抗野球大会（大阪毎日、東京日日）
		8月19日	飛行船「ツェッペリン号」世界一周の途中で来日（霞ヶ浦海軍飛行船基地）
		10月20日	日比谷公会堂開場
		11月8日	ニューヨーク現代美術館開館。フランス後期印象派展開催
1930	昭和5	1月12日	第1回全日本スケート選手権大会開催（八戸市）
		4月	紙芝居が登場。「黄金バット」が人気（東京の下町）
		7月13日	第1回サッカーワールドカップ開幕（〜7月30日）（ウルグアイ／19日間）
		11月15日	第1回全日本柔道選士権大会開催（明治神宮外苑相撲場）
1931	昭和6	5月1日	エンパイアステートビル完成（ニューヨーク）
		8月1日	日本初トーキー映画「マダムと女房」封切
1932	昭和7	4月24日	第1回東京優駿大競争（日本ダービー）開催（東京競馬場）
		5月14日	チャップリン来日
		8月6日	第1回ヴェネツィア国際映画祭開催
1933	昭和8	3月22日	ハーゲンベック大サーカス来日
		5月27日	シカゴ万国博覧会（〜11月12日、1934年5月26日〜10月31日）。シカゴ市制100周年（170日間／159日間）
		8月1日	盆踊り大会「東京音頭踊り」開催（芝公園）
1934	昭和9	1月1日	東京宝塚劇場開場
		4月21日	忠犬ハチ公銅像除幕式（渋谷駅前）
		6月5日	東郷平八郎元帥国葬（日比谷公園）
		11月2日	ベーブ・ルースら全米野球チーム来日、銀座パレード（読売新聞）
1935	昭和10	3月22日	ベルリン・テレビ局試験放送開始（定期放送開始）
		4月27日	ブリュッセル万国博覧会開幕（〜11月6日）（194日間）
		8月10日	第1回芥川賞・直木賞発表
1936	昭和11	1月13日	日劇ダンシングチーム初公演
		2月5日	日本職業野球連盟結成
		8月1日	ベルリンオリンピック開幕（〜8月16日）（〝前畑がんばれ〟16日間）
1937	昭和12	4月15日	三重苦のヘレン・ケラー来日
		4月28日	第1回文化勲章授賞式
		5月25日	パリ万国博覧会開幕（〜11月25日）ピカソの「ゲルニカ」が展示（185日間）
		9月11日	後楽園スタヂアム開場（東京）
1938	昭和13	1月17日	初の国際シュールレアリズム展開催（パリ）
		4月20日	「民族の祭典」「美の祭典」公開（ドイツ）
		7月15日	昭和15年の東京オリンピックを中止
1939	昭和14	4月30日	ニューヨーク万国博覧会開幕（〜10月31日、1940年5月11日〜10月27日）（185日間、129日間）
		7月6日	第1回聖戦美術展開催
1940	昭和15	6月5日	2600年記念東亜競技大会。祝賀行事
		11月10日	紀元2600年記念行事開幕（〜11月14日）（宮城前広場5日間）
1941	昭和16	2月11日	「歌う李香蘭」開幕、日劇七回り半事件（日本劇場）
		6月9日	日本移動演劇連盟発足（情報局、大政翼賛会肝入）
1942	昭和17	12月7日	東宝映画「ハワイ・マレー沖海戦」封切（全国）
1943	昭和18	6月5日	山本五十六大将の国葬（日比谷公園）
		10月21日	文部省主催出陣学徒壮行会（明治神宮外苑陸上競技場）
1945	昭和20	8月30日	戦後初の映画「伊豆の娘たち」封切

		11月16日	戦後初の大相撲本場所が開催される（両国国技館）
		11月23日	プロ野球東西対抗戦が開催される（神宮球場）
		12月31日	NHKラジオ第1で紅白音楽試合放送
1946	昭和21	2月19日	戦後巡幸（川崎市を皮切り）
		3月6日	日刊スポーツ創刊（日本初のスポーツ紙）
		3月19日	劇団俳優座第1回公演（東京劇場）
		5月1日	第17回メーデー（11年ぶり）
		8月9日	第1回国民体育大会（夏季大会〜8月11日）（宝塚市3日間）
		9月20日	第1回カンヌ映画祭
		11月1日	第1回国民体育大会（秋季大会〜11月3日）京都府、大阪府、兵庫県、滋賀県（3日間）
1947	昭和22	1月15日	額縁ショー「ヴィーナスの誕生」（東京新宿帝都座）
		1月25日	第1回国民体育大会（冬季スケート競技会〜1月26日）（八戸市／2日間）
		8月6日	第1回平和祭（後に平和記念式典）（広島市）
		9月	笠置シズ子「東京ブギウギ」大当り（大阪梅田劇場）
1948	昭和23	3月23日	第1回NHKのど自慢全国コンクール優勝大会開催（共立講堂）
		8月17日	プロ野球で初のナイター（ナイトゲーム）（横浜ゲーリック球場）
		11月20日	第1回公認競輪開催（日本独自の集団自転車レース）（小倉）
		11月23日	第1回全日本合唱コンクール開催（共立講堂）
1949	昭和24	10月12日	米国プロ野球チーム初来日（パレード）（銀座から日比谷）
		11月3日	湯川秀樹ノーベル賞（物理学賞）日本人初受賞
1950	昭和25	2月18日	第1回札幌雪祭り開催（札幌市）
		4月22日	第1回ミス日本に山本富士子選出
		4月28日	象のインディラ移動動物園スタート（静岡）（〜旭川市（17都市）
		10月17日	学校の祝日行事に国旗掲揚と「君が代」斉唱を通達（文部省）
		11月28日	プロ野球第1回日本選手権試合
1951	昭和26	1月3日	第1回NHK紅白歌合戦ラジオ放送
		3月4日	第1回アジア競技大会開幕（〜3月11日）（ニューデリー8日間）
		4月19日	ボストンマラソンに日本人初参加、田中茂樹優勝
		5月25日	日本最初のプロのファッションショーが開催される（日本橋三越本店）
		7月4日	第1回日本プロ野球オールスターゲームが開催される
		9月1日	ラジオ民間放送開始（中部日本放送／CBC）（名古屋市）
		9月10日	黒沢明「羅生門」ヴェネツィア映画祭でグランプリ
1952	昭和27	1月8日	ブリジストン美術館開館（東京・京橋）
		4月	月刊雑誌『少年』に「鉄腕アトム」連載開始
		5月12日	東京神田明神の鳳輦渡御（ほうれんとぎょ）
		5月19日	白井義男（フライ級）プロボクシング世界チャンピオン　日本人初
1953	昭和28	2月1日	NHK東京テレビジョン局本放送開始
		5月	映画「ローマの休日」公開でショートカットが世界で流行（アメリカ）
		7月16日	伊藤絹子がミス・ユニバースで3位入賞
		8月28日	日本テレビ、民間放送としてテレビ局開設
		11月25日	クリスチャン・ディオールのファッションショー開催（東京丸ノ内東京会館）
		11月29日	第1回日本のうたごえ祭典開幕（〜11月30日）（日比谷公会堂、共立講堂）

1954	昭和29	12月31日	NHK紅白歌合戦テレビ・ラジオ同時生中継（日劇）
		2月1日	ジョー・ディマジオ、マリリン・モンロー夫妻来日
		2月19日	日本初のプロレス国際試合、テレビ中継。街頭テレビで力道山人気（蔵前国技館）
		4月10日	第1回日本国際見本市開幕（～4月23日）（大阪市14日間）
		4月20日	第1回全日本自動車ショウ開幕（～4月29日）
		4月23日	日本学術会議核兵器研究の拒否と原子力研究の3原則（公開・民主・自主）を声明
		9月6日	黒澤明監督の「七人の侍」と溝口謙二監督の「山椒大夫」が銀獅子賞を受賞
		11月3日	日本初の怪獣映画「ゴジラ」封切
		12月3日	日本初の全国空手道選手権大会開催（東京都）
		12月22日	日本プロレス初の日本選手権（蔵前国技館）
1955	昭和30	7月9日	後楽園ゆうえんち開園
		8月6日	第1回原水禁世界大会（広島市）
		11月3日	船橋ヘルスセンター開業（千葉県）
1956	昭和31	3月15日	ミュージカル「マイ・フェア・レディ」初演（ブロードウェー）
		5月3日	第1回世界柔道選手権大会開催（蔵前国技館）
		12月28日	新宿コマ劇場開館
1957	昭和32	9月26日	ミュージカル「ウエスト・サイド物語」初演（ブロードウェー）
		10月31日	カラヤンとベルリンフィル来日（初公演11月4日日比谷）
1958	昭和33	2月8日	第1回日劇ウエスタンカーニバル開幕（～8月）
		4月17日	ブリュッセル万国博覧会（～9月19日）へリコプター、人工衛星などが展示（戦後初／156日間）
		5月24日	第3回アジア競技大会開幕（～6月1日）（東京都9日間）
		10月	オーストラリア生まれのフラフープ日本上陸（400万本／半月）
		12月23日	東京タワー完工式
1959	昭和34	3月17日	『少年マガジン』『少年サンデー』創刊
		4月10日	皇太子成婚。馬車列成婚パレードテレビ中継、ミッチーブーム（皇居～東京仮御所）
		9月12日	小沢征爾ブザンソン国際指揮者コンクールで1位
		12月15日	第1回日本レコード大賞（水原弘）
1960	昭和35	9月10日	テレビ、カラー本格放送開始
1961	昭和36	4月12日	ガガーリン少佐人類最初の宇宙船による地球一周（ソ連）
1962	昭和37	3月1日	テレビ受信契約数が1000万を突破
		4月21日	シアトル万国博覧会開幕（～10月21日）モノレールの実用化（184日間）
		8月12日	堀江謙一が太平洋単独横断に成功（日本出発5月12日）
1963	昭和38	1月1日	「鉄腕アトム」テレビ放映開始
		5月3日	第1回日本グランプリ自動車レース大会（鈴鹿サーキット）
		5月12日	坂本九「スキヤキ」アメリカで100万枚突破（6月全米1位）
		5月26日	横綱大鵬が6場所連続優勝を達成（〝巨人、大鵬、卵焼き〟）
		11月23日	ケネディ暗殺初の日米間衛生中継（11月22日暗殺／ダラス）
1964	昭和39	4月1日	海外旅行自由化
		4月8日	「ミロのヴィーナス特別公開」開幕（～5月15日）（国立西洋美術館／38日間）

		10月3日	日本武道館開館
		10月10日	東京オリンピック開幕（～10月24日）（15日間）
		10月20日	「ウエスト・サイド物語」来日公演スタート（日本劇場）
		11月8日	東京パラリンピック開幕（～11月12日）（5日間）
1965	昭和40	3月18日	博物館明治村開園（犬山市）
		4月24日	ベトナムに平和を！市民文化団体連合（べ平連）主催の初のデモ（東京都）
		8月1日	世界エスペラント大会（～8月7日（東京都7日間）
		8月11日	「ツタンカーメン展」開幕（～10月10日）京都市美術館と福岡県文化会館でも開催（東京国立博物館61日間）
		12月18日	日韓基本条約批准
1966	昭和41	5月15日	「笑点」放送開始（日本テレビ系）
		5月21日	国立京都国際会館開館
		6月29日	ビートルズ来日（日本公演／6月30日～3日間）（日本武道館5回）
		8月22日	第11回太平洋学術会議（40年ぶり東京都）
		11月1日	国立劇場開場（東京都千代田区）
1967	昭和42	3月5日	第1回青梅マラソン開催（337人参加）
		4月7日	第10回大阪国際フェスティバル　バイロイト・ワーグナー祭公演
		4月28日	モントリオール万国博覧会開幕（～10月27日）、カナダ建国100周年記念（183日間）
		8月27日	ユニバーシアード東京大会開幕（～9月4日）（9日間）
		10月18日	〝ミニスカートの女王〟ツイギー来日
1968	昭和43	4月6日	SF映画「2001年宇宙の旅」公開（アメリカ）
		8月12日	ザ・タイガース日本初のスタジアムライブ（後楽園球場）

		10月12日	メキシコオリンピック開幕（～10月27日）（16日間）
		10月21日	国際反戦デー（騒乱罪適用全国600ヵ所）
		10月23日	明治百年記念式典開催（明治101年）
1969	昭和44	1月18日	東大安田講堂攻防戦テレビ実況特別放送
		2月～	土曜日に反戦フォーク集会（新宿西口）
		10月4日	「8時だョ！全員集合」放送開始（TBS系列）
		10月8日	国際放射線医学会開催（東京）
1970	昭和45	2月11日	初の国産人工衛星「おおすみ」打上げ成功
		3月14日	日本万国博覧会（大阪万博）開幕（～9月13日）（大阪市／183日間）
		3月24日	「あしたのジョー」の力石徹追悼式（講談社講堂）
		8月2日	歩行者天国スタート（銀座、新宿、池袋、浅草）
		10月14日	「ディスカバー・ジャパン」〝ポンパ号〟全国運行スタート（キャンペーン／10月1日～）
		11月25日	三島由紀夫が陸上自衛隊市ヶ谷駐屯地で演説後割腹自殺（市ヶ谷）
1971	昭和46	4月7日	世界卓球選手権でピンポン外交スタート名古屋市
1972	昭和47	2月3日	札幌オリンピック開幕（～2月13日）（札幌市11日間）
		3月1日	高松塚古墳発掘調査開始
		8月26日	ミュンヘンオリンピック開幕（～9月11日）（17日間）
		9月5日	ミュンヘンオリンピックゲリラ事件（人質全員死亡）
		11月5日	日中国交回復記念でパンダ一般公開開始（上野動物園）
		11月18日	日本文化研究国際会議（日本ペンクラブ）
1973	昭和48	6月20日	NHKホール落成（渋谷区）
1974	昭和49	4月20日	「モナリザ展」開幕（～6月10日）（東京国立博物館／52日間）
		3月12日	日本初「ストリーキング」（広島市）

		8月29日	宝塚歌劇団「ベルサイユのばら」上演開始（宝塚大劇場）
		9月30日	第1回世界核医学会（東京／京都）
		10月14日	巨人軍長嶋茂雄の引退セレモニー（後楽園球場）
1975	昭和50	5月17日	暴走族が全国で大暴走（〜5月18日）
		7月20日	沖縄国際海洋博覧会開幕（〜1976年1月18日）（183日間）
		8月28日	第25回パグウォッシュ会議（京都市／湯川秀樹ら）
		11月1日	東映太秦映画村開園（京都市）
		11月15日	第1回先進国首脳会議（フランス）
		11月17日	国際環境保全会議（京都市）
1976	昭和51	2月4日	インスブルックオリンピック開幕（〜2月15日）（オーストリア／12日間）
		6月26日	アントニオ猪木対モハメド・アリ異種格闘技戦（日本武道館）
		7月4日	アメリカ独立宣言200周年
		7月17日	モントリオールオリンピック開幕（〜8月1日）
		8月23日	安楽死国際会議（〜8月24日）（東京都）
		10月22日	日本初のF1日本グランプリ開催（〜10月24日）（富士スピードウェイ）
		11月10日	天皇在位50年記念式典開催
1977	昭和52	2月20日	第11回青梅マラソン（参加者1万人突破）
		5月12日	第1回マイクロコンピュータ－ショウ
		9月3日	王貞治が通算本塁打756本を達成（後楽園球場）
		9月5日	国民栄誉賞創設　王貞治が受賞
1978	昭和53	4月4日	キャンディーズ解散コンサート（後楽園球場）
		7月29日	両国の花火大会復活（17年ぶり→隅田川花火大会）
		8月12日	日中平和友好条約調印
		8月23日	高エネルギー物理学国際会議（東京都）
1979	昭和54	6月25日	『インベーダー白書』出版
		6月28日	東京サミット開幕（〜6月29日）（元・赤坂迎賓館／2日間）
		11月18日	第1回東京国際女子マラソン開催（国際陸連公認）
1980	昭和55	1月16日	ポール・マッカートニー逮捕でコンサート中止（成田空港）
		7月3日	第1回日本文化デザイン会議開幕（〜7月4日）（横浜市／2日間）
		7月19日	モスクワオリンピック開幕（〜8月3日）（西側諸国ボイコット16日間）
		10月15日	「奈良の大仏」落慶法要レビュー・バラエティショー奉納（OSK歌劇団）
1981	昭和56	2月15日	日劇さよなら公演
		2月23日	ローマ法王ヨハネ・パウロ2世来日（25日／平和アピール）（広島市）
		3月20日	ポートピア'81開幕（神戸市）
		3月29日	第1回ロンドンマラソン開催
		7月29日	チャールズ皇太子とダイアナ妃結婚（セント・ポール大聖堂）
1982	昭和57	4月5日	SDK浅草国際劇場最終ステージ
		7月17日	世界現代ガラス展（日本初の国際コンペ）（北海道立近代美術館）
		7月24日	第1回世界演劇祭利賀フェスティバル（富山県）
		8月17日	「源氏物語」に関する初の国際会議（米インディアナ大学）
1983	昭和58	4月4日	「おしん」テレビ放送開始（視聴率最高65％）
		4月15日	東京ディズニーランド開園（千葉県浦安市）
		11月11日	仮設テントで「キャッツ」開幕（新宿駅西口）

1984	昭和59	7月28日	ロサンゼルスオリンピック開幕（～8月12日）（16日間）
1985	昭和60	1月9日	両国国技館完成（大相撲35年ぶりに両国へ）
		3月17日	科学万博─つくば'85開幕（～9月16日）（茨城県筑波研究学園都市／184日間）
		7月13日	ロックコンサート「ライブ・エイド」開催　ロンドン、フィラデルフィア（寄付金総額約132億円）
1986	昭和61	5月4日	東京サミット開幕（～5月6日／3日間）
		7月31日	大井競馬場で日本初のナイター競馬開催（東京都）
1987	昭和62	3月30日	安田火災海上がゴッホ「ひまわり」を53億円で落札
		6月11日	マドンナ来日公演が開催（大阪球場、後楽園球場）
		7月18日	'87未来の東北博覧会開幕（～9月28日）（仙台市／73日間）
		9月9日	マイケル・ジャクソン来日（～9月11日）（後楽園球場など4球場）
1988	昭和63	3月18日	東京ドーム開場（3月19日落成式）
		3月19日	'88さいたま博覧会開幕（～5月29日）（熊谷市／72日間）
		4月23日	なら・シルクロード博覧会開幕（～10月23日）（奈良市185日間）
		4月30日	ブリスベン国際レジャー博覧会開幕（～10月30日）オーストラリア建国200周年（ブリスベン）
		6月3日	世界・食の祭典開幕（～10月30日）（札幌市／150日間）
		7月8日	ぎふ中部未来博覧会開幕（～9月18日）（岐阜市／73日間）
		9月17日	ソウルオリンピック開幕（～10月2日）（16日間）
1989	平成元	3月17日	アジア太平洋博覧会開幕（～9月3日）（福岡市／143日間）
		3月25日	横浜博覧会「YES'89」開幕（～10月1日）（横浜市／191日間）
		4月1日	横浜アリーナ開場（横浜市）
		4月19日	国連軍縮会議開催（京都市）
		7月8日	'89海と島の博覧会・ひろしま開幕（～10月29日）（広島県／114日間）
		7月15日	世界デザイン博覧会開幕（～11月26日）（名古屋市／135日間）
		10月9日	幕張メッセ完成（千葉市）
1990	平成2	2月	「企業メセナ協議会」結成
		2月14日	ローリング・ストーンズ日本公演（東京ドーム）
		4月1日	国際花と緑の博覧会開幕（～9月30日）（大阪市／183日間）
		4月22日	スペースワールド開園（北九州市）
		5月15日	ゴッホ「ガシュ博士の肖像」落札（約125億円）
		12月7日	サンリオピューロランド開園（多摩市）
1991	平成3	4月20日	世界陶芸祭（～5月14日）（25日間（予定37日間））
		4月20日	レオマワールド開園（現・ニューレオマワールド）（丸亀市）
		8月23日	世界陸上選手権開幕（～9月1日）（国立霞ヶ丘陸上競技場）
1992	平成4	3月25日	ハウステンボス開園（佐世保市）
		4月20日	セビリア万国博覧会（～10月12日）コロンブスのアメリカ大陸発見500周年記念（スペイン・セビリア）
		6月13日	第1回ＹＯＳＡＫＯＩ（ソーラン祭り開催）
		7月10日	第1回ジャパンエキスポ富山開幕（～9月27日）（80日間）
		10月31日	ローマ教皇庁ガリレオ・ガリレイの名誉回復（死後350年）
1993	平成5	4月2日	福岡ドーム（現・ＰａｙＰａｙドーム）開場（福岡市）
		4月24日	東武ワールドスクエア開園（日光市）

		5月15日	Jリーグ開幕
		6月9日	皇太子ご成婚パレード（沿道に19万人）
		7月7日	東京サミット開幕（～7月9日）（3日間）
		8月7日	大田国際博覧会開幕（～11月7日）特別博（93日間）
		10月	伊勢神宮（式年遷宮祭）
1994	平成6	4月22日	志摩スペイン村開園（志摩市）
		5月20日	ボブ・ディラン、ユネスコ・キャンペーン（東大寺大仏殿前庭）
		7月16日	世界リゾート博開幕（～9月25日）（和歌山市／72日間）
		7月22日	世界祝祭博覧会開幕（～11月6日）（伊勢市／108日間）
		8月7日	第10回国際エイズ会議／国際STD会議開幕（横浜市／6日間）
1995	平成7	4月26日	花フェスタ'95ぎふ開幕（～6月4日）（可児市／40日間）
		5月31日	青島都知事が「世界都市博」の中止を決定
		6月24日	クリスト旧ドイツ帝国議事堂作品完成（～7月7日）（「梱包美術家」）
1996	平成8	7月19日	アトランタオリンピック開幕（～8月4日）近代オリンピック開催100周年記念大会（17日間）
		8月27日	宮沢賢治生誕100年（岩手県花巻市）
1997	平成9	3月1日	大阪ドーム開場
		3月12日	ナゴヤドーム開場
		7月12日	山陰・夢みなと博覧会開幕（～9月28日）（境港市／79日間）
		9月6日	ヴェネツィア国際映画祭北野武監督の「HANA―BI」が金獅子賞受賞
1998	平成10	2月7日	長野オリンピック開幕（～2月22日）（14日間）
		6月10日	1998FIFAワールドカップフランス大会開幕（～7月12日）（33日間）
		5月22日	リスボン国際博覧会（～9月30日）特別博、インド航路発見500周年記念（バスコ・ダ・ガマ）
1999	平成11	3月18日	西武ライオンズ球場のドーム化工事が完成（所沢市に1979年4月開場）
		5月1日	昆明世界園芸博覧会（～10月30日）（184日間）
2000	平成12	3月18日	ジャパンフローラ2000開幕（～9月17日）（兵庫県／184日間）
		6月1日	ハノーバー万国博覧会開幕（～10月31日）（153日間）
		7月20日	恐竜エキスポふくい2000（福井県勝山市／60日間）
		7月21日	九州・沖縄サミット開幕（～7月23日）（3日間）
		9月1日	さいたまスーパーアリーナがグランドオープン（さいたま市）
		9月15日	シドニーオリンピック開幕（～10月1日）（17日間）
		12月31日	インターネット博覧会開幕（～2001年12月31日）
2001	平成13	3月31日	ユニバーサル・スタジオ・ジャパン開園（大阪市）
		6月2日	札幌ドーム開場
		7月7日	うつくしま未来博開幕（～9月30日）（福島県須賀川市／86日間）
		7月14日	山口きらら博開幕（～9月30日）（阿知須町／79日間）
		8月16日	第6回ワールドゲームズ（～8月26日）（秋田県／11日間）
		9月4日	東京ディズニーシー開園（浦安市）
2002	平成14	5月31日	2002FIFAワールドカップ日韓共同開催大会開幕（～6月30日）（31日間）
2003	平成15	1月	江戸開府400年祭（～12月）（東京都）
2004	平成16	4月8日	浜名湖花博開幕（～10月11日）（浜松市／187日間）
		4月29日	えひめ街並博2004開幕（～10月31日）（愛媛県南予市／186日間）

		10月30日	日米交流150年記念シンポジウム開催（ボストン）
2005	平成17	3月1日	花フェスタ2005ぎふ開幕（～6月12日）（可児市／104日間）
		3月25日	21世紀万博「愛・地球博」開幕（～9月25日）（愛知県／185日間）
2006	平成18	2月10日	トリノオリンピック開幕（～2月26日）（荒川静香が金メダルを獲得／17日間）
		4月1日	長崎さるく博開幕（～10月29日）（長崎市156日間）
		6月9日	2006FIFAワールドカップドイツ大会（～7月9日）（ドイツ／31日間）
2008	平成20	7月7日	洞爺湖サミット開幕（～7月9日）（3日間）
		8月8日	北京オリンピック開幕（～8月24日）（17日間）
2009	平成21	4月28日	横浜開港150周年記念テーマイベント「開国・開港Y150」開幕（～9月27日）（153日間）
2010	平成22	2月12日	バンクーバーオリンピック開幕（～2月28日）（17日間）
		4月24日	平城遷都1300年記念事業平城宮跡（メイン）会場開幕（～11月7日）（198日間）
		5月1日	上海国際博覧会開幕（～10月31日）（184日間）
		9月18日	ミュンヘンオクトーバーフェス200周年（～10月3日ドイツ再統一記念日）（16日間）
		10月18日	COP10開催（～10月29日）国際連合国際生物多様性年（名古屋市／12日間）
		11月13日	APEC開幕（～11月14日）（横浜市／2日間）
2011	平成23	3月11日	東日本大震災発生
		10月30日	日本橋架橋100周年記念祭開催
2012	平成24	4月10日	タイタニック・ベルファスト博物館開館、出航100年（4月15日沈没）
		5月22日	東京スカイツリータウン開業（東京スカイツリー2月29日竣工）
		7月27日	ロンドンオリンピック開幕（～8月12日）（17日間）
2013	平成25	4月15日	ボストンマラソン爆弾テロ事件発生
		5月	出雲大社遷宮（平成の大遷宮）（60年に1度）
		10月	伊勢神宮（式年遷宮62回目）
2014	平成26	4月1日	宝塚歌劇団100周年
		12月20日	東京駅開業100周年
2015	平成27	4月2日	高野山開創1200年記念第法会（～5月21日）（50日間）
		5月1日	ミラノ国際博覧会開幕（～10月31日）（184日間）
		5月9日	遷座400年・神田祭神幸祭
		5月17日	日光東照宮四百年式年大祭（～5月19日）（3日間）
		9月18日	ラグビーワールドカップイングランド大会開幕（～10月31日）（61日間）
2016	平成28	4月2日	ビートルズ来日50周年記念イベント開催
		5月26日	伊勢志摩サミット開幕（～5月27日）（2日間）
		8月5日	リオデジャネイロオリンピック開幕（～8月21日）（17日間）
2017	平成29	4月27日	第8回世界盆栽大会開催（さいたま市～30日）
		9月1日	八王子市制100周年
2018	平成30	8月5日	第100回全国高等学校野球選手権大会開幕（阪神甲子園球場）
		10月23日	明治維新150周年
2019	令和元	5月1日	平成から令和へ改元
		9月20日	ラグビーワールドカップ日本大会開幕（～11月2日）

宮地克昌回想録　イベントに魅せられた人生

1．高度経済成長時代に未来への期待を膨らませた幼少期

テレビで経験する時代のはじまり

１９６４（昭和39）年10月10日に東京オリンピックが開幕した。当時、小学1年生だった私の記憶に残っていることは、「小学校の教室にあったテレビで授業中に見た」ということだけである。しかし、何を見たのかは覚えていない。テレビを通して様々なイベント体験ができる時代が始まり、直接見たわけではないが、50年以上前のオリンピックの記憶はその後もマスメディアによって増強・補強されながら今でも残っている。

ブルーインパルスが国立競技場の上空に描いた五輪のマークや、決勝戦でソ連をストレートで破った「東洋の魔女」、旧チェコスロバキア出身のチャスラフスカ選手、オランダのヘイシング選手に敗れて4階級制覇の夢が破れた日本柔道、白いシューズを履いて走った「裸足のアベベ」、「小さな巨人」と呼ばれた重量挙げの三宅義信選手、メキシコオリンピックを前に自ら命を絶った円谷幸吉選手などを忘れることができない。

テレビによって東京オリンピックは全国的な盛り上がりを見せ、さらに、ＮＨＫとアメリカの通信衛星会社とが契約し、シンコム衛星によって世界へも送られた。

科学や技術が社会を動かす時代へ

子供の頃、夏休みになると母は毎年、兄と私、妹の3人を連れて東京から母の故郷の尾道と父の故郷の因島へ墓参りに行った。オリンピックが開催された1964（昭和39）年の夏までは夜行列車の旅だったが、翌年からは新幹線を利用して新大阪駅まで行き、在来線に乗り継いで1日で移動が可能になった。

1970（昭和45）年、中学1年生の夏は、帰りに山陽本線で大阪まで戻り、開催中の「大阪万博」を見学した。大阪万博では宇宙開発競争と同じように人気争いでもアメリカ館とソ連館に長蛇の列ができていた。「人類の進歩と調和」をもじって「人類の辛抱と長蛇」と言われたほどである。

1年前の1969（昭和44）年、アポロ11号の月着陸船が月に降り立ち、人類が初めて月面を歩行した。そして、アポロ12号が月から持ち帰ってきた「月の石」がアメリカ館で展示された。アメリカ館に入れた人の中でも「月の石」をじっくりと見ることができた人は少なかったそうである。

さらにさかのぼる1961（昭和36）年、アメリカ合衆国大統領ジョン・F・ケネディが1960年代中に「人間を月に到達させる」との声明を発表した。昔話の世界を壊すアポロ計画に反対する先生の話を聞いて、小学生だった私は月にいるウサギやかぐや姫のことを心配した。

企業パビリオンの一つに入り、エスカレーターで移動しながら見た短い映像が記憶に残っている。発生した大型の台風の目にジェット機からロケットを打ち込み、その台風を消滅させる未来のストーリーである。当時、中学1年生だった私は、「人類の進歩と調和」というテーマで開催された万博で見たこの映像に何ら疑問を抱くことがなかった。

未来の都市を支えるインフラを造る

早稲田大学理工学部建築学科では、卒業のために卒業設計とは別に卒業論文の提出も求められた。そして、教授のアドバイスで「都市の歴史的変遷～イベントによる波及効果～」というテーマに取り組んだ。指導されたのが古代エジプトのピラミッドと、「東京オリンピック」や「大阪万博」を契機に整備された都市の基盤施設（インフラストラクチャー／インフラ）との比較である。

ピラミッドは混沌とする古代の世界に秩序をもたらすシンボルとしての重要なインフラの一つであった。太陽神のラーと国王を一体化するイベントのために建造したピラミッドと葬祭殿に、当時の人々が材料の調達から加工、建造までに費やしたエネルギーを算出した。

１９６４（昭和39）年の東京オリンピックや１９７０（昭和45）年の大阪万博は開催が決定されると、行政は増加する人口や自動車、産業の発展などに対応するため、開催後の都市の発展を支えるインフラを造ることに力を注いだ。東京オリンピックでは、競技場やホテルの他、東海道新幹線、首都高速、東京モノレール、オリンピック道路などが造られた。首都高速は羽田から選手村がある代々木に近い新宿まで、選手がスムーズに移動できるように造られた。

「首都高は日本橋や皇居などの景観を破壊した」とも言われるが、土地収用の問題を避けることで開催までに間に合わせることができるルートが選ばれたのであろう。オリンピック道路の一つである環七は、都心から放射状に郊外へ延びる道路や鉄道との交差部をすべて立体交差にした。今でも大型トラックが24時間ひっきりなしに走っている。

2．イベントのノウハウを積み上げた乃村工藝社時代

ポートピア'81で「目から鱗」体験の連続

「神戸ポートアイランド博覧会」は、神戸港に造られた人工島ポートアイランドにおいて、1981（昭和56）年3月20日から9月15日まで開催された。神戸市が山を削って土地を造成し、そこで発生した土砂をベルトコンベアで運び、海を埋め立てて人工島を造る一石二鳥の土地開発の政策は、「環境破壊」という声もあったが、地方博覧会事業と共に都市経営のモデルとして評判を呼んだ。

「ポートピア（PORTOPIA）'81」の愛称でも親しまれたこの地方博覧会は、純益60億円を記録した。そして、この成功が1980年代後半の「地方博ブーム」の火付け役となり、その後、バブル経済が崩壊するまで広告会社のイベント事業担当部署やイベント会社が活気づいた。

私は1980（昭和55）年に乃村工藝社に就職して設計の部署に配属され、博物館、商業施設、ショールームなどの施工図を描く仕事をした。そして、ポートピア'81のサントリーウォーターランドで、日本を代表するグラフィックデザイナーの一人でトリックアートでも有名な福田繁雄さんの手伝いをする機会をもらった。福田繁雄さんのアイデアを具体的な展示にするために何度も自宅兼アトリエを訪問した。当時、「玄関のドアがトリックアートになっている家」として有名な建築だった。

横に並んだ3匹の異なる魚が、それぞれ回転すると1匹の大きな鮫になる作品や、グラスやスプーン、ホー

北海道室蘭にある「瑞泉鍛刀所」の門

展示の設計を担当していた乃村時代

クなどでできた造形物に上から光が当たると、砂の上にカレイの影が浮かび上がる作品、鏡でできたピラミッドに壁面の４つの模様が映り込むと１匹の魚になる作品などを展示した。

全国から集めたお菓子の魚の展示は、デコレーター（ウインドウディスプレイなどを専門に担当するスタッフ）に頼んでレイアウトした。現場検査の日、福田さんは私に「一緒に考えようね」と言って、後から戻って来た。福田さんがレイアウトを修正すると、そこに水の流れが現れ、正に「目から鱗」の体験をした。そしてオープンの日、サントリーウォーターランドへ向かってゲートから一斉に観客が走って押しかけて来る「バッファローダッシュ」を見て、目から涙があふれ出した。

なお、福田さんから私を「助手にしたい」という申し出が会社にあったことを数年後に聞いた。

各地を出張しながらイベントプロデュースの経験を積む

１９８５（昭和60）年３月17日から９月16日まで開催された「国際科学技術博覧会」（科学万博―つくば'85）で、政府出資の歴史館や集英社館、ブルネイ館などを担当した。

ブルネイ館出展の打ち合わせで、東南アジアのブルネイ王国に出張した

縄文杉の調査のため屋久島を訪問。巨木の迫力に圧倒された

歴史館の仕事では、調査と打合せで室蘭や安来市、屋久島、岐阜県の八百津町へ出張した。日本刀の鍛刀技術を紹介する実演に必要な設備を設計するため、株式会社日本製鋼所室蘭製作所の工場内にある「瑞泉鍛刀所」の刀匠に会うため室蘭へ出張した。

また、映画『もののけ姫』にも登場する日本の伝統的製鉄法の「たたら」と「天秤ふいご」を復元し、鉧（けら）と呼ばれる鋼のかたまりを展示するため、鳥取県安来市の和鋼資料館へ行った。かつて、砂鉄から鉧が造られ、それを砕いて日本刀をつくる玉鋼が選別された。

屋久杉の土埋木を展示するための調査で屋久島へ出張した。あいにくの雨で縄文杉までは行くことはできなかったが紀元杉を見ることができた。また、1912（明治45）年から62年間稼働していた水力発電機を展示するため、岐阜県の木曽川上流にある八百津発電所へも行った。

最後はブルネイ館を担当した。ブルネイは石油が産出するため、第2次世界大戦で日本軍が南方戦線の拠点の一つとして重要視し、戦艦武蔵も出撃したところである。

なお、開幕直前まで作業を続けていたので、「オープンに間に合いますか？」とフジテレビの取材を受け、初めて数秒間テレビに映った。

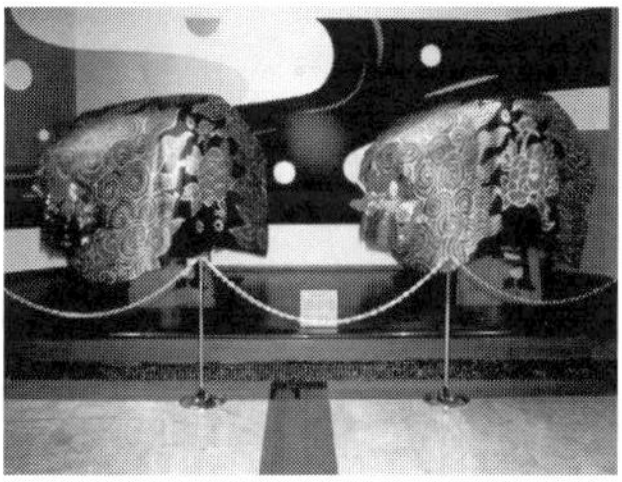

獅子舞を踊る産業用ロボットの展示も斬新だった（レジャー博）

ミイラと２人だけ体験をした「科学万博－つくば'85」の入館証

古代エジプトのミイラと2人だけ?の時間

つくば科学万博（国際科学技術博覧会）の集英社のパビリオン「集英社館」では、日本初公開となる古代エジプトのミイラを大英博物館から借りて展示するケースを設計した。貸出しの条件として大英博物館から指定された範囲に温度と湿度をコントロールすることが求められた。停電にも備えてケースに床には調湿剤を敷き詰めたが、実際に停電になったら温度のコントロールは不可能だった。

ミイラが運ばれて来て展示ケースに入れた後、美術輸送会社の人達が展示室を出ていったため、「古代のミイラと2人だけ?」になってしまった。その時、私は「素手で触れてみたい」という誘惑にかられた。しかし、子供の時にツタンカーメン王の墓を発掘した人々の不慮の死が書かれた本を読んでいたので、恐怖心で踏みとどまることができた。もし、ミイラに触れていたら、人生が変わっていたかもしれない。

会期終了後に大英博物館の学芸員が来日して、ミイラの状態について検査を受けた時は緊張したが、「パーフェクト」と言っていただき、問題無くイギリスへ送り返すことができた。

なお、フランスから借りたアフリカの仮面から貝の装飾がポロッと取れたときはビックリした。

カプセルが開くと影絵とレーザーでメッセージが現れる展示

「ブリスベン国際レジャー博覧会」の液晶ゴーグルで 3D 映像を楽しむ可動式ビークル

アボリジニの土地で建国200年祭

「ブリスベン国際レジャー博覧会」は、「技術時代のレジャー」をテーマに1988（昭和63）年4月30日から10月30日までオーストラリア建国200年を記念してブリスベンで開催された。乃村工藝社にいた私は、日展およびムラヤマとの3社JVの一員として日本パビリオンで、産業用ロボットが獅子舞を踊る展示、ビークルに乗って3D映像で宇宙旅行を体験する展示、影絵とレーザーを組み合わせた展示などの設計から製作、施工管理までを担当した。そして、造作工事や電気工事、組み立て工事を現地の会社へ発注した。

現地では、工事中に職人さんたちがストライキで帰ってしまったり、展示装置の制御用の基板が税関で差し止めになったり、現地の会社との契約に行き違いがあったり、オープン前に電気系統でボヤがあったり、いろいろな経験をした。ほぼ作業が終了すると、車いすの博覧会事務局員が検査でやってきた。日本パビリオンの舞台は立見で設計されていたが、大勢の人が見やすいように階段状の構造になっていた。そのため、その事務局員は追加でスロープをつくる場所を指示して帰っていった。博覧会の開幕の直前、ブリスベンの市街で開催に反対する人達のデモに遭遇した。彼らはオーストラリアの先住民で数万年前から住んでいるアボリジニとその支援者たちで、「建国200年」ということに対する反対を主張していた。

3．ガムシャラに仕事した博報堂時代

目の前が真っ暗になった経験

「国際デザイン博覧会」は名古屋市制100周年を記念して、1989（平成元）年7月15日から11月26日、名古屋城会場（中区）、白鳥会場（熱田区）、名古屋港会場（港区）の3会場で開催された。

その年の2月10日、企業パビリオンで放映する大型映像のクライマックスシーンを撮影している撮影所へ私は遅れて向かっていた。駅に到着するとパトカーや消防車のサイレンが鳴り響き、ヘリコプターが空を飛び、騒然とした雰囲気の中、駅から歩いて撮影所へ向かった。途中で呆然と立ちつくす営業責任者と出会った。「撮影で火事になり、助かったのは自分だけ」と言うのである。

「宇宙探検隊が洞窟と思って入った穴が実は大きな竜の鼻で、くしゃみで吹き飛ばされる」というシーンの撮影で火災が発生したのだ。スモークと一緒にくしゃみを表現するバックライトのフラッシュでは期待した効果がでなかったため、無許可で火薬を使用したのが原因である。

木と可燃性の樹脂で作られたセットの近くで火薬を使用すれば、火事になる危険性は誰にでも想像がつく。しかし、「いい映像を撮りたい」という思いで、冷静な判断ができなくなってしまったのだ。その結果、鉄筋コンクリート造り一部2階建て約2100㎡のうち、約1500㎡が焼け、照明助手が消火活動で死亡し、26名の負傷者を出した。警察と消防の立ち合いで見た証拠品のフィルムからも火薬の使用が確認された時は、目の前が真っ暗になった。

プロジェクトのメンバーは会社の地下にある小さな会議室にこもり、毎日、新聞のクリッピングと報道分析をしながら、騒ぎが落ち着くのをまった。しかし、既に博覧会のオープンまで半年を切っていたため、急いで撮影の作業の立て直しをしなければならない。第一回国民的美少女コンテストのグランプリに輝いた若手女優が降板したため、映像制作はキャスティングからやり直しである。その後、メンバーが一丸となってプロジェクトを推進して開幕に間に合わせ、人気パビリオンの一つになることもできた。

なお、2002（平成14）年に日本テレビの『奇跡の生還！九死に一生スペシャル』で取り上げられ、再現映像が流されたのはショックだった。

不思議な空中庭園の種明かし

1995（平成7）年8月25日から10月22日まで、千葉県の幕張海浜公園と稲毛海浜公園で開催された第12回全国都市緑化フェア「グリーンシンフォニーCHIBA'95」の二つのテーマ館を企画から実施・運営まで担当した。幕張会場のテーマ館は「不思議な空中庭園」と題して展示空間に様々なトリックアートを配置した。

パビリオンの入口に高速エレベーターを模した部屋をつくり、振動装置と階数表示、音響効果、照明演出、コンパニオンのナレーションによって、いかにも高層ビルの最上階へ上がったように演出した。展示空間から下をのぞき込むと、鏡とハーフミラーを上下平行に設置し、豆電球を間に入れて無限反射で不思議な空間が広がっている。

出口には種明かしとして、当時エッシャーの美術館があった長崎オランダ村（現在のハウステンボス）から許可を得てエッシャーのだまし絵の1つである「滝」をパネルにして展示した。なだらかなスロープを降りると、すぐに出口である。屋外へ出てから騙されたことに気づき、笑い出す人もいた。

エッシャーの父ゲオルギ・アルノルド・エッセルは、1873（明治6）年にヨハニス・デ・レーケと共に雇い外国人として日本に招聘された。そして、淀川（大阪府）の修復工事や坂井港（三国港、福井県）のエッセル堤などの設計や指導を行った。デレーケは、砂防や治山の工事を体系づけたことから「砂防の父」と称されている。

エッシャーの「滝」。滝の下に落ちた水はさらに下へ流れるはずであるが、なぜか滝の上へ

全国都市緑化フェアは1983（昭和58）年に建設省（現在の国土交通省）の提唱で始まった地方博覧会であるため、VIPへ説明するネタとしても高い評価をいただいた。

「いのちの輝き」はどんな香り?

イベントの業務も広告と同じように、プレゼンテーションで競合他社に勝たなければ仕事を獲得することができない。1997（平成9）年9月20日から11月24日に開催された全国都市緑化ひろしまフェア（グリーンフェスタひろしま'97）のプレゼンテーションの2週間ほど前、スタッフとして企画作業に加わっていた私にプレ

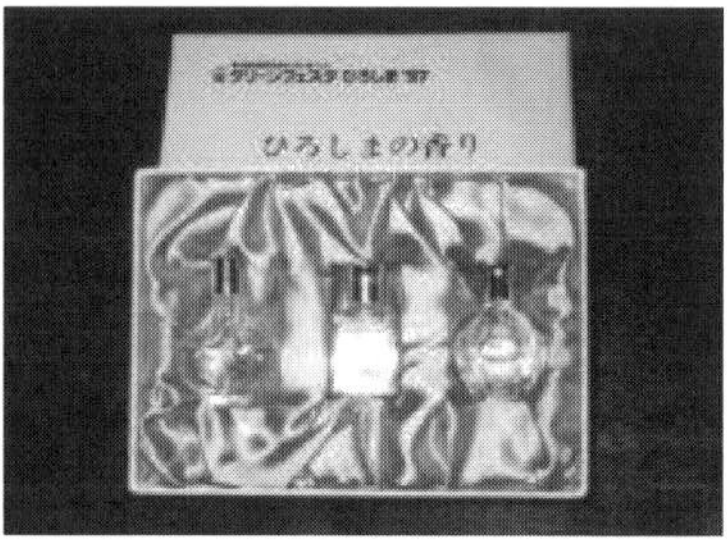

「グリーンフェスタひろしま '87」の開会式の記念品として配った「ひろしまの香り」

ゼンテーターの役目が回ってきた。

アドレナリンが出て、自分がやりたいように一気に企画書を書き変えた。特に広島市の女性職員のアイデアである「ひろしまの香り」の提案に力を入れたことも功を奏し、業務を獲得することができた。

開幕までに開催テーマの「水・緑・いのちの輝き」から「水」「緑」「いのち」の三つのキーワードで香水（フレグランス）をつくる提案を実現しなければならない。フランスで修行した女性調香師を東京から招き、市内を流れる川、宇品港、縮景園、三滝寺、夫婦クスノキ、平和公園と平和大通りなどを案内して回った。

そして、「水」は豊かな森から流れ広島のカキを育てる水、「緑」は広島に原爆が投下された直後に芽吹いて人々に元気を与えたクスノキの香りをモチーフにすることに決めた。ちなみに、原爆投下直後に花を咲かせたキョウチクトウが広島市の花、そして、クスノキが広島市の木に選ばれている。

「いのち」につながるモチーフに悩んだが、宮島からの帰り道、『ヒロシマのばら』原田東岷著（未来社１９８９年）に紹介されているバラ「ひろしまチルドレン」が頭に浮かんだ。「ひろしまチルドレン」は、英国のジャック・ハークネス氏から送られてきたバラで、「21世紀の世界平和は、今のヒロシマの子供たちがリードするだろう（shall lead）」という願いを込めて命名された。運よく淡い黄色の花が咲いていて、爽やかな香りを放っていた。

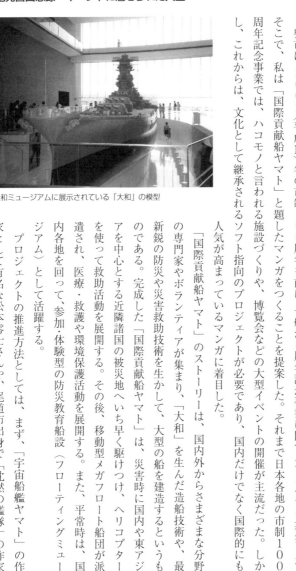

不採用となった「国際貢献船やまと」

呉市は、2002（平成14）年の市制100周年を前に、一般から周年記念事業に関するアイデアを募集した。そこで、私は「国際貢献船ヤマト」と題したマンガをつくることを提案した。それまで日本各地の市制100周年記念事業では、ハコモノと言われる施設づくりや、博覧会などの大型イベントの開催が主流だった。しかし、これからは、文化として継承されるソフト指向のプロジェクトが必要であり、国内だけでなく国際的にも人気が高まっているマンガに着目した。

大和ミュージアムに展示されている「大和」の模型

「国際貢献船ヤマト」のストーリーは、国内外からさまざまな分野の専門家やボランティアが集まり、「大和」を生んだ造船技術や、最新鋭の防災や災害救助技術を生かして、大型の船を建造するというものである。完成した「国際貢献船ヤマト」は、災害時に国内や東アジアを中心とする近隣諸国の被災地へいち早く駆けつけ、ヘリコプターを使って救助活動を展開する。その後、移動型メガフロート船団が派遣され、医療・救護や環境保護活動を展開する。また、平常時は、国内各地を回って、参加・体験型の防災教育船設（フローティングミュージアム）として活躍する。

プロジェクトの推進方法としては、まず、「宇宙船艦ヤマト」の作家として有名な松本零士さんや、尾道市出身で「沈黙の艦隊」の作家として有名なかわぐちかいじさんに協力を要請する。また、雑誌社とタイアップして新人を発掘し、育てていくことも考えた。そして、市民中心に行政や呉市に関わる企業も参加する実行委員会でいろいろなアイデアを出す。そして、呉市の歴史や造船技術、災害救助活動等、マンガを書く上で裏付けとなる資料を作家に提供する。

艦長が呉を発祥とする「セーラー万年筆」で航海日誌をつけたり、イギリス海軍直伝の「肉じゃが」で難民救済をしたり、呉の地ビールである「クレール」で成功を祝ったりするなどのストーリーを盛り込み、呉市を効果的にアピールし、ブランド価値を向上させていく展開を提案した。

結果は不採用であったが、2011（平成23）年に東日本大震災が発生し、南海トラフや首都圏直下の地震の発生が予測される中、防災意識を高めるために全国を回るフローティングミュージアムを実現させたい。なお、2021年は東日本大震災から10年、そして2023年は関東大震災から150年の節目の年となる。

できない理由は考えないをモットーに

全国持ち回りで開催されている全国健康福祉祭が2001（平成13）年9月6日から9日の4日間の会期で、「あなたの笑顔にあいたいけん」をテーマに広島で開催された。愛称は「2001ねんりんピック広島」である。

私はアシスタントプロデューサーとして開会式を担当した。1997（平成9）年に開催された長野パラリンピックの閉会式の演出や、1999（平成11）年に開催された国民文化祭岐阜の総合プロデュースなどでも活躍していた狂言師の野村万之亟さんにお願いすることになった。

出場選手・役員の入場行進では、平和の象徴として直径4メートルの白い風船を全員で触りながら行進してもらった。平和記念公園の「平和の灯」からの採火によって炬火を点火され、トラックを元広島カープの衣笠祥雄さんが炬火ランナーとして走った。

幼稚園児や小学生、高校生、専門学校生、市民グループなど、約２８００人が参加するアトラクション「フィールド歌劇」で全国から集まった選手・役員を歓迎した。日本芸能の「田楽躍り」をもとに野村さんが新しく構成した「大田楽」を中心に、広島の伝統芸能、本物の牛、馬、象が登場し、「自然との共生」「国際交流」「平和の希求」を表現した。「高校生が真面目にやってくれない」とインストラクターから悲鳴が上がっていたが、本番では素晴らしい演技を見せてくれ、身震いするほど感激した。

2001 年の全国健康福祉祭開会式のアトラクション「フィールド歌劇」
公式写真集より転載

「国際交流を象徴する象をトラックで歩かせたい」という野村万之亟さんのアイデアにスタッフ一同が一瞬驚いた。県の担当者や競技場などから様々な懸念が出たが、それらをすべて払しょくし、千葉県にある「市原ぞうのくに」の協力で実現することができた。演出家の奇抜なアイデアに対して、出来ない理由を考えるのではなく、「どうしたらできるか」を考えることが、イベントで観客に感動体験を提供するための基本であることを改めて学んだ。

4．早期退職後にさらに広がったイベントへの関わり

県民協働で実現した「ターシャの庭」

２００３（平成15）年に45歳で博報堂を早期退職した私は、翌年の２００４（平成16）年に２００５（平成17）年３月１日から６月12日にかけて開催された「花の都ぎふ運動15周年記念花フェスタ２００５ぎふ」で県民協働事業のアドバイザーを務めた。県民協働事業の説明会で、「せっかくの機会なので、ターシャ・チューダーさんを日本に招待してシンポジウムを開催するような企画を、ぜひ提案して欲しい」と話したところ、２・３名の女性がパラパラと拍手をしてくれた。

彼女たちは積極的に行動し、企業から資金や物品などの協賛を貰う活動もした。「協賛を貰う時、どのように話をしたらよいですか」と私に尋ねてきたので、「花緑を愛する女性にとってターシャがいかに憧れの存在であるか」ということを熱く語るようにアドバイスした。そして、約５００坪の「ターシャの庭」と、休憩場だった東屋を改葬した15坪の「ターシャの家」をつくり上げた。

さらに驚いたことは、イベントが終わった後も彼女たちの情熱が衰えなかったことである。岐阜県知事の親書を持ってアメリカへ行ってターシャ・チューダーさんを訪ねた。そして、「ターシャの庭」を継続する許可をもらい、今もグッズの販売やスポンサーの協力で経費を捻出し、維持運営管理ボランティアとして頑張っている。来園者は運営スタッフとターシャさんのことや花緑などについて語り合うことができる。

上海万博は観光客として楽しむ

２０１０（平成22）年に開催される上海万博を観光客として楽しみたいと思い、中国語の勉強を始めた。当時、中国では２００８（平成20）年の北京オリンピックと２０１０年の上海万博に向けた準備が着々と進められていた。日本が１９６４（昭和39）年に「東京オリンピック」、１９７０（昭和40）年に「大阪万博」を開催した時期と重なるように、モータリゼーションの勢いも加速していた。市内では地下鉄や環状道路の整備も一気に進められ、また、国内の高速鉄道網と高速道路網の整備も進められていた。

２０１０年を待ち切れず、２００７(平成19)年と２００８年に調査ツアーを実施して情報を集めた。そして、浦東国際空港と市内の地下鉄駅の間約30キロを最高時速４３３キロ、約7分20秒で結ぶリニアモーターカーにも乗った。博覧会事務局へ伺ったり、世博集団の会長と対談したりすることもできた。

そして、２０１０年5月15日～18日に3泊4日で上海万博の視察ツアーを実施した。まず、大阪万博の企画・実施に携わったことでも有名なイベント学会会長の堺屋太一氏が発案した企業連合館方式で出展した日本産業館を優先入場で見学した。

日本館を見学するために朝早くタクシーで行って入場待ちをして入ると、運よく中国館の入場整理券も獲得することができた。中国館には1日5万人が入場できるが、団体予約・ＶＩＰ予約客以外、ゲートで配られている入場整理券が必要だった。夜、知り合いの中国人の手配で、平原綾香さんが出演する日本館のショーも見ることができた。上海万博の入場者は最終的に約７３０８万人で、大阪万博の約６４２２万人を上回り、愛知万博の3倍以上だった。

5. ますます楽しくなるイベントプロデュース

東日本大震災　観光復興支援プロジェクト〝花譜〟

1995（平成7）年1月17日に発生した阪神淡路大震災後、天皇皇后両陛下（当時）が被災地を訪問されたとき、皇居で摘まれた水仙を手向けた。2011（平成23）年4月27日に宮城県仙台市宮城野区の避難所を訪問されたときは、被災者の一人が皇后に水仙の花を手渡した。それは自宅が流された敷地の庭に咲いた水仙である。そして、水仙は「希望」の象徴でもあると共に、「復興をリードする力強い花」というイメージが醸成された。東日本大震災の南北に長い被災地のほぼ中央に国営みちのく杜の湖畔公園がある。2011年11月18日、鎮魂の思いを込めて亡くなられた方と行方不明の方のために約2万個の水仙の球根を植えた。大きな被害を受けた石巻市や震源地の牡鹿半島沖へ向けて、ナスカの地上絵にように一筆書きでデザインした不死鳥（フェニックス）が飛び立つイメージを描いた（表紙）。

私たちは、プロジェクトの名称を「Harmony with Nature for the Future」から「HaNaFu:花譜（はなふ）」と命名し、「未来へ向けて、山と平地、そして海とが人々の暮らしと調和し、心地よいリズムを奏でて欲しい」という願いを込めた。水仙がフェニックスの形で毎年花を咲かせることで、東日本大震災の記憶が100年、そして1000年と語り継がれ、人間も自然の一部であると共に、自然に対する畏敬の念を忘れないことを願っている。2012（平成24）年からはフェニックスの水仙を掘り起し被災地へ移植する活動を続けている。2016（平成28）年からは石巻南浜津波復興祈念公園の予定地（宮城県石巻市）に植えている。

鉄道研究会が競い合う鉄道の文化系甲子園を立案

東京観光専門学校の鉄道サービス学科には1学年で約140名の学生が在籍している。高校時代からサークル活動・部活動の一つである鉄道研究部・研究会に入っていた学生も多い。「高校生同士で鉄道の知識を競い合うイベントを開催することで、入学にも結び付けたい」という企画を考えた。

「文化系の生徒も高校球児のように脚光を浴びたい」「文化部の甲子園も欲しい」ということで、俳句やファッション、まんが、書道、写真、スイーツ、フラガールなど、さまざまな「文化系甲子園」が開催されている。

鉄道研究部や鉄道研究会を略して「鉄研」とも呼ぶので、「テッケン」という音が「鉄拳」とも重なり、「鉄研甲子園」というネーミングを思いついたが、鉄道関係の検定のネーミングとして商標が取られていた。「鉄道甲子園」も阪神電鉄の関連会社が毎年イベントを開催している。

熱気あふれる「鉄道スタジアム」の会場

インターネットで検索すると「鉄道スタジアム」ではヒットしなかったので、この名称で2012（平成24）年の学園祭でスタートした。私にはまったく理解できない問題と答えが飛び交い、司会者の「正解」の言葉に、ただ拍手するしかなかった。

2016（平成28）年は新たに鉄ちゃんの人生や生活を面白く表現した川柳を東京観光専門学校の学生がつくり、人気投票をする「鉄ちゃん川柳甲子園」を立ち上げた。将来は全国の高校生から「鉄ちゃん川柳」を集めたい。

シンポジウム「進化するリアルとバーチャルの融合」の開催

日本イベント業務管理士協会では、毎年、日本イベント産業振興協会が認定するイベント業務管理士の試験に合格した人を対象にしたシンポジウムとネットワーク・パーティを開催している。2018（平成30）年と2019（令和元）年は、著者がファシリテイターを担当し、「リアルとバーチャルの融合」をテーマに開催した。パネリストとしてIT関係でイベントに関連する分野で活躍している方々が登壇した。

岡本泰英氏は株式会社アスカラボの代表取締役兼チーフエンジニアで、専用のゴーグルを利用したバーチャル・リアリティやミックスド・リアリティによる「バーチャル飛鳥京」や「江戸城3Dツアー」などの歴史ツアーの実績がある。代永英明氏は株式会社エム・ソフトの新事業推進部長で、ブルーバックを使用していない映像から人物やスタジオのセットなどを切り抜き、既存の動画とリアルタイムで合成する「RayBrid KeyMaker」を商品化した。クロマキー合成で必要なセットが不要なため、屋外でも合成できる。菅澤英司氏はアプリ開発では業界トップ企業の bravesoft 株式会社の代表取締役で、展示会／イベント用アプリ作成サービス「eventos」を提供している。マーケティング戦略に欠かせない顧客管理にも活用されている。黄輝氏は株式会社ネルケプランニングの事業本部中国事業部部長で、中国で「2・5次元ミュージカル」の展開を担当している。2・5次元ミュージカルとは、ミュージカル『テニスの王子様』やミュージカル『刀剣乱舞』など、2次元の漫画・アニメ・ゲームを原作とする3次元のエンターテインメント・ビジネスの総称である。

イベントの担当者は、常にITをはじめとする新しい技術をキャッチアップしながら、生活者や顧客のニーズを満足させて課題を解決するマーケティング活動を担うことが求められる。

留学生がガイドをする「天空の東京観光」

旧正月の観光シーズンに東京タワーの「メインデッキ（旧大展望台）」とフットタウンで、東京および東京周辺の観光スポット（約70カ所）を紹介する「天空の東京観光」を、２０１７（平成29）年度から実施している。これは東京観光専門学校観光ビジネス学科の卒業制作として、留学生が訪日外国人観光客や日本人観光客を無料でガイドする。

２０１９（令和元）年度は、２０２０（令和２）年1月26日の日曜日に実施した。当日は、すでに新型肺炎ウイルスの流行に関する情報が入っていたため、マスク着用でガイドとアンケートを実施した。中国の４つの直轄市、２つの特別行政区、そして、22の省の内、19の省から、観光客にアンケートをすることができた。

１９５８（昭和33）年に営業を開始した東京タワーは、２０１８（平成30）年に60周年を迎え、総合的にリニューアルに取り組み、「メインデッキ」の４方向のガラスが新しくなり、訪日外国人観光客も多く訪れる。なお、特別展望台は「トップデッキ」に名称変更され、多言語によるガイドシステムが導入された。

2018年２月９日に実施した「天空の東京観光」写真
提供：東京観光専門学校

潜在的な欲求（ニーズ） 50/63/68/213
ゾーニング 17/152
損益分岐点 17/99

た

タイムライン 148
タッチポイント 17/117
段取力 89
痛飲飽食 18/31/34
デジタルサイネージ 128
DMX 512 249
蕩尽 31
動線（導線） 17/152
トーテム 265

な

2方向避難 167
ネットワーク式スケジュール表 16/89/90
ノーマライゼーション 23/130/154

は

パーク&ライド方式 136
バーチャート式スケジュール表 86/87
ハインリッヒの法則 161/162
ハウリング 240/242
裸火 111/177
バッファローダッシュ 138/305
パビリオン 76/78/107/109/150/156/157/258
パブリシティ 17/53/121/122/123
パブリックビューイング 37
ハレとケ 45
反秩序 23/31
パンとサーカス 18/185
BLS（一次救命処置） 141
PCO 76
ピクトグラム 138
ビークル 126
評価のモノサシ 269/276/289
ファンドレイジング 95
フェイスペインティング 266
フェイルセーフ 157/166/167
プライベートショー 41
フランス革命 26/33
ブレインストーミング（ブレスト） 15/55/56/58/164
プロジェクションマッピング 20/105/259/260
プロセニアムアーチ 150/248
プロパガンダ 32/187/216
母音法 279
ホスピタリティ 17/131
没我（エクスタシー） 29/173
ホリゾント 248

ま

マインドコントロール 30
前表現と再表現 28
マーケティング発想 11/15/50
政（まつりごと） 14/28
マニフェスト（産業廃棄物管理票） 108
ミーティングプランナー 76
ミックスドリアリティ 256/270
ミュージカル 19/20/199/202/207/238/239/254
ムービングライト 20/249/252
元請 101/102/110/158

や・ら

USP 65/66/287
ユニバーサルデザイン 17/130/154/155
ラインアレイ型スピーカー 241
リクープ 94
レヴュー 200/201
労働災害 91/110
ロングラン方式 19/99/202

INDEX

あ

AIDSCA（アイデスカ） 118/282
アウトオブホーム(OOH)メディア 127
アカンタビリティ 17/92
アサーション 283
アマチュア規定 18/186
暗黙知と形式知 67/213
安全ブロック 159/166
イコライザー 240/242
1業種1社 96
イベンター 81/204
イヤーモニター（イヤモニ） 245
インセンティブツアー 41
インフラストラクチャー（インフラ） 24/303
ACPC 205
エケケイリア（神の平和） 184
SNSサポーター 21/124
MTPCマーケティング戦略 16/60/61/68/275/276
オピニオンリーダー 55/124
オペラ 19/20/199/239
オペレッタ 199
オリエンテーション 272

か

改革型PDCAサイクル 15/55
街頭テレビ 193
拡張現実 256
瑕疵 102
カスタマーディライト 132
カタルシス（浄化作用） 29/265/273
冠スポンサー 75/96
季節祭 14/32/34
記念祭 14/32/34
キャノン砲 20/261
キューシート 250
儀礼とフェスティバル 30/31
金属疲労 178
クチコミ戦略 17/52/121/124
クリッピング 273
クリティカルパス 89
グループインタビュー 63/72/119/213
群衆事故 26/112/137/174
群衆心理 173
経済的な波及効果 38
傾聴力 273/274
ケータリング 78/80/82/114/212
ゲネプロ 91
公正取引委員会 101/102
広聴 119
交流人口 21
国際手話 133
コトや体験の消費 19/25/212
コンベンション 76

さ

作品と商品 70/71/72
産業革命 14/32/33/215/216/219
参勤交代 19/228
残像現象 255
事業採算性（フィージビリティ） 99
時空を超えた戦い 183
社会実験 23/43/48/53
シャトルバス 136/152
ジャポニズム 217
収益率と原価率 95
集人力 63
商業祭 14/34
ジョン・グッドマンの法則 135
神饌と直会 209
スポークスパーソン 120/163
正常性バイアス 18/161/165/180

あとがき

新たにスタートする戦後100年へ向けた取り組み

マスメディアが人々の関心を反映するため、2020年（令和2）年は「東京オリンピック・パラリンピック」の開催に向けて、国民の視線がメダル獲得へ向いている。一方、2011（平成23）年に発生した東日本大震災と原発事故の復興に関する報道は少なくなった。

1936（昭和11）年に開催されたベルリン・オリンピックでは、ベルリンを訪れた外国人は、ユダヤ人に対する迫害の実体を知ることなく帰国し、「ドイツは平和国家である」という印象を多くの人に伝えた。そして、世界が安心している間にナチス・ドイツは軍備を増強し、1939（昭和14）年のドイツによるポーランド侵攻を機に第二次世界大戦が勃発した。

2020（令和2）年は、1945（昭和20）年の東京大空襲、広島市と長崎市への原爆投下から75年の節目の年となる。平和な社会を創造するために過去を振り返る必要がある。約260年もの泰平が続いた江戸時代においても、正しいと考える社会を創造するためにテロをも正当化する思想が生まれ、明治維新を経て軍部が日本を誤った方向へ導き、沖縄戦や東京大空襲、原爆投下などの悲劇を招いてしまった。戦後100年へ向けた取り組みが重要である。

「自然との共生」を「世界平和」へつなげる

２０１９（令和元）年は、ラグビー・ワールドカップが成功裏に終わったが、線状降水帯や台風による豪雨災害が多発した年でもあった。12月にはコロナウイルスによる新型肺炎が中国で発生し、翌２０２０（令和２）年には世界各国へ広がり、数多くのイベントの開催に影響がでた。イベントを単に経済を活性化させる手段としてだけでなく、私たちに恵みを与えてくれたり、時に試練を与えてくれる自然を敬い、人々の生活にリズムを与え、自然と共生するための文化として後世に継承していきたい。

本書は、２０１７（平成25）年に出版した『わかる！イベントプロデュース』の増補・改訂版である。今回も戎光祥出版株式会社代表取締役の伊藤光祥氏と同社編集担当の小関秀彦氏にお世話になった。

今回、イベント担当者向けに、「第6章 プレゼンでイベント業務を獲得する」を加筆した。著者が広告会社で培った経験を元に、一般社団法人日本能率協会のセミナーとして社会人向けに約10年にわたって開催した「企画・プレゼン スキル習得セミナー」がベースになっている。その内容を「第2章 企画構想の流れを理解しよう」と資料編の「宮地克昌回想録 イベントに魅せられた人生」と合わせてお読みいただき、プレゼンのスキルを向上させてほしい。

宮地克昌

『劇団四季と浅利慶太』松崎哲久(文春新書/2002年)
『宝塚百年の夢』植田紳爾著(文藝春秋/2002年)
『鬼才縦横　上・下　小林一三の渉外』小林直記著(日本経済新聞出版社/2012年)
『この日のビートルズ』上林格著(朝日新聞出版/2013年)

最新の演出技術を活用しよう

『ハロー！バックステージ』シミズオクト編(バックステージカンパニー/2001年)
『ステージ・舞台照明入門　舞台の基礎からDMX、ムービングまで』藤井直著(リットーミュージック/2006年)
『基礎が身に付くPAの教科書　PA入門』小瀬高夫・須藤浩著(リットーミュージック/2012年)

プレゼンでイベント業務を獲得しよう

『発想法　創造性開発のために』川喜多二郎著(中公新書/1967年)
『水平思考の世界　電算機時代の創造的思考法』エドワード・デボノ著　白井　實訳(講談社/1969年)
『説得力のあるコミュニケーション』Ｅ．Ｐ．ベッティングハウス著　島田一男訳(読売新聞社/1971年)
『「知」のソフトウェア　情報のインプット＆アウトプット』立花隆著(講談社現代新書/1984年)
『ビジネス・コンセプト入門　着想と計画を結ぶ思考技術』中原勲平著(講談社ブルーバックス/1985年)
『[ドキュメント]快進撃への軌跡　アサヒビールの挑戦』石川順也著(日本能率協会/1987年)
『藤岡和賀夫　全仕事［１］ディスカバー・ジャパン』藤岡和賀夫著(ＰＨＰ研究所/1987年)
『プレゼンテーションの技術―言葉だけでは人は動かせない』田村尚著(ＴＢＳブリタニカ/1987年)
『歴史を動かしたプレゼン』林寧彦著(新潮新書/2010年)
『聞く力-心をひらく35のヒント』阿川佐和子(文春新書/2012)

イベント年表

『昭和　二万日の全記録』(講談社／1991年)
『20世紀全記録』(講談社／1991年)
『昭和　二千日日の全記録』(講談社／1991年)
『20世紀の歴史第10巻　大衆文化【下】1945～　虚栄の市』(平凡社／1991年)
『20世紀　写真で見る世界の100年、日本の100年！』(集英社／1996年)
『昭和・平成年表』(平凡社／1997年)
『20世紀年表』(朝日新聞社／1997年)
『TREND2000　情報コミュニケーションの100年』(凸版印刷／2000年)

参考文献

イベントにはどのようなものか

『古代の芸術と祭祀』J.E. ハリスン著　星野徹訳（法政大学出版局 /1974 年）
『日本スポーツ文化史』木村毅著（ベースボール・マガジン社 /1978 年）
『祭りと叛乱　16 〜 18 世紀の民衆意識』井上浩次監訳　Y-M. ベルセ著（新評論 /1980 年）
『祝祭の構図―ブリューゲル・カルナヴァル・民衆文化』蔵持不三也著（ありな書房 /1991 年）
『江戸の見世物』川添裕著（岩波書店 /2000 年）
『祭りと日本人　信仰と習俗のルーツを探る』宇野正人監修（青春出版社 /2002 年）

企画構想の流れを理解しよう

『広告に恋した男』ジャック・セゲラ著　小田切慎平・菊池有子訳（晶文社 /1984 年）
『祭りとイベントのつくり方』鶴見俊輔・小林和夫編（晶文社 /1988 年）
『メディア時代の文化社会学』吉見俊哉（新潮社 /1994 年）
『現代メディアスポーツ論』橋本純一編（世界思想社 /2002 年）
『マーケティング企画技術』山本直人著（東洋経済新報社 /2005 年）
『新・観光立国論』デービット・アトキンソン著（東京経済新報社 /2015 年）

事業はどのように推進するか

『エクセレント・サービス』リンダ・M・ラッシュ著　佐藤知恭訳（日本能率協会 /1991 年）
『群衆心理』ギュスターヴ・ル・ボン著　櫻井成夫訳（講談社 /1993 年）
『スポーツマーケティング』広瀬一郎著（電通／ 1994 年）
『アート・マネジメントの会計―理論と実務―』佐々木晃彦編著（中央経済社 /2000 年）
『ハリウッド・ビジネス』ミドリ・モール著（文藝春秋 /2001 年）
『舞台芸術と法律ハンドブック　公演実務Ｑ＆Ａ』文化法研究会編著（芸団協出版部 /2002 年）
『イベント成功への道　プロジェクト 300』東正樹著（郵研社 /2004 年）
『重大事故の舞台裏　技術で解明する真の原因』（日経 BP 社 /2005 年）
『マーケティング企画技術』山本直人著（東洋経済新報社 /2005 年）
『イベント運営完全マニュアル』高橋フィデル著（飯塚書店 /2013 年）
『失敗の法則』畑村洋太郎著（文芸春秋 /2002 年）

コンテンツにはどのようなものがあるか

『スペクテイタースポーツ』ベンジャミン・G・レイダー著　川口智久監訳　平井肇訳（大修館書店 /1987 年）
『絶景、パリ万国博覧会　サン＝シモンの鉄の夢』鹿島茂著（河出書房新社 /1992 年）
『古代エジプトの遊びとスポーツ』ヴォルフガング・デッカー著　津山拓也訳（法政大学出版局 /1995 年）
『スポーツとは何か』玉木正之著（講談社 /1999 年）

〝歴史の駅〟〜タイムトラベル体験を提供する観光案内所〜

今日、退職者層や主婦を中心に、健康づくりと知的満足を両立させる「まち歩き」への関心が高まっている。同時にテレビドラマや番組、映画、アニメ、ゲームなどによって、歴史に関心を持つ層の拡大が続いている。そのトレンドを反映して、人口減少社会における地域活性化の有効な手段として、地域に経済的な波及効果をもたらす観光・交流（ツーリズム）が着目されるようになった。

近年､様々なテーマを設定した｢テーマツーリズム｣が盛んになっているが、特に「歴史」をテーマにした「歴史ツーリズム」は、地域のオンリーワンの資源を活用し、地域ブランドの創出や人材育成にも重要な役割を担っている。

筆者が主宰する“歴史の駅”研究所では、以下の機能や活動が二つ以上できる組織や施設を認定して活動をサポートする予定である。

○　地域の歴史について語れる人が常駐している。
○　「歴史」をテーマにしたウォーキングツアーを実施できる。
○　「歴史」をテーマにしたウォーキングのガイドを紹介できる。
○　「歴史」をテーマにした講座を開催することができる。
○　地域の歴史を学ぶことができる文献、写真、映像、実物などの資料がある。

地域の未来を担う子どもたちと一緒に「歴史」の視点から地域資源を見直し、磨きをかけながら活用することで、子どもたちが未来を展望する力を身につけること（温故知新）を望んでいる。筆者は世代を超えて「歴史」を学び合い、疑似的なタイムトラベル体験によって感動を共有し、悠久の過去からつながっている命と、そして未来へつながって行く命の大切さを感じてほしいと考える。ご興味がある方は、「宮地克昌」でキーワード検索をして、筆者のHPにアクセスしていただきたい。

〝歴史の駅〟研究所：miyachi-hs@k.email.ne.jp

【著者紹介】

宮地克昌（みやち・かつまさ）

1958（昭和33）年東京生まれ。1980（昭和55）年早稲田大学理工学部建築学科卒。同年株式会社乃村工藝社に入社、1988（昭和63）年に株式会社博報堂へ転職。両社での勤務で大規模イベントの展示設計から総合プロデュースまで幅広く経験。2003（平成15）年に独立（屋号：「歴史の駅」研究所）し、イベント業界から一般企業まで、幅広く人材育成に力を入れてきた。2008（平成20）年に日本展示会協会　展示会大賞　－日展協AWARD2008－人材育成部門　最優秀賞受賞。現在は、二松学舎大学国際経営学科（広告戦略論、観光ビジネス論、ビジネスアイデア論、消費者心理分析）、跡見学園女子大学（イベント論）および東京観光専門学校で非常勤講師を務める。一般社団法人日本能率協会専任講師（マーケティング）。日本イベント業務管理士協会理事。日本観光学会会員。江戸東京ガイドの会会員。元福山大学人間文化学部客員教授（広告メディア論／イベントプロデュース論／就職面接トレーニング）。著書に『ふるさとを元気にする「集人力」－観光・交流によるまちづくり』（ぎょうせい）、『イベント・マネジメント』（社団法人日本イベント産業振興協会）、『日中英イベント用語事典』（バックステージカンパニー）、『イベント学のすすめ』（イベント学会編共著／ぎょうせい）、『現代の観光事業』（共著／ミネルヴァ書房）などがある。

装丁：川本 要

わかる！イベント・プロデュース　増補改訂版

２０２０年４月20日　初版初刷発行

著　者　宮地克昌

発行者　伊藤光祥

発行所　戎光祥出版株式会社
東京都千代田区麹町１－７
相互半蔵門ビル８階
電　話　０３－５２７５－３３６１㈹
ＦＡＸ　０３－５２７５－３３６５

編集・製作　株式会社イズシエ・コーポレーション

印刷・製本　モリモト印刷株式会社

https://www.ebisukosyo.co.jp
info@ebisukosyo.co.jp

ISBN978-4-86403-351-0